***ACCESO GRATIS** a la Lectura en la Nube*

Para visualizar el libro electrónico en la nube de lectura envíe junto a su nombre y apellidos una fotografía del código de barras situado en la contraportada del libro y otra del ticket de compra a la dirección:

ebooktirant@tirant.com

En un máximo de 72 horas laborales le enviaremos el código de acceso con sus instrucciones.

AF617401

FUNCIÓN DIRECTIVA LOCAL

Régimen jurídico y delimitación de figuras afines

2ª Edición
(actualizada y ampliada)

FUNCIÓN DIRECTIVA LOCAL

Régimen jurídico y delimitación de figuras afines

2ª Edición
(actualizada y ampliada)

Hilario Llavador Cisternes
Secretario de Administración Local

Pablo Llavador Piqueras
Secretario-Interventor de Administración Local

tirant lo blanch
Valencia, 2025

En caso de erratas y actualizaciones, la Editorial Tirant lo Blanch publicará la pertinente corrección en la página web www.tirant.com.

Colección dirigida por:

LUCIANO PAREJO ALFONSO

© TIRANT LO BLANCH
EDITA: TIRANT LO BLANCH
C/ Artes Gráficas, 14 - 46010 - Valencia
TELFS.: 96/361 00 48 - 50
FAX: 96/369 41 51
Email: tlb@tirant.com
www.tirant.com
Librería virtual: www.tirant.es
DEPÓSITO LEGAL: V-1259-2025
ISBN: 978-84-1095-438-0
MAQUETA: Tink Factoría de Color

Si tiene alguna queja o sugerencia, envíenos un mail a: *atencioncliente@tirant.com*. En caso de no ser atendida su sugerencia, por favor, lea en *www.tirant.net/ index.php/empresa/politicas-de-empresa* nuestro procedimiento de quejas.

Responsabilidad Social Corporativa: http://www.tirant.net/Docs/RSCTirant.pdf

Índice

Prólogo

A la 1ª edición

El estudio que realiza tan brillantemente el autor de este libro parte de una evidencia: la regulación normativa de la función directiva local es dispersa y confusa, con un régimen no coincidente según se trate de municipios sujetos al régimen de gran población, o a municipios de régimen ordinario, y dentro de cada uno de estos dos grandes bloques, distinguiendo tres espaciosos ámbitos: dirección política, dirección político administrativa, y dirección burocrática.

Se trata de un libro de gran utilidad, del que cabe destacar la claridad conceptual, la precisa delimitación de figuras jurídicas para dar pautas hermenéuticas al aplicador del derecho que tantas veces nos vemos sujetos a la confusión terminológica del legislador, que ha arrastrado a su incorrecta aplicación, derivada de una previa errónea inteligencia de esta figura jurídica, en realidad de las diversas figuras jurídicas que se encierran dentro de la llamada "dirección pública", por parte de los Tribunales, tal y como expone el autor.

Aunque el objeto del estudio es el régimen jurídico de la dirección pública local, por sus páginas se desliza una aproximación a la dirección pública estatal (y autonómica), de la que es tributaria la dirección pública local.

El autor clarifica las lagunas del legislador (vg. cuando califica a los concejales delegados como órganos superiores en municipios de gran población), así como sus incoherencias y ambigüedades, ofreciendo una delimitación precisa desde una posición totalmente coherente, de lo que es exponente, por ejemplo, la diferenciación que hace del régimen jurídico del personal del art. 130.1.B) de la Ley de Bases de Régimen Local, según se incardine o no en el sistema de empleo público. No son, estas, cuestiones meramente doctrinales, sino de necesario conocimiento, al objeto de poder asignar un régimen jurídico seguro, para cuya determinación es necesario discriminar muy bien cada una de las distintas figuras que componen la función directiva.

Esto nos lleva a plantearnos algunas cuestiones desde la perspectiva del mejor ejercicio de la función directiva, asociadas a la exigencia de satisfacer el derecho de los ciudadanos a una buena administración, lo cual supone verdaderas obligaciones jurídicas para los poderes públicos, derecho este que, sin perjuicio de deducirse de diversos preceptos de la propia Constitución, se contempla en diversos Estatutos de Autonomía (como es el valenciano ex art. 9 L.O. 1/2006), y está plasmado en la Carta de Derechos Fundamentales (art. 41) de la Unión Europea.

La primera es la referida a la cobertura de los puestos de dirección pública, en la que, dada su especial responsabilidad, deben primar los principios de competencia profesional y experiencia (art. 130 Ley de Bases de Régimen Local), e idoneidad (al que se refiere el art. 2 de la Ley 3/2015 reguladora del ejercicio de alto cargo de la Administración General del Estado), incluso en aquellos supuestos en los que no se exija ostentar la condición de funcionario público y cuyo cese ni siquiera requiere ser motivado. En el ámbito local, la Ley 57/2003 primero, y la Ley 27/2013 después, modificó la Ley de Bases de Régimen Local, para que en las diputaciones provinciales, cabildos y consejos insulares, y en los municipios de gran población, determinados puestos directivos sean provistos por funcionarios de nivel superior; ahora bien, sin perjuicio de que ello no afecta al resto de corporaciones locales, no deja de haber otros directivos públicos locales, muchos dentro de la constelación de entes del sector público instrumental, que carecen de la exigencia de esos principios en su designación.

Un segundo aspecto, siempre limitado a los ámbitos de la dirección pública, que sólo apuntamos, es el de la ética e integridad en el ejercicio correcto de la función directiva: códigos éticos y de buena conducta; normas de trasparencia y buen gobierno (así, los principios generales y de conducta del Tít. II de la Ley 19/13, aplicable a los altos cargos locales, con el siempre discutible alcance de la condición de alto cargo de las personas que ejercen funciones directivas); leyes de incompatibilidades y de conflictos de intereses (por aplicación directa o por "adhesión individual" como es el caso del Decreto 56/2016, de 6 de mayo, del Código de Buen Gobierno de la Generalitat Valenciana); etc., pueden constituir todo un haz de buenas intenciones cuando ni siquiera existe una interpretación univoca en cuanto a la aplicación y, en su caso, alcance, de estas normas en el ámbito local.

El ámbito de la función directiva, situado (dicho de forma simplificada) entre los órganos superiores a quienes compete la determinación de las políticas públicas y su planificación, y el nivel meramente administrativo, requiere que cada entidad local determine con rigor el modelo de gestión, y, por tanto, la estructura organizativa que quiere implantar y desarrollar, huyendo de la improvisación según intereses ocasionales, pero sin un estudio serio de la organización que se precisa para desarrollar las citadas políticas públicas; puede ser un modelo más tradicional, y a nuestro juicio menos operativo cuanto mayor es el Municipio, en el que el nivel político (cargos electos) asume la gestión pública apoyado por el nivel técnico administrativo; u optar por la creación de una estructura gerencial separando el nivel político *strictu sensu* del nivel directivo; etc. No es ocioso recordar en este punto el amplio abanico de competencias delegables en los coordinadores generales y otros órganos directivos que permite los artículos 124.5 y 127.2 de la Ley de Bases de Régimen Local para los municipios de gran población.

El autor, Hilario Llavador, es Secretario de Administración Local, categoría superior, desde 1988. Pertenece al cuerpo de Técnicos de Administración General de las Entidades Locales, y al Cuerpo de Técnicos Superiores de la Generalitat Valenciana. Está en posesión del Máster de Dirección y Gerencia Pública de la Universidad Politécnica de València, y es profesor asociado de Derecho Administrativo de la Universidad de València —Estudi General— desde hace 25 años. Actualmente es Secretario General y del Pleno en el Ayuntamiento de València. Su dilatada experiencia práctica derivada de las distintas responsabilidades profesionales públicas que ha venido asumiendo a lo largo de tantos años en el desempeño de específicas funciones directivas, le hace un profundo conocedor de la materia, y evidencia su exquisita sensibilidad jurídica; defiende la gestión de los asuntos públicos desde la buena gobernanza entendida como una forma cooperativa de gobernar siempre que las exigencias del interés público lo permita; pero esencialmente cree de forma firme que a los funcionarios públicos les corresponde ser verdaderos servidores públicos al servicio de la ciudadanía, tal y como se refleja en sus publicaciones en libros y revistas especializadas en el ámbito del Derecho Local del que es un verdadero experto.

Finalmente, es de agradecer que el autor no solo trata de exponer la regulación vigente, sino que aporta unos elementos que *lege ferenda* puedan servir al legislador para regular de una forma precisa un ámbito tan esencial en el ámbito local.

José-Vicente Sánchez-Tarazaga Marcelino
Titular de la Asesoría Jurídica
Ayuntamiento de València

Abreviaturas

EBEP	Estatuto Básico del Empleado Público. Ley 7/2007, de 12 de abril, del Estatuto Básico del Empleado Público
LOFAGE	Ley 6/1997, de 14 de abril, de Organización y Funcionamiento de la Administración General del Estado
LPAC	Ley 39/2015, de 1 de octubre, del Procedimiento Administrativo Común de las Administraciones Públicas
LRBRL	Ley 7/1985, de 2 de abril, Reguladora de las Bases del Régimen Local
LRJSP	Ley 40/2015, de 1 de octubre, de Régimen Jurídico del Sector Público
LRSAL	Ley 27/2013, de 27 de diciembre, de racionalización y sostenibilidad de la Administración Local
ROF	Reglamento de Organización, Funcionamiento y Régimen Jurídico de las Entidades Locales, aprobado por Real Decreto 2568/1986, de 28 de noviembre
STC	Sentencia del Tribunal Constitucional
STS	Sentencia del Tribunal Supremo
STSJ	Sentencia del Tribunal Superior de Justicia
TC	Tribunal Constitucional
TREBEP	Texto Refundido del Estatuto Básico del Empleado Público, aprobado por Real Decreto Legislativo 5/2015, de 30 de octubre
TS	Tribunal Supremo
TSJ	Tribunal Superior de Justicia

I. Delimitación del concepto de la función directiva pública

La definición de la "Dirección pública" o de la "Función directiva pública" es una de las cuestiones más problemáticas en el estudio de la dirección de las organizaciones públicas. Se trata, como apunta Villoria[1], de un concepto de difícil delimitación.

El propio Villoria[2], citando a Jiménez Asensio (autor de necesaria referencia en esta materia) y ampliando el razonamiento de éste, considera que para delimitar el concepto es necesario tener en cuenta que en la Administración pública española existen tres círculos de funciones directivas.

1. Un círculo de dirección política, en el que la labor esencial es de tal naturaleza y donde los directivos no precisan de conocimientos técnicos o administrativos para desempeñar tal cargo, aunque siempre serían recomendables. Son los ministros, secretarios de estado, presidentes de gobiernos regionales y alcaldes. Su labor diferenciadora se conecta con la importancia de la visión estratégica y la capacidad para analizar el entorno.
2. Un círculo de dirección político-administrativa, altamente implicada en la formulación de políticas o programas, además de en la implantación de las mismas. En él, la labor tiene componentes políticos y, a la vez, administrativos o técnicos. Se requiere tener un conjunto de habilidades y actitudes directivas, pero también, al mismo nivel, un olfato político, una sensibilidad para entender los juegos de fuerza y poder propios de toda acción social y organizativa. En algunos casos, incluso, se requieren, además, conocimientos técnicos muy precisos, como, en el caso de los jefes de asesoría jurídica o los responsables de direcciones sanitarias. En este círculo situaríamos los

---

1 Villoria Mendieta, Manuel. Manual de Gestión de Recursos Humanos en las Administraciones Públicas. Editorial Tecnos. Madrid 1997, página 282.

2 http://pagina.jccm.es/ear/descarga/A1T4.pdf

miles de directores generales, subsecretarios, asesores ejecutivos.

3. El círculo de dirección burocrática. En este círculo se encuentran los niveles superiores del servicio civil de carrera, funcionarios que han accedido tras un proceso de desarrollo profesional a estos cargos, y en los que prima la capacidad técnica y el desarrollo suficiente de competencias directivas. Ello no obsta para exigir de ellos, también, una sensibilidad política y un conocimiento del campo de fuerzas político donde está situada su organización, pero tal vez con un carácter subsidiario frente a su competencia para dirigir equipos, diseñar proyectos o evaluar programas.

No es objeto de esta publicación entrar en la polémica del concepto de la función directiva pública[3], sino analizar el régimen jurídico de las distintas figuras directivas que existen en el ámbito local, así como efectuar una delimitación de las figuras afines.

---

3 Pueden consultarse interesantes opiniones, entre otros, en los artículos o publicaciones siguientes:
El modelo directivo en las entidades locales. Carles Ramió Matas. Revista Internacional de Organizaciones (RIO) Nº 1, Diciembre 2008, 77-108. http://www.revista-rio.org // https://dialnet.unirioja.es/descarga/articulo/3342251.pdf

Es evidente que la función directiva superior (la que llamamos dirección pública política) que es la encargada del diseño de las líneas estratégicas y los objetivos del gobierno y de la Administración que dirigen (en un nivel superior), es muy diferente, y fácil de deslindar, de la dirección político administrativa (en cuyo nivel se agrupan al menos tres figuras: los órganos directivos, el personal directivo profesional y el personal con una relación laboral especial de alta dirección) y ambos niveles también son fáciles de delimitar respecto de la dirección puramente técnica o burocrática.

El problema surge en el segundo nivel, en el nivel intermedio, donde las figuras de titular de órgano directivo, personal directivo (profesional) y el personal con una relación laboral especial de alta dirección, en ocasiones se confunden y no se definen sus límites y características diferenciadoras, particularmente en los municipios llamados de gran población. Y esta distinción, o mejor esta confusión, en ocasiones no solo surge en la práctica, sino también en la doctrina y en la jurisprudencia, como tendremos ocasión de ir viendo a lo largo de las páginas de este trabajo.

El eslabón perdido de la administración pública española: la ausencia de una dirección pública profesional. Carles Ramió Matas. Revista De Evaluación De Programas Y Políticas Públicas, 1(8), 1-14.
https://revistas.uned.es/index.php/REPPP/article/view/16980
El personal directivo en la administración local: las bases de la capacitación directiva. Lourdes Romero Alonso. José Vicente Cortés Carreres. La Administración Práctica num. 4/2018.
El personal directivo en la Administración local. El Rafael Jiménez Asensio. CEMICAL. Consorci d'estudis, mediació i conciliació a l'administració local. Mayo 2009.
https://cemical.diba.cat/sites/cemical.diba.cat/files/public/migracio/publicacions/ficheros/CEMICAL_personal_directivo_cast.pdf?noredirect=1
Consideraciones en torno al directivo público profesional. Miquel Dalmau Fornés. Revista Jurídica de les Illes Balears nº 7. https://revistajuridicaib.icaib.org/consideraciones-en-torno-al-directivo-publico-profesional/

II. Función directiva en la Administración General del Estado como referencia previa (y necesaria) a su estudio en el ámbito local

En el ámbito de la Administración General del Estado se encuentran más definidas las figuras que ejercen funciones directivas, llamemos formalizadas. Dada la *Lofagización* del régimen local, en especial en los municipios llamados de gran población, a la que más adelante nos referiremos, se considera conveniente formular, aunque sea una somera clasificación de la función directiva en la Administración General del Estado, ya que ese es el modelo que, con evidentes diferencias, sigue la legislación de régimen local (como digo en especial en los municipios de gran población). Nos referiremos también al nombramiento de los órganos superiores y en especial de los órganos directivos, por el paralelismo que existe en los municipios de gran población. El régimen jurídico de los órganos directivos en la Administración General del Estado inspira y sirve de antecedente y de pauta de interpretación para el caso de los órganos directivos en el ámbito de los municipios del título X de la Ley básica de régimen local.

El artículo 55 de la Ley 40/2015, de 1 de octubre, de Régimen Jurídico del Sector Público, diseña la estructura de la organización la Administración General del Estado. Dice:

> Artículo 55. Estructura de la Administración General del Estado.
> 1. La organización de la Administración General del Estado responde a los principios de división funcional en Departamentos ministeriales y de gestión territorial integrada en Delegaciones del Gobierno en las Comunidades Autónomas, salvo las excepciones previstas por esta Ley.
> 2. La Administración General del Estado comprende:
> a) La Organización Central, que integra los Ministerios y los servicios comunes.
> b) La Organización Territorial.
> c) La Administración General del Estado en el exterior.

3. En la organización central son órganos superiores y órganos directivos:
a) Órganos superiores:
1.º Los Ministros.
2.º Los Secretarios de Estado.
b) Órganos directivos:
1.º Los Subsecretarios y Secretarios generales.
2.º Los Secretarios generales técnicos y Directores generales.
3.º Los Subdirectores generales[4].
4. En la organización territorial de la Administración General del Estado son órganos directivos tanto los Delegados del Gobierno en las Comunidades Autónomas, que tendrán rango de Subsecretario, como los Subdelegados del Gobierno en las provincias, los cuales tendrán nivel de Subdirector general.
5. En la Administración General del Estado en el exterior son órganos directivos los embajadores y representantes permanentes ante Organizaciones internacionales.
6. Los órganos superiores y directivos tienen además la condición de alto cargo, excepto los Subdirectores generales y asimilados, de acuerdo con lo previsto en la Ley 3/2015, de 30 de marzo, reguladora del ejercicio del alto cargo de la Administración General del Estado.
7. Todos los demás órganos de la Administración General del Estado se encuentran bajo la dependencia o dirección de un órgano superior o directivo.
8. Los estatutos de los Organismos públicos determinarán sus respectivos órganos directivos.
9. Corresponde a los órganos superiores establecer los planes de actuación de la organización situada bajo su responsabilidad y a los órganos directivos su desarrollo y ejecución.
10. Los Ministros y Secretarios de Estado son nombrados de acuerdo con lo establecido en la Ley 50/1997, de 27 de noviembre, del Gobierno y en la Ley 3/2015, de 30 de marzo, reguladora del ejercicio del alto cargo de la Administración General del Estado.
11. Sin perjuicio de lo previsto en la Ley 3/2015, de 30 de marzo, reguladora del ejercicio del alto cargo de la Administración General del Estado, los titulares de los órganos superiores y directivos son nombrados, atendiendo a criterios de competencia profesional y experiencia, en la forma establecida en esta Ley, siendo de aplicación al desempeño de sus funciones:
a) La responsabilidad profesional, personal y directa por la gestión desarrollada.

---

[4] Hay que tener en cuenta que a partir del Real Decreto Ley 6/2023, de diciembre, en el ámbito de la Administración General del Estado, los subdirectores generales han pasado a tener la consideración de personal directivo profesional.

b) La sujeción al control y evaluación de la gestión por el órgano superior o directivo competente, sin perjuicio del control establecido por la Ley General Presupuestaria.

Como se puede comprobar, se distinguen los conceptos de:

- alto cargo
- órgano superior
- órgano directivo

Además, veremos que existen otras figuras que ejercen funciones directivas (por ejemplo, los directores insulares o responsables de servicios, etc.) y en el ámbito de la Administración instrumental (sector público) nos encontramos con personal directivo (con contrato laboral especial de alta dirección) y el personal directivo del artículo 13 del Estatuto Básico del Empleado Público (TREBEP).

Veamos.

II.1. LOS ALTOS CARGOS

La Ley 3/2015, de 30 de marzo, reguladora del ejercicio del alto cargo de la Administración General del Estado, contempla la figura del alto cargo. Y su preámbulo señala que un alto cargo, por la responsabilidad que conlleva y la relevancia de las funciones que desempeña, sólo puede ser ejercido por personas que, constatada su competencia personal y profesional, respeten el marco jurídico que regule el desarrollo de su actividad[5].

---

5 Alguna comunidad autónoma ha aprobado también leyes de altos cargos. Así, la Ley 14/1995, de 21 de abril, de Incompatibilidades de Altos Cargos de la Comunidad de Madrid; la Ley 3/1997, 8 mayo, de Incompatibilidades de los miembros del Gobierno y altos cargos de la Administración Pública de la Comunidad Autónoma de Canarias; la Ley 8/2016, de 28 de octubre, de Incompatibilidades y Conflictos de Intereses de Personas con Cargos Públicos no Electos de la Comunidad Valenciana; o la Ley 3/2016, de 30 de noviembre, del Estatuto de los Altos Cargos de la Administración de la Comunidad de Castilla y León.

En este sentido, esta ley aclara, refuerza y amplía dicho marco jurídico con vistas a garantizar que el ejercicio del cargo se realice con las máximas condiciones de transparencia, legalidad y ausencia de conflictos entre sus intereses privados y los inherentes a sus funciones públicas. Se supera, asimismo, la ausencia de un único instrumento donde se regulen las normas aplicables al ejercicio de un alto cargo, que minaba el derecho de los ciudadanos a una información transparente, clara y comprensible de las condiciones aplicables al mismo

El artículo 1 de la Ley 3/2015, dispone que, a los efectos previstos en dicha Ley, se consideran altos cargos:

> a) Los miembros del Gobierno y los Secretarios de Estado.
> b) Los Subsecretarios y asimilados; los Secretarios Generales; los Delegados del Gobierno en las Comunidades Autónomas y en Ceuta y Melilla; los Delegados del Gobierno en entidades de Derecho Público; y los jefes de misión diplomática permanente, así como los jefes de representación permanente ante organizaciones internacionales.
> c) Los Secretarios Generales Técnicos, Directores Generales de la Administración General del Estado y asimilados.
> d) Los Presidentes, los Vicepresidentes, los Directores Generales, los Directores ejecutivos y asimilados en entidades del sector público estatal, administrativo, fundacional o empresarial, vinculadas o dependientes de la Administración General del Estado que tengan la condición de máximos responsables y cuyo nombramiento se efectúe por decisión del Consejo de Ministros o por sus propios órganos de gobierno y, en todo caso, los Presidentes y Directores con rango de Director General de las Entidades Gestoras y Servicios Comunes de la Seguridad Social; los Presidentes y Directores de las Agencias Estatales, los Presidentes y Directores de las Autoridades Portuarias y el Presidente y el Secretario General del Consejo Económico y Social.
> e) El Presidente, el Vicepresidente y el resto de los miembros del Consejo de la Comisión Nacional de los Mercados y de la Competencia, el Presidente del Consejo de Transparencia y Buen Gobierno, el Presidente de la Autoridad Independiente de Responsabilidad Fiscal, el Presidente, Vicepresidente y los Vocales del Consejo de la Comisión Nacional del Mercado de Valores, el Presidente, los Consejeros y el Secretario General del Consejo de Seguridad Nuclear, así como el Presidente y los miembros de los órganos rectores de cualquier otro organismo regulador o de supervisión.
> f) Los Directores, Directores ejecutivos, Secretarios Generales o equivalentes de los organismos reguladores y de supervisión.
> g) Los titulares de cualquier otro puesto de trabajo en el sector público estatal, cualquiera que sea su denominación, cuyo nombramiento se

efectúe por el Consejo de Ministros, con excepción de aquellos que tengan la consideración de Subdirectores Generales y asimilados.

El régimen jurídico de los altos cargos se regula con detalle en la citada Ley, no entrando en el análisis del mismo, por exceder del objeto de este estudio. Así se dispone sobre las cuestiones relativas a su nombramiento[6]; el ejercicio del cargo; el régimen retributivo; la protección social; la compensación tras el cese[7]; la incompatibilidad de retribuciones; la diligencia debida respecto de sus actuaciones; la obligación de formación; el régimen de conflictos de intereses[8] y de incompatibilidades; la dedicación exclusiva al cargo; las limitaciones patrimoniales en participaciones societarias y en el ejercicio de actividades privadas con posterioridad al cese; la declaración de actividades, de bienes y derechos; y por último, los órganos de vigilancia y control de los altos cargos.

---

6 Sobre el nombramiento de altos cargos resulta interesante el artículo Susana E. Castillo Ramos-Bossini"El nombramiento de los altos cargos" publicado en el número 63 de la Revista General de Derecho Administrativo (Iustel, mayo 2023), reproducido en la revista del INAP: https://laadministracionaldia.inap.es/noticia.asp?id=1513960

7 Un estudio sobre la situación tras el cese de los altos cargos puede verse en Pérez Monguió, José María (Profesor titular de Derecho administrativo en la Universidad de Cádiz). Situación de los altos cargos tras el cese. Revista General de Derecho Administrativo (Iustel, mayo 2017), número 45. http://laadministracionaldia.inap.es/noticia.asp?id=1507602
Puede consultarse también el artículo del profesor Antonio Descalzo González publicado en el Blog jurídico "Acento local" con el título "La extinción de la relación de confianza en el régimen de buen gobierno de los altos cargos": https://www.gobiernolocal.org/acento-local/la-extincion-de-la-relacion-de-confianza-en-el-regimen-de-buen-gobierno-de-los-altos-cargos/

8 Sobre el régimen jurídico del conflicto de intereses, puede consultarse en Pérez Monguió, José María (Profesor titular de Derecho administrativo en la Universidad de Cádiz). Conflicto de interés en el estatuto de los altos cargos de la Administración General del Estado. Revista General de Derecho Administrativo (Iustel, enero 2020), número 53. http://laadministracionaldia.inap.es/noticia.asp?id=1510379

II.2. LOS ÓRGANOS SUPERIORES

Según el artículo 55 de la Ley 40/2015, de 1 de octubre, de Régimen Jurídico del Sector Público (en adelante LRJSP), son órganos superiores:

a) Los Ministros.
b) Los Secretarios de Estado.

Corresponde a los órganos superiores establecer los planes de actuación de la organización situada bajo su responsabilidad y a los órganos directivos su desarrollo y ejecución (art. 55.9 LRJSP).

Según el artículo 55.6 de la LRJSP los órganos superiores tienen la condición de alto cargo, cuestión que ahora ratifica también la Ley reguladora del ejercicio del alto cargo en la Administración General del Estado.

El artículo 2 (Del Presidente del Gobierno) de la Ley 50/1997, de 27 de noviembre, del Gobierno, señala que le corresponde al Presidente proponer al Rey el nombramiento y separación de los Vicepresidentes y de los Ministros y el artículo 11 (De los requisitos de acceso al cargo) dispone que para ser miembro del Gobierno se requiere ser español, mayor de edad, disfrutar de los derechos de sufragio activo y pasivo, así como no estar inhabilitado para ejercer empleo o cargo público por sentencia judicial firme y reunir el resto de requisitos de idoneidad previstos en la Ley 3/2015, de 30 de marzo, reguladora del ejercicio del alto cargo de la Administración General del Estado.

Y según el artículo 12 (Del nombramiento y cese) establece que el nombramiento y cese del Presidente del Gobierno se producirá en los términos previstos en la Constitución.

Y los Vicepresidentes y Ministros serán nombrados y separados por el Rey, a propuesta del Presidente del Gobierno. El nombramiento conllevará el cese en el puesto que, en su caso, se estuviera desempeñando, salvo cuando en el caso de los Vicepresidentes, se designe como tal a un Ministro que conserve la titularidad del Departamento. Cuando el cese en el anterior cargo correspondiera al Consejo de Ministros, se dejará constancia de esta circunstancia en el nombramiento del nuevo titular. La separación de los Ministros sin cartera llevará aparejada la extinción de dichos órganos.

Por su parte, el artículo 15 (Del nombramiento, cese, suplencia e incompatibilidades de los Secretarios de Estado) dispone que los Secretarios de Estado son nombrados y separados por Real Decreto del Consejo de Ministros, aprobado a propuesta del Presidente del Gobierno o del miembro del Gobierno a cuyo Departamento pertenezcan.

II.3. LOS ÓRGANOS DIRECTIVOS

Son órganos directivos en la organización central de la Administración General del Estado, según el citado artículo 55 de la LRJSP:

a) Los Subsecretarios y Secretarios generales.
b) Los Secretarios generales técnicos y Directores generales.
c) Los Subdirectores generales[9].

En la organización territorial de la Administración General del Estado son órganos directivos tanto los Delegados del Gobierno en las Comunidades Autónomas, que tendrán rango de Subsecretario, como los Subdelegados del Gobierno en las provincias, los cuales tendrán nivel de Subdirector general (art. 55.4 LRJSP).

En la Administración General del Estado en el exterior son órganos directivos los embajadores y representantes permanentes ante Organizaciones internacionales (art.55.5 LRJSP), a los que no nos referiremos en esta publicación.

Corresponde a los órganos superiores establecer los planes de actuación de la organización situada bajo su responsabilidad y a los órganos directivos su desarrollo y ejecución (art. 55.9 LRJSP).

---

9 Hay que tener en cuenta que a partir del Real Decreto Ley 6/2023, de diciembre, en el ámbito de la Administración General del Estado, los subdirectores generales han pasado a tener la consideración de personal directivo profesional. Más adelante lo analizamos en el apartado del personal directivo del artículo 13 del TREBEP.

Según el artículo 55.6 de la LRJSP los órganos directivos tienen además la condición de alto cargo, excepto los Subdirectores generales y asimilados, afirmación que ahora recoge también la citada Ley 3/2015, de 30 de marzo, reguladora del ejercicio del alto cargo en la Administración General del Estado.

A. *Los Subsecretarios*

La Ley 40/2015, de 1 de octubre, de Régimen Jurídico del Sector Público, en su artículo 63 dispone que los Subsecretarios ostentan la representación ordinaria del Ministerio, dirigen los servicios comunes, ejercen las competencias correspondientes a dichos servicios comunes y, en todo caso, las señaladas en el citado apartado.

Son nombrados y separados por Real Decreto del Consejo de Ministros a propuesta del titular del Ministerio y los nombramientos habrán de efectuarse entre funcionarios de carrera del Estado, de las Comunidades Autónomas o de las Entidades locales, pertenecientes al Subgrupo A1, a que se refiere el artículo 76 de la Ley 7/2007, de 12 de abril, por el que se aprueba el Estatuto Básico del Empleado Público (ahora TREBEP). En todo caso, habrán de reunir los requisitos de idoneidad establecidos en la Ley 3/2015, de 30 de marzo, reguladora del ejercicio del alto cargo de la Administración General del Estado.

B. *Los Secretarios generales*

El artículo 64 de la LRJSP establece que cuando las normas que regulan la estructura de un Ministerio prevean la existencia de un Secretario general, deberán determinar las competencias que le correspondan sobre un sector de actividad administrativa determinado.

Ejercen las competencias inherentes a su responsabilidad de dirección sobre los órganos dependientes, contempladas en el artículo 62.2.b), así como todas aquellas que les asigne expresamente el Real Decreto de estructura del Ministerio.

Tienen categoría de Subsecretario y son nombrados y separados por Real Decreto del Consejo de Ministros, a propuesta del titular del Ministerio o del Presidente del Gobierno.

Los nombramientos habrán de efectuarse entre personas con cualificación y experiencia en el desempeño de puestos de responsabilidad en la gestión pública o privada. En todo caso, habrán de reunir los requisitos de idoneidad establecidos en la Ley 3/2015, de 30 de marzo, reguladora del ejercicio del alto cargo de la Administración General del Estado (es decir, no se exige en esta figura el requisito general de ser funcionario de carrera A1).

C. Los Secretarios generales técnicos

A ellos se refiere el artículo 65 de la LRJSP y señala que están bajo la inmediata dependencia del Subsecretario y tendrán las competencias sobre servicios comunes que les atribuya el Real Decreto de estructura del Departamento y, en todo caso, las relativas a producción normativa, asistencia jurídica y publicaciones.

Tienen a todos los efectos la categoría de Director General y ejercen sobre sus órganos dependientes las facultades atribuidas a dicho órgano por el artículo 66.

Son nombrados y separados por Real Decreto del Consejo de Ministros a propuesta del titular del Ministerio.

Los nombramientos habrán de efectuarse entre funcionarios de carrera del Estado, de las Comunidades Autónomas o de las Entidades locales, pertenecientes al Subgrupo A1, a que se refiere el artículo 76 de la Ley 7/2007, de 12 de abril. En todo caso, habrán de reunir los requisitos de idoneidad establecidos en la Ley 3/2015, de 30 de marzo, reguladora del ejercicio de alto cargo de la Administración General del Estado.

D. Los Directores generales

Son una pieza fundamental de la estructura de la organización de la Administración General del Estado y según el artículo 66 de la LRJSP son definidos como los titulares de los órganos directivos encargados de la gestión de una o varias áreas funcionalmente homogéneas del Ministerio, relatando a continuación sus atribuciones.

Son nombrados y separados por Real Decreto del Consejo de Ministros, a propuesta del titular del Departamento o del Presidente del Gobierno.

Los nombramientos habrán de efectuarse entre funcionarios de carrera del Estado, de las Comunidades Autónomas o de las Entidades locales, pertenecientes al Subgrupo A1, a que se refiere el artículo 76 de la Ley 7/2007, de 12 de abril (ahora TREBEP), salvo que el Real Decreto de estructura permita que, en atención a las características específicas de las funciones de la Dirección General, su titular no reúna dicha condición de funcionario, debiendo motivarse mediante memoria razonada la concurrencia de las especiales características que justifiquen esa circunstancia excepcional[10]. En todo caso, habrán de reunir los requisitos de idoneidad establecidos en la Ley 3/2015, de 30 de marzo, reguladora del ejercicio del alto cargo de la Administración General del Estado.

---

[10] La Sentencia 1471/2021, del Tribunal Supremo, Sala de lo Contencioso, Sección 4ª, de fecha 14 de diciembre de 2021 (Nº de Recurso: 112/2020) Ponente: Celsa Pico Lorenzo (Roj: STS 4672/2021, ECLI:ES:TS:2021:4672 Id Cendoj: 28079130042021100399), hace un repaso sobre la doctrina general iniciada en la sentencia de 21 de marzo de 2002 y recordada en la de 19 de febrero de 2013 sobre la excepcionalidad del nombramiento de Director General no funcionario y el control jurisdiccional de la discrecionalidad. La jurisprudencia ha entendido que la justificación ha de descansar en la inexistencia de cuerpos de funcionarios con preparación en las materias a que se dedican las Direcciones Generales a las que se quiere aplicar la excepción y ha considerado que mediaba suficiente justificación o que la recurrente no había desvirtuado la ofrecida salvo en estos dos: la Dirección General del Instituto de la Juventud y la Dirección General de Políticas Palanca de la Agenda 2030. Respecto de ellas la sentencia declara la nulidad de las disposiciones que las exceptuaron. Nos referiremos a este tipo de excepciones más adelante cuando estudiemos los coordinadores y directores generales en el ámbito local.

En el apartado IV.6 nos referimos ampliamente a esta cuestión y relacionamos las sentencias que han confirmado la justificación de la excepción y las que han anulado la decisión por falta de motivación.

E. Los Delegados del Gobierno en las Comunidades Autónomas

Los Delegados del Gobierno, según el artículo 72 de la LRJSP, representan al Gobierno de la Nación en el territorio de la respectiva Comunidad Autónoma, sin perjuicio de la representación ordinaria del Estado en las mismas a través de sus respectivos Presidentes.

Dirigirán y supervisarán la Administración General del Estado en el territorio de las respectivas Comunidades Autónomas y la coordinarán, internamente y cuando proceda, con la administración propia de cada una de ellas y con la de las Entidades Locales radicadas en la Comunidad.

Son órganos directivos con rango de Subsecretario que dependen orgánicamente del Presidente del Gobierno y funcionalmente del Ministerio competente por razón de la materia.

Son nombrados y separados por Real Decreto del Consejo de Ministros, a propuesta del Presidente del Gobierno. Su nombramiento atenderá a criterios de competencia profesional y experiencia. En todo caso, deberá reunir los requisitos de idoneidad establecidos en la Ley 3/2015, de 30 de marzo, reguladora del ejercicio del alto cargo de la Administración General del Estado.

F. Los Subdelegados del Gobierno en las provincias

En cada provincia y bajo la inmediata dependencia del Delegado del Gobierno en la respectiva Comunidad Autónoma, existirá un Subdelegado del Gobierno, con nivel de Subdirector General, que será nombrado por aquél mediante el procedimiento de libre designación entre funcionarios de carrera del Estado, de las Comunidades Autónomas o de las Entidades Locales, pertenecientes a Cuerpos o Escalas clasificados como Subgrupo A1 (Artículo 74 de la LRJSP).

A continuación, mostramos en la siguiente tabla, de forma resumida, la clasificación de los órganos directivos, si tienen o no la condición de alto cargo, si forman parte o no del sistema de empleo público (con independencia de que se exija o no el requisito de ser funcionario de carrera o no, como señaló el Tribunal Constitucional en su STC 103/2013, de 25 de abril (que más adelante comentaremos), así como el régimen de su nombramiento:

ÓRGANOS DIRECTIVOS	Alto cargo	Forma parte del sistema de empleo público	Nombramiento y cese	Requisitos para su nombramiento
Subsecretarios	Alto cargo	No forman parte del sistema de empleo público	Real Decreto del Consejo de Ministros	Funcionario/a de carrera A1 del Estado, de las CCAA o de las EELL Requisitos de idoneidad de la Ley 3/2015, de 30 de marzo, reguladora del ejercicio del alto cargo de la AGE.
Secretarios generales (categoría de Subsecretario)	Alto cargo	No forman parte del sistema de empleo público	Real Decreto del Consejo de Ministros	Entre personas con cualificación y experiencia en el desempeño de puestos de responsabilidad en la gestión pública o privada (no se exige en ser funcionario de carrera A1). Requisitos de idoneidad de la Ley 3/2015, de 30 de marzo, reguladora del ejercicio del alto cargo de la AGE.
Secretarios generales técnico (categoría de Director General)	Alto cargo	No forman parte del sistema de empleo público	Real Decreto del Consejo de Ministros	Funcionario/a de carrera A1 del Estado, de las CCAA y EELL. Requisitos de idoneidad de la Ley 3/2015, de 30 de marzo, reguladora del ejercicio del alto cargo de la AGE.
Directores generales	Alto cargo	No forman parte del sistema de empleo público	Real Decreto del Consejo de Ministros	Funcionario/a de carrera A1 del Estado, de las CCAA y EELL. Salvo que el Real Decreto de estructura permita que, en atención a las características específicas de las funciones de la Dirección General, su titular no reúna dicha condición de funcionario, debiendo motivarse mediante memoria razonada la concurrencia de las especiales características que justifiquen esa circunstancia excepcional. Requisitos de idoneidad de la Ley 3/2015, de 30 de marzo, reguladora del ejercicio del alto cargo de la AGE.

ÓRGANOS DIRECTIVOS	Alto cargo	Forma parte del sistema de empleo público	Nombramiento y cese	Requisitos para su nombramiento
Subdirectores generales .	No son altos cargos	Son personal directivo profesional (art.13 TREBEP y art. 123 y siguientes del Real Decreto 6/2023, de 19 de diciembre)	Mediante el procedimiento de libre designación	Ser personal funcionario de carrera del Estado, de las Comunidades Autónomas o de las Entidades Locales perteneciente al subgrupo A1. Para aquellos puestos de personal directivo público profesional cuyo régimen jurídico pueda ser laboral, de acuerdo con lo dispuesto en el artículo 125, no será preciso cumplir este requisito, si bien deberá acreditar el mismo nivel de titulación. Contar con la experiencia y antigüedad suficientes que se requieran. Poseer la formación requerida en función del perfil del puesto.
Delegados del Gobierno (rango de Subsecretario)	Alto cargo	No forman parte del sistema de empleo público	Real Decreto del Consejo de Ministros	Atenderá a criterios de competencia profesional y experiencia. Deberá reunir los requisitos de idoneidad establecidos en la Ley 3/2015, de 30 de marzo, reguladora del ejercicio del alto cargo de la AGE.
Subdelegados del Gobierno en las provincias. (nivel de Subdirector General)	No es alto cargo	Sí forman parte del sistema de empleo público	Nombrado por el Delegado del Gobierno en la Comunidad Autónoma	Mediante el procedimiento de libre designación entre funcionarios de carrera A1 del Estado, de las CCAA o de las EELL

Y en un cuadro más amplio podemos ver todas las figuras que ejercen ciertamente una función directiva pública y distinguir entre órganos superiores, órganos directivos y cuál de estos (en sombreado) tienen la condición de alto cargo en la Administración General del Estado:

Función directiva en la A.G.E.	
Órganos superiores y directivos en la A.G.E.	**Alto cargo**
Órganos superiores	**Ministro** **Secretario de Estado**
Órganos directivos: Que no forman parte del sistema de empleo público	**Subsecretario** **Director general** **Secretario general técnico** **Delegado del Gobierno** **Embajador** ~~Subdirector general~~
Órganos directivos: Que forman parte del sistema de empleo público	Subdelegado del Gobierno
Personal funcionario	Directores insulares, jefes de servicio y asimilados
Personal directivo profesional	Subdirector general
Personal de alta dirección	Directores en el sector público

II.4. OTRAS FIGURAS DIRECTIVAS

A. *Los Directores Insulares de la Administración General del Estado*

Dispone el artículo 70 de la LRJSP que reglamentariamente se determinarán las islas en las que existirá un Director Insular de la Administración General del Estado, con el nivel que se determine en la relación de puestos de trabajo. Serán nombrados por el Delegado del Gobierno mediante el procedimiento de libre designación entre funcionarios de carrera del Estado, de las Comunidades Autónomas o de las Entidades Locales, pertenecientes a Cuerpos o Escalas clasificados como Subgrupo A1.

Los Directores Insulares dependen jerárquicamente del Delegado del Gobierno en la Comunidad Autónoma o del Subdelegado del Gobierno en la provincia, cuando este cargo exista, y ejercen, en su ámbito territorial, las competencias atribuidas por esta Ley a los Subdelegados del Gobierno en las provincias.

B. Órganos directivos de entidades instrumentales

El artículo 55.8 de la LRJSP dispone que los estatutos de los Organismos públicos determinarán sus respectivos órganos directivos. En consecuencia, habrá que estar a lo que los estatutos de los organismos autónomos, entidades empresariales y agencias dispongan.

De la misma manera sucede con los máximos órganos de dirección de otras entidades del sector público estatal y entidades reguladoras.

Con independencia de su condición de órganos directivos, también tienen la condición de alto cargo, por lo tanto, ejercen funciones directivas, según el artículo 1 de la Ley del ejercicio del alto cargo, a la que hemos hecho referencia:

> d) Los Presidentes, los Vicepresidentes, los Directores Generales, los Directores ejecutivos y asimilados en entidades del sector público estatal, administrativo, fundacional o empresarial, vinculadas o dependientes de la Administración General del Estado que tengan la condición de máximos responsables y cuyo nombramiento se efectúe por decisión del Consejo de Ministros o por sus propios órganos de gobierno y, en todo caso, los Presidentes y Directores con rango de Director General de las Entidades Gestoras y Servicios Comunes de la Seguridad Social; los Presidentes y Directores de las Agencias Estatales, los Presidentes y Directores de las Autoridades Portuarias y el Presidente y el Secretario General del Consejo Económico y Social.
>
> e) El Presidente, el Vicepresidente y el resto de los miembros del Consejo de la Comisión Nacional de los Mercados y de la Competencia, el Presidente del Consejo de Transparencia y Buen Gobierno, el Presidente de la Autoridad Independiente de Responsabilidad Fiscal, el Presidente, Vicepresidente y los Vocales del Consejo de la Comisión Nacional del Mercado de Valores, el Presidente, los Consejeros y el Secretario General del Consejo de Seguridad Nuclear, así como el Presidente y los miembros de los órganos rectores de cualquier otro organismo regulador o de supervisión.
>
> f) Los Directores, Directores ejecutivos, Secretarios Generales o equivalentes de los organismos reguladores y de supervisión.
>
> g) Los titulares de cualquier otro puesto de trabajo en el sector público estatal, cualquiera que sea su denominación, cuyo nombramiento se efectúe por el Consejo de Ministros, con excepción de aquellos que tengan la consideración de Subdirectores Generales y asimilados.

C. *El personal directivo (profesional) del artículo 13 del EBEP/TREBEP*

El artículo 13 del Texto Refundido del Estatuto Básico del Empleado Público, aprobado por Real Decreto Legislativo 5/2015, de 30 de octubre (en adelante TREBEP) y que coincide con el originario artículo 13 del Estatuto Básico del Empleado Público aprobado por Ley 7/2007, de 12 de abril (en adelante EBEP), que lleva por título "Personal directivo profesional", dispone que el Gobierno y los Órganos de Gobierno de las Comunidades Autónomas podrán establecer, en desarrollo de este Estatuto, el régimen jurídico específico del personal directivo así como los criterios para determinar su condición, de acuerdo, entre otros, con los siguientes principios:

1. Es personal directivo el que desarrolla funciones directivas profesionales en las Administraciones Públicas, definidas como tales en las normas específicas de cada Administración.

2. Su designación atenderá a principios de mérito y capacidad y a criterios de idoneidad, y se llevará a cabo mediante procedimientos que garanticen la publicidad y concurrencia.

3. El personal directivo estará sujeto a evaluación con arreglo a los criterios de eficacia y eficiencia, responsabilidad por su gestión y control de resultados en relación con los objetivos que les hayan sido fijados.

4. La determinación de las condiciones de empleo del personal directivo no tendrá la consideración de materia objeto de negociación colectiva a los efectos de esta Ley. Cuando el personal directivo reúna la condición de personal laboral estará sometido a la relación laboral de carácter especial de alta dirección.

Lo cierto es que el Gobierno de la Nación hasta no hace demasiado no había desarrollado norma alguna de carácter general sobre esta figura del artículo 13 del TREBEP y solo algunas comunidades autónomas lo habían hecho.

No obstante, en los últimos meses ha habido una prolífica tarea de regulación sobre esta figura y así podemos señalar que el Gobierno aprobó el proyecto de Ley de Función Pública de la Administración del Estado. Se encontraba en tramitación en el Congreso de los Diputados (proyecto de Ley 121/000149 Proyecto de Ley de la Función Pública de la Administración del Estado) ya que la Mesa de la Cámara, en su reunión del día 22 de marzo de 2023, adoptó el acuerdo de encomendar su aprobación con competencia legislativa plena y por el procedimiento de urgencia, conforme a los artículos 148 y 93 del Reglamento, a la Comisión de Hacienda y Función Pública. Pero la disolución de las Cortes Generales y la convocatoria de elecciones decretada en el día 29 de mayo de 2023 por el Presidente del Gobierno volvió a dejar en un letargo la regulación del desarrollo del artículo 13 del TREBEP.

En el capítulo III del título I se contemplaba la figura del personal directivo público profesional que se definía como aquel que desempeña funciones directivas para el desarrollo de políticas y programas públicos, con autonomía funcional de acuerdo con los criterios e instrucciones directas de sus superiores, responsabilidad en su gestión y control del cumplimiento de los objetivos propuestos en desarrollo de los planes de actuación de la organización en la que desempeñen sus funciones.

El personal directivo público profesional se corresponde, según el proyecto, con las personas titulares de las subdirecciones generales[11] y puestos asimilados, teniendo la consideración de puestos predictivos los puestos correspondientes a subdirecciones generales adjuntas y aquellos que se asimilen expresamente a los anteriores.

---

[11] No sabemos cómo quedará la redacción de la regulación de esta figura de Directivos públicos profesionales, pero ya adelantamos que la consideración de los subdirectores generales como personal directivo y no como órganos directivos contradice la previsión de los artículos 55 y 67 de la Ley 40/2015, de Régimen Jurídico del Sector Público que los califica como órganos y sus titulares nombrados por el Ministro, Secretario de Estado o Subsecretario del que dependan, no a través de sistemas que tengan en cuenta lo dispuesto en el artículo 13 del TREBEP. No hay una disposición derogatoria que incluya la previsión de derogación expresa de los citados artículos de la Ley 40/2015, aunque, lógicamente, ha de entenderse que la Ley posterior deroga a la anterior (art. 2 del Código Civil), aunque una buena técnica legislativa exigiría que se indicara expresamente.

En el sector público institucional, los puestos de personal directivo serían los previstos con tal carácter en sus estatutos y se regirán por el régimen jurídico que corresponda, pudiendo ser este administrativo o laboral.

Se preveía, como novedad, la creación de un Repertorio de Puestos con el perfil de puestos referenciado a competencias y cualificaciones profesionales, así como la experiencia profesional y la debida formación. Por otra parte, se prevé la creación de un Directorio del directivo público profesional para facilitar la gestión del talento interno cuya inscripción tiene carácter voluntario.

Recientemente, se ha aprobado el Real Decreto-ley 6/2023, de 19 de diciembre, por el que se aprueban medidas urgentes para la ejecución del Plan de Recuperación, Transformación y Resiliencia en materia de servicio público de justicia, función pública, régimen local y mecenazgo.

La justificación de la urgente necesidad de dictar una norma del Gobierno con fuerza de Ley, como es el Real Decreto Ley, viene avalada, según la exposición de motivos de la norma porque quedaron precipitadamente inconclusos los procedimientos legislativos correspondientes a algunas de las reformas integradas como hitos del cuarto desembolso (de las ayudas europeas del Plan de Recuperación y Resiliencia). Así ocurrió, entre otros, con el Proyecto de Ley 121/000149, de la Función Pública de la Administración del Estado (BOCG de 24 de marzo de 2023).

Por este motivo, y al objeto de no dilatar el cumplimiento de hitos y objetivos necesarios para obtener el cuarto desembolso fijado para el último semestre de 2023, resultaba imprescindible implementar las reformas legislativas contenidas en el citado Real Decreto-Ley, que en lo que se refiere al personal directivo profesional se contienen en el Título IV del Libro II, artículos 123 y siguientes.

No obstante, hay que llamar la atención de que este real Decreto Ley se convalidó y se decidió que se tramitara como un proyecto de Ley por el procedimiento de urgencia, por lo que la redacción que ahora exponemos podría variar en un futuro próximo.

Así, el artículo 123 y siguientes disponen:

Artículo 123. Concepto de personal directivo público profesional.
1. En el ámbito de la Administración del Estado tendrán la consideración de personal directivo público profesional las personas que desempeñen funciones directivas para el desarrollo de políticas y programas públicos, con margen de autonomía, de acuerdo con los criterios e instrucciones directas de sus superiores y con responsabilidad en su gestión y control del cumplimiento de los objetivos propuestos en desarrollo de los planes de actuación de la organización en la que desarrollen sus funciones.
2. La Administración del Estado velará por la representación equilibrada entre mujeres y hombres en los puestos de personal directivo público profesional evaluando periódicamente la efectiva aplicación de este principio.
3. Tendrán la consideración de personal directivo público profesional las personas titulares de las subdirecciones generales[12], con arreglo a lo dispuesto en el artículo 67 de la Ley 40/2015, de 1 de octubre.
4. En el ámbito de la Administración periférica, tendrán la consideración de personal directivo público profesional las personas titulares de unidades que, cumpliendo los requisitos del apartado 1, puedan ser asimiladas por el departamento ministerial con competencias en materia de función pública.
5. Los puestos correspondientes a subdirecciones generales adjuntas y aquellos que se asimilen expresamente a los anteriores tendrán la consideración de puestos predirectivos y les será de aplicación lo dispuesto en el artículo 124.2 de este real decreto-ley.
6. El personal directivo público profesional del sector público institucional estatal, incluido en el ámbito de aplicación de este libro, se regulará por su normativa específica y supletoriamente por lo previsto en este título.

---

12 La regulación vigente hasta el Real Decreto Ley 6/2023 se contenía en la LRJSP. Según el artículo 67.1 de la misma:
Los Subdirectores generales son los responsables inmediatos, bajo la supervisión del Director general o del titular del órgano del que dependan, de la ejecución de aquellos proyectos, objetivos o actividades que les sean asignados, así como de la gestión ordinaria de los asuntos de la competencia de la Subdirección General.
Los Subdirectores generales serán nombrados, respetando los principios de igualdad, mérito y capacidad, y cesados por el Ministro, Secretario de Estado o Subsecretario del que dependan.
Los nombramientos habrán de efectuarse entre funcionarios de carrera del Estado, o de otras Administraciones, cuando así lo prevean las normas de aplicación, pertenecientes al Subgrupo A1, a que se refiere el artículo 76 de la Ley 7/2007, de 12 de abril. (Ahora TREBEP).

Así, los puestos de personal directivo serán los que, de acuerdo con lo previsto en sus estatutos, figuren con tal carácter en los correspondientes instrumentos de ordenación.

Artículo 124. Función directiva pública profesional y principios de actuación del personal directivo público profesional.

1. La función directiva pública profesional es aquella que, en el ejercicio de competencias propias o delegadas, conlleva la exigencia de especial responsabilidad y competencia técnica, así como el desempeño de todas o algunas de las siguientes actuaciones de relevancia:

a) Establecer objetivos e impulsar las decisiones adoptadas por los órganos superiores y directivos.

b) Asesorar, planificar y coordinar la ejecución del trabajo para la consecución de los objetivos asignados.

c) Evaluar los objetivos e impulsar la innovación y mejora de los servicios y proyectos de su ámbito competencial.

d) Gestionar, para tales fines, personal y medios materiales o económicos.

e) Dirigir o coordinar unidades administrativas.

2. El personal directivo público profesional ejercerá sus funciones con arreglo a los siguientes principios de actuación:

a) Objetividad, imparcialidad, integridad y dedicación al servicio del interés general.

b) Aprendizaje a lo largo de la carrera profesional, de acuerdo con los marcos de competencias profesionales existentes.

c) Transparencia en la toma de decisiones y responsabilidad por la gestión realizada.

d) Eficacia en la consecución de los objetivos de la organización, con sujeción al control y evaluación de resultados.

e) Eficiencia en el uso de recursos públicos.

f) Igualdad de trato y oportunidades entre mujeres y hombres.

Artículo 125. Régimen jurídico del personal directivo público profesional.

1. La naturaleza jurídica de la relación de empleo del personal directivo público profesional con carácter general será la de derecho administrativo.

En los casos de personal directivo que, de acuerdo con lo dispuesto en el artículo 123.6, reúna la condición de personal laboral, estará sometido a la relación laboral de carácter especial de alta dirección.

2. En el ámbito de la Administración del Estado, el departamento ministerial competente en materia de función pública dictará las normas necesarias para adaptar los procedimientos de provisión al nombramiento de personal directivo.

3. En el ámbito de la Administración del Estado se relacionarán en el repertorio de puestos de personal directivo público profesional los puestos de trabajo de naturaleza directiva a los efectos de este real

decreto-ley. Este repertorio será independiente de las relaciones de puestos de trabajo previstas en el artículo 109 de este real decreto-ley. Para cada puesto de trabajo deberá determinarse en dicho repertorio el perfil requerido para su desempeño, referenciando los requerimientos de competencias y cualificaciones profesionales, entre ellas, la de dirección de personas, la experiencia profesional aplicable y la formación requerida.

Corresponderá al departamento ministerial con competencias en materia de función pública la gestión del repertorio de puestos del personal directivo público profesional, fijando los criterios comunes para la clasificación de puestos de trabajo con funciones directivas públicas profesionales.

4. Igualmente se creará un directorio dependiente del departamento ministerial con competencias en materia de función pública, como herramienta de gestión que permita identificar las necesidades de formación y contribuya a la generación de información estadística para la gestión del talento. La inscripción en dicho directorio tendrá carácter voluntario.

5. El personal directivo y predirectivo deberá participar en las actividades formativas que la Administración del Estado defina como obligatorias, dirigidas específicamente para este personal, bien sea para el perfeccionamiento o actualización de sus competencias o para la adquisición de otras nuevas en el marco de la profesionalización de la función pública directiva.

Artículo 126. Requisitos para la designación de personal directivo público profesional.

Para el nombramiento como personal directivo público profesional será necesaria la acreditación de los siguientes requisitos:

a) Ser personal funcionario de carrera del Estado, de las Comunidades Autónomas o de las Entidades Locales perteneciente al subgrupo A1. Para aquellos puestos de personal directivo público profesional cuyo régimen jurídico pueda ser laboral, de acuerdo con lo dispuesto en el artículo 125, no será preciso cumplir este requisito, si bien deberá acreditar el mismo nivel de titulación.

b) Contar con la experiencia y antigüedad suficientes que se requieran.

c) Poseer la formación requerida en función del perfil del puesto.

Artículo 127. Nombramiento, duración del nombramiento y cese del personal directivo público.

1. El nombramiento y cese en puestos de personal directivo público profesional en la Administración del Estado se realizará en todo caso por el procedimiento de libre designación, con las especialidades previstas en este artículo y las normas de adaptación a que se refiere el artículo 125.2, sin que quepa la cobertura de carácter provisional.

El plazo máximo de presentación de solicitudes será de diez días naturales desde la publicación de la convocatoria y no siendo preciso

> evacuar los informes a que se refiere el artículo 20 de la Ley 30/1984, de 2 de agosto, de medidas para la reforma de la Función Pública.
> Las convocatorias deberán incluir los requisitos y las competencias a valorar, debiendo las solicitudes ir acompañadas, en todo caso, de una justificación por escrito de la idoneidad de la persona candidata.
> En los casos de personal directivo que, según lo dispuesto en el artículo 125, reúna la condición de personal laboral, será de aplicación la legislación laboral, de acuerdo con las reglas previstas en este artículo.
> 2. El nombramiento del personal directivo público tendrá una duración máxima de cinco años, que podrá ser renovable por períodos idénticos, a propuesta del órgano competente para la designación, siempre que la persona designada mantenga los requisitos para el nombramiento y no obtenga evaluaciones negativas en el desempeño de su función.
> 3. El cese del personal directivo público profesional corresponderá al mismo órgano competente para su nombramiento y se producirá por la concurrencia de alguna de las siguientes causas, que deberán ser motivadas:
> a) Por finalización del plazo máximo de su nombramiento.
> b) A petición propia.
> c) Por la existencia de una evaluación negativa de su gestión, en los términos que establezcan las normas que desarrollen la evaluación de este personal.
> d) Por supresión o modificación del puesto, con motivo de una reorganización administrativa.
> e) Como consecuencia de la separación del servicio o despido disciplinario.
> f) Por pérdida de alguno de los requisitos para la designación previstos en la convocatoria.
> g) De forma excepcional, por pérdida de la confianza.
> 4. Las garantías tras el cese en el caso del personal funcionario de carrera serán las previstas con carácter general en la normativa de función pública en los supuestos de cese en los puestos de trabajo obtenidos por libre designación.

En abril de 2024 (BOE del 30 de abril[13]) se ha publicado la Orden TDF/379/2024, de 26 de abril, para la regulación de especialidades de los procedimientos de provisión de puestos del personal directivo público profesional y las herramientas para su gestión en el marco de lo dispuesto en el Real Decreto-ley 6/2023, de 19 de diciembre, por el que se aprueban medidas urgentes para la ejecución del Plan de Recuperación, Transformación y Resiliencia en materia de servi-

---

[13] https://www.boe.es/buscar/act.php?id=BOE-A-2024-8609

cio público de justicia, función pública, régimen local y mecenazgo y que tiene por objeto adaptar los procedimientos de provisión de libre designación al nombramiento del personal directivo público, de acuerdo con el artículo 125.2 del Real Decreto-ley 6/2023, de 19 de diciembre, así como articular las herramientas de gestión de esta tipología de puestos previstas en los artículos 125.3 y 125.4 del citado Real Decreto-ley 6/2023.

A esta figura de los directivos públicos profesionales nos referiremos con más detalle, más adelante para distinguirla de otras figuras afines en el ámbito local.

D. El personal (laboral) de alta dirección

El personal laboral de alta dirección se regula en el Real Decreto 1382/1985, de 1 de agosto, por el que se regula la relación laboral de carácter especial del personal de alta dirección.

Según el apartado 2 del artículo 1 (Ámbito de aplicación) del citado Real Decreto 1382/1985, se considera personal de alta dirección a aquellos trabajadores que ejercitan poderes inherentes a la titularidad jurídica de la Empresa, y relativos a los objetivos generales de la misma, con autonomía y plena responsabilidad sólo limitadas por los criterios e instrucciones directas emanadas de la persona o de los órganos superiores de gobierno y administración de la Entidad que respectivamente ocupe aquella titularidad.

Y el apartado cuatro de dicho precepto añade que el presente real decreto se aplicará a los máximos responsables y personal directivo a que se refiere el Real Decreto 451/2012, de 5 de marzo, sobre régimen retributivo de los máximos responsables y directivos en el sector público empresarial y otras entidades, que no estén vinculados por una relación mercantil, en aquello que no se oponga al mismo ni al Real Decreto-ley 3/2012, de 10 de febrero, de medidas urgentes para la reforma del mercado laboral.

A esta figura nos referiremos ampliamente también, más adelante, cuando analicemos el régimen jurídico de las figuras directivas en el ámbito local.

E. *Otras figuras ¿Jefaturas de unidades administrativas?*

Ponemos entre interrogantes la figura de las jefaturas de unidades administrativas.

El artículo 56.1 de la LRJSP, al referirse a las unidades administrativas dispone que son los elementos organizativos básicos de las estructuras orgánicas. Comprenden puestos de trabajo o dotaciones de plantilla vinculados funcionalmente por razón de sus cometidos y orgánicamente por una jefatura común y pueden existir unidades administrativas complejas, que agrupen dos o más unidades menores.

Los jefes de las unidades administrativas son responsables del correcto funcionamiento de la unidad y de la adecuada ejecución de las tareas asignadas a la misma.

Es decir, la LRJSP, como antes hacía la Ley 6/1997, de 14 de abril, de Organización y Funcionamiento de la Administración General del Estado (LOFAGE) está reconociendo que en una posición inferior y subordinada a los órganos directivos existen las unidades administrativas y al frente de ellas su jefe ejercerá una función directiva, aunque sea limitada y meramente técnica o administrativa.

Se pueden encontrar diferentes conceptos de función directiva. Al principio hemos delimitado los círculos directivos y sus funciones, pero si tomamos una concepción amplia de esa función podemos entender que uno de los aspectos de esta "es hacer que otros hagan". O como dice Francisco A. Cárceles Guardia[14]: la función directiva es el proceso de influir sobre las personas para que contribuyan al logro de los objetivos y metas de la organización (empresa).

Es cierto que no se encuentran entre las figuras directivas que se recogen en los manuales al uso sobre función directiva pública, pero queremos destacar que sí que llevan a cabo funciones de dirección en mayor o menor medida y por ello nos referimos a esta figura

---

14 Cárceles Guardia, F.A. La función directiva, Universitat Oberta de Catalunya, página 7 in fine.
https://openaccess.uoc.edu/bitstream/10609/49221/2/Gestión%20estratégica_Módulo1_La%20función%20directiva.pdf

(llevan a cabo tareas de planificación; de gestión de personas; de coordinación; organización; gestión económico-presupuestaria; control; evaluación y deben ejercer una función de motivación sobre sus equipos o unidades). Ciertamente siempre bajo la superior dirección de directivos (ya sea titulares de órganos directivos o personal directivo profesional donde lo haya).

III. Función directiva en el marco jurídico local

Trasladada las reflexiones del profesor Villoria que avanzábamos al principio a la realidad local actual y teniendo en cuenta las peculiaridades del ámbito local[15], podríamos distinguir dos tipos de situaciones en función del régimen jurídico de los dos grandes grupos de municipios que existen en el régimen local español (prescindiendo de la situación especial de Madrid y Barcelona que tienen sus propias leyes especiales), es decir, municipios de gran población, llamados municipios del título X (de la Ley básica de régimen local) y municipios de régimen común, además de las peculiaridades de los Cabildos Insulares Canarios y de las Diputaciones y otras entidades locales.

---

15 El profesor Carles Ramió formula también unas reflexiones sobre la traslación al ámbito local del concepto de función directiva profesional en su artículo "Dirección pública profesional en la Administración local: ¡Ya!", cuando se plantea *¿Qué entendemos por dirección pública profesional?: La dirección pública profesional se refiere a establecer una lógica meritocrática y de estabilidad en el primer nivel directivo de un ayuntamiento. Se considera primer nivel directivo aquellos puestos de dirección que se encuentran justo debajo de la línea de dirección política. Estos puestos de dirección agrupan dos grandes competencias: a) las competencias para ejercer de intermediario o de "rótula" entre el espacio político y el espacio administrativo. Es decir, tener la capacidad de interpretar las decisiones políticas y saberlas traducir en proyectos viables de gestión. Para poder ejercer esta función se requieren competencias de conocimiento y empatía hacia las dinámicas y el lenguaje político y conocimientos y complicidad con el funcionamiento organizativo y el lenguaje administrativo. b) Competencias en la dirección del aparato y de las jefaturas de carácter administrativo. Para ello es necesario conocer la lógica y la cultura administrativa del ámbito municipal.*
https://www.administracionpublica.com/direccion-publica-profesional-en-la-administracion-local-ya-primera-parte/

III.1. EN LOS GRANDES MUNICIPIOS

En los grandes municipios[16], después de la reforma de la Ley 7/1985, de 2 de abril, reguladora de las bases de régimen local (LRBRL) por la Ley 57/2003, de 16 de diciembre, de medidas para la modernización del gobierno local (LMMGL) podríamos considerar que tendríamos estos tres niveles:

1. Nivel de dirección política: alcaldes y miembros de la Junta de Gobierno Local, órganos superiores municipales según el artículo 130 de la LRBRL y aunque este precepto no lo indique considero que podrían estar incluido en este nivel los concejales con delegación que no formen parte de la Junta de Gobierno (aunque desde el punto de vista legal parece que han quedado en tierra de nadie, no son citados en el artículo 130 ni como órgano superior ni como órgano directivo, lo cierto es que cuando los titulares de estos órganos actúen por delegación están ejerciendo funciones directivas políticas).
2. Nivel de dirección político-administrativa: podrían incluirse todos aquellos órganos directivos enumerados en el artículo 130.1.B. de la LRBRL que no formen parte del sistema de empleo público (como veremos en el apartado IV.4). Es decir: los coordinadores generales de cada área o concejalía; los directores generales u órganos similares que culminen la organización administrativa dentro de cada una de las grandes áreas o concejalías; el titular de la asesoría jurídica; el titular del órgano de gestión tributaria, en su caso y, por último, los titulares de los máximos órganos de dirección de los organismos

---

16 El artículo 121 (Ámbito de aplicación) de la LRBRL determina que municipios son considerados de gran población. Son: (a) los municipios cuya población supere los 250.000 habitantes; (b) los municipios capitales de provincia cuya población sea superior a los 175.000 habitantes; (c) Los municipios que sean capitales de provincia, capitales autonómicas o sedes de las instituciones autonómicas; (d) Los municipios cuya población supere los 75.000 habitantes, que presenten circunstancias económicas, sociales, históricas o culturales especiales. En los supuestos previstos en las letras c) y d), se exigirá que así lo decidan las Asambleas Legislativas correspondientes a iniciativa de los respectivos ayuntamientos.

autónomos y de las entidades públicas empresariales locales. También si la legislación autonómica lo permite pueden existir otros órganos directivos, como reconoce la sentencia del Tribunal Constitucional nº 103/2013, de 25 de abril de 2013, a la que nos referiremos más adelante, además de si la legislación autonómica lo permite el personal directivo profesional del artículo 13 del TREBEP (aunque éstos últimos no tendrían la consideración de órganos directivos).

3. Nivel de dirección burocrática: podrían incluirse los órganos directivos reseñados en el artículo 130.1.B. de la LRBRL que forman parte del sistema de empleo público (en la clasificación que hace el Tribunal Constitucional, como luego veremos), es decir: el titular del órgano de apoyo a la Junta de Gobierno Local y al concejal-secretario de la misma; el secretario general del Pleno y el interventor general municipal. No obstante, teniendo en cuenta la clasificación de Villoria y Jimenez Asensio, podríamos incluir también en este grupo, en mi opinión, a los jefes de servicio o directores de servicio (no nos referimos aquí a los directores generales), según la denominación que pueda emplear cada ayuntamiento para nombrar a la cúspide de la burocracia profesional. Por supuesto, que los incluyamos en este grupo de nivel directivo no los convierte en órganos directivos, ni en personal directivo profesional, sino en personas que ejercen la dirección de personas bajo la dirección de personal directivo profesional u órganos directivos o superiores.

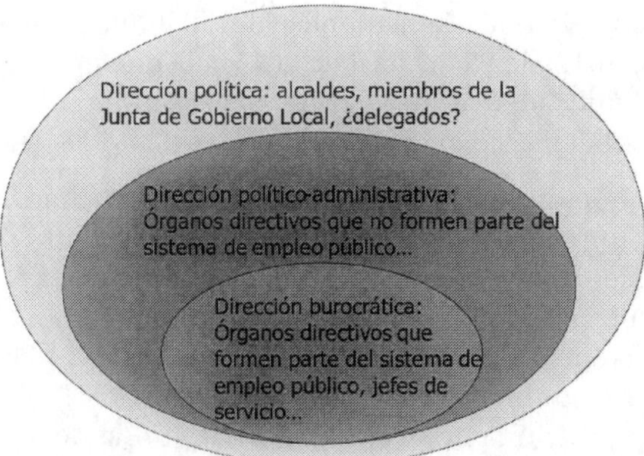

III.2. EN LOS MUNICIPIOS DE RÉGIMEN COMÚN

En los municipios de régimen común podríamos dibujar estos tres niveles de la siguiente manera:

1. Nivel de dirección política: alcaldes, tenientes de alcalde y concejales con delegación. Puede haber concejales miembros de la Junta de Gobierno que no ostente ningún tipo de delegación y por lo tanto no ejercerán ningún tipo de función de dirección. El reconocimiento de esta función directiva se contempla en el artículo 21.1. a) al atribuirle al alcalde la facultad de dirigir el gobierno y la administración del municipio. Las facultades directivas de tenientes de alcalde con delegación y concejales delegados las encontramos en el artículo 43 y 44 del Reglamento de Organización, Funcionamiento y Régimen Jurídico de las Entidades Locales de 1986 (ROF). No se contempla el reconocimiento de la condición de órgano superior, tal como establece el artículo 130 LRBRL para los municipios de gran población. Ni como órgano superior ni como órgano directivo.

2. Nivel de dirección político-administrativa: no existiría tan nítido este nivel a diferencia de lo sucede en los municipios del Título X. Podrían incluirse directores, gerentes u órganos similares en la propia organización o en los organismos autónomos y entidades públicas empresariales. También si la legislación autonómica lo permite pueden existir otros órganos directivos, como reconoce la sentencia del Tribunal Constitucional nº 103/2013, de 25 de abril de 2013, a la que nos referiremos más adelante, además de si la legislación autonómica lo permite el personal directivo profesional del artículo 13 del TREBEP.

3. Nivel de dirección burocrática: podrían incluirse aquel personal, funcionario o laboral que, formando parte del sistema de empleo público, ejercen funciones directivas. Aquí se puede incluir a la persona titular de la secretaría general, a la de la intervención general y a la de la tesorería, y también jefes de servicio o directores de servicio (no nos referimos aquí tampoco a los directores generales), según la denominación que

pueda emplear cada ayuntamiento para nombrar a la cúspide de la burocracia profesional, en virtud de su potestad de autoorganización. Por supuesto, como hemos dicho antes, que los incluyamos en este grupo de nivel directivo no los convierte en órganos directivos, ni en personal directivo profesional, sino en personas que ejercen la dirección de personas bajo la dirección de personal directivo profesional u órganos directivos o superiores.

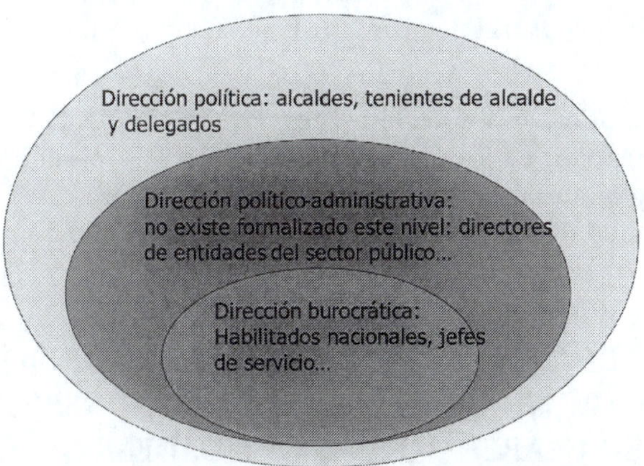

III.3. EN LOS CABILDOS INSULARES CANARIOS (DE GRAN POBLACIÓN)

A los Cabildos Insulares Canarios se refiere la Disposición Adicional Decimocuarta de la LRBRL, añadida por la Ley 57/20013, que se refiere al "Régimen especial de organización de los Cabildos Insulares Canarios". A las entidades que se relacionan, se la aplican las normas contenidas en los capítulos II y III del título X de la LRBRL, salvo los artículos 128 (Distritos), 132 (Comisión Especial de Sugerencias y Reclamaciones) y 137 (Órgano para las reclamaciones económico-administrativas):

a) A los Cabildos Insulares Canarios de islas cuya población sea superior a 175.000 habitantes.

b) A los restantes Cabildos Insulares de islas cuya población sea superior a 75.000 habitantes, siempre que así lo decida mediante Ley el Parlamento Canario a iniciativa de los Plenos de los respectivos Cabildos.

Por lo que nos interesa en la materia de la que nos ocupamos, señalar que el apartado 5 de esta Disposición dispone que "la Asesoría Jurídica, los Órganos Superiores y Directivos y el Consejo Social Insular, tendrán las competencias asignadas a los mismos en los artículos 129, 130 y 131. El nombramiento de los titulares de la Asesoría Jurídica y de los Órganos Directivos se efectuará teniendo en cuenta los requisitos exigidos en los artículos 129 y 130".

Por lo tanto, en los Cabildos Insulares Canarios la función directiva se agrupará en los niveles señalados en los apartados anteriores y en función del número de habitantes se aplicará el régimen de las grandes ciudades o el de los municipios de régimen común.

III.4. EN LAS DIPUTACIONES, CABILDOS (DE NO GRAN POBLACIÓN), CONSEJOS INSULARES Y OTRAS ENTIDADES LOCALES

El régimen de las Diputaciones, de los Cabildos (de los de no gran población indicados en el apartado anterior), Consejos Insulares y de otras entidades locales es similar, aunque con evidentes diferencias, al de los municipios de régimen común, sin perjuicio de las peculiaridades organizativas de cada una de ellas. Recordando las especialidades de los Cabildos Insulares Canarios, a los que me he referido en el apartado anterior, trataré ahora sobre los niveles de dirección de las Diputaciones y los demás Cabildos y Consejos Insulares:

1. Nivel de dirección política: presidente, vicepresidentes y diputados o consejeros con delegación. Al igual que en los municipios puede haber diputados miembros de la Junta de Gobierno que no ostente ningún tipo de delegación y por lo tanto no ejercerán ningún tipo de función de dirección. El reconocimiento de esta función directiva se reconoce en el artículo 34.1. a) al atribuirle al presidente la facultad de dirigir el go-

bierno y la administración de la provincia. Las facultades directivas de vicepresidentes con delegación y diputados delegados las encontramos en el artículo 63 del ROF. No se contempla el reconocimiento de la condición de órgano superior, tal como establece el artículo 130 LRBRL para los municipios de gran población. Ni como órgano superior ni como órgano directivo.

2. Nivel de dirección político-administrativa. Podrían incluirse directores, gerentes u órganos similares en la propia organización o en los organismos autónomos y entidades públicas empresariales provinciales o insulares. También si la legislación autonómica lo permite pueden existir otros órganos directivos, como hemos señalado que reconoce la sentencia del Tribunal Constitucional nº 103/2013, de 25 de abril de 2013, a la que nos referiremos más adelante.

   Además, a partir de la LRSAL pueden contar con personal directivo en las Diputaciones, Cabildos y Consejos Insulares por la especialidad que reconoce la LRBRL en la reforma de la Ley 27/2013, de 27 de diciembre, de racionalización y sostenibilidad de la Administración Local (LRSAL).

   En efecto, la LRSAL ha añadido un artículo 32 bis a la LRBRL, que induce a confusión en sus propios términos. Ya adelanto una confusión terminológica de la Ley que tiene consecuencias sobre el régimen jurídico de las figuras que a continuación distingo y sobre cuya distinción y confusión me detendré en más adelante.

   Este nuevo artículo 32 bis de la LRBRL añadido por la LRSAL lleva por título "Personal directivo de Diputaciones[17], Cabildos

[17] Recientemente (como indicamos en el apartado V.5), el Tribunal Supremo, Sala de lo Contencioso-Administrativo, Sección Cuarta, Sentencia núm. 1.829/2019 de 17 de diciembre de 2019, recurso de casación, número del procedimiento 2145/2017, ponente Sr. D. Pablo Lucas Murillo de la Cueva (Id Cendoj: 28079130042019100376) anuló el acuerdo de la Diputación de Cáceres que aprobó el Reglamento sobre personal directivo señalando que *el silencio de aquel artículo 13 y la manifestación de este artículo 32 bis que expresamente les apodera para tomar esa concreta determinación, permiten afirmar*

y Consejos Insulares". Reconoce la posibilidad de la existencia de personal directivo (subrayo que el artículo dice en su inciso primero "personal directivo"). Esta figura de personal directivo ya se reconocía desde el EBEP (2007), aunque sujeta al desarrollo legislativo. Su nombramiento se contempla también de acuerdo con los criterios que ya fijaba el EBEP y ahora mantiene el TREBEP, al decir que deberá efectuarse de acuerdo con criterios de competencia profesional y experiencia. No obstante, añade que se realizará entre funcionarios de carrera del Estado, de las Comunidades Autónomas, de las Entidades Locales o con habilitación de carácter nacional que pertenezcan a cuerpos o escalas clasificados en el subgrupo A1, salvo que el correspondiente Reglamento Orgánico permita que, en atención a las características específicas de las funciones de tales órganos directivos, su titular no reúna dicha condición de funcionario. Aquí empieza la diferencia y la confusión. La diferencia: el TREBEP no exige ese requisito de que sean empleados públicos, aunque lógicamente puedan serlo en su origen. La confusión: a pesar de que el título del artículo y su inciso inicial habla de "personal directivo" el inciso final de este artículo habla de "órganos directivos" cuando dice (repetimos): "permita que, en atención a las características específicas de las funciones de tales órganos directivos, su titular no reúna dicha condición de funcionario". Y no es lo mismo personal directivo que órgano directivo, como luego se explicará.

3. Nivel de dirección burocrática: podrían incluirse aquel personal, funcionario o laboral que, formando parte del sistema de empleo público, ejercen funciones directivas. Aquí se puede incluir al secretario general, al interventor municipal y también jefes de servicio o directores de servicio (no nos referimos aquí a la categoría de directores generales del título X de la LRBRL), según la denominación que pueda emplear cada entidad para nombrar a la cúspide de la burocracia profesional, en virtud de su potestad de autoorganización. Por supuesto,

---

que no se ha habilitado a las corporaciones locales para completar el régimen jurídico del personal directivo.

como ya hemos adelantado, que los incluyamos en este grupo de nivel directivo no los convierte en órganos directivos, ni en personal directivo profesional, sino en personas que ejercen la dirección de personas bajo la dirección de personal directivo profesional u órganos directivos o superiores.

III.5. EL RECONOCIMIENTO JURÍDICO DE LA FUNCIÓN DIRECTIVA DE LOS HABILITADOS NACIONALES

El artículo 2.1 del Real Decreto 128/2018, de 16 de marzo, por el que se regula el régimen jurídico de los funcionarios de administración local con habilitación de carácter nacional, dispone, de conformidad con la previsión contenida en el artículo 92.3 de la LRBRL (ahora 92 bis, en precepto añadido por la LRSAL), que son funciones públicas necesarias en todas las corporaciones locales, cuya responsabilidad administrativa está reservada a funcionarios de administración local con habilitación de carácter nacional, las siguientes:

a) Secretaría, comprensiva de la fe pública y el asesoramiento legal preceptivo.

b) Intervención-Tesorería, comprensiva del control y la fiscalización interna de la gestión económico-financiera y presupuestaria, y la contabilidad, tesorería y recaudación.

c) Secretaría-Intervención, a la que corresponden las funciones de fe pública y el asesoramiento legal preceptivo y las funciones de control y fiscalización interna de la gestión económico-financiera y presupuestaria, y la contabilidad, tesorería y recaudación.

Añade este apartado primero, la previsión legal de atribuir la responsabilidad administrativa de las funciones enumeradas en el mismo a funcionarios en posesión de la habilitación de carácter nacional.

Por último, el apartado 2 del artículo 2 del Real Decreto 128/2018 concluye disponiendo que quien ostente la responsabilidad administrativa de cada una de las funciones referidas en el apartado 1 tendrá atribuida la dirección de los servicios encargados de su realización, sin perjuicio de las atribuciones de los órganos de gobierno de la Corporación Local en materia de organización y dirección de sus servicios administrativos.

Es decir, al atribuirle el artículo 92 de la LRBRL la responsabilidad de esas funciones reservadas a estos funcionarios por la propia LRBRL le está otorgando la facultad de dirigir a las personas y medios que se pongan a su alcance para llevar a cabo dichas funciones. Por si hubiera alguna duda, el artículo 2.2 del RD 128/2018, expresamente le atribuye la función de dirección de los servicios encargados de su realización.

En función del tipo de organización, de su tamaño y de las funciones adicionales que por la Relación de Puestos de Trabajo o el reglamento orgánico se les puedan atribuir, el ámbito de su función directiva será mayor o menor. Aunque lo indiscutible es la existencia de un ámbito de función directiva con reconocimiento legal y reglamentario.

III.6. OTRAS FIGURAS: ¿JEFATURAS DE UNIDADES ADMINISTRATIVAS? (JEFES DE SERVICIO Y ASIMILADOS), ¿PERSONAL EVENTUAL?

Ponemos entre interrogantes la figura de las jefaturas de unidades administrativas y damos por reproducido lo dicho sobre las funciones directivas en el apartado de niveles de dirección en la Administración General del Estado.

No obstante, en el ámbito local considero que todavía es más patente, si cabe, el ejercicio de funciones directivas por mandos intermedios (jefes de servicio, jefes de sección o la denominación que cada entidad haya asignados a los puestos de jefatura de unidades administrativa con responsabilidad). Esta afirmación no quiere decir que tengan la consideración de personal directivo, sino personas que ejercen una cierta función directiva; no los convierte en órganos directivos, ni en personal directivo profesional, sino en personas que ejercen la dirección de personas bajo la dirección de personal directivo profesional u órganos directivos o superiores.

Y ponemos también entre interrogantes la figura del personal eventual. Porque todavía nos consta que hay entidades locales que la utilizan apoyándose en el artículo 176.3 del Texto refundido de las disposiciones legales vigentes en materia de Régimen Local, aprobado por Real Decreto Legislativo 781/1986, de 18 de abril, que dice:

> Podrán ser desempeñados por personal eventual determinados puestos de trabajo de carácter directivo, incluidos en la relación de puestos de trabajo de la Corporación, de acuerdo con lo que dispongan las normas que dicte el Estado para su confección. En estos supuestos, el personal eventual deberá reunir las condiciones específicas que se exijan a los funcionarios que puedan desempeñar dichos puestos.

Entiendo que este precepto está derogado por la legislación básica de empleo público (aunque insisto que hay entidades en la práctica que lo están utilizando) que solo permite que este tipo de personal ejerza funciones de confianza y asesoramiento especial ya que el artículo 12.1 del texto refundido de la Ley del Estatuto Básico del Empleado Público, aprobado por Real Decreto Legislativo 5/2015, de 30 de octubre, dispone:

> Es personal eventual el que, en virtud de nombramiento y con carácter no permanente, *sólo realiza funciones expresamente calificadas como de confianza o asesoramiento especial,* siendo retribuido con cargo a los créditos presupuestarios consignados para este fin.

III.7. CONCLUSIÓN SOBRE EL MARCO JURÍDICO DE LA FUNCIÓN DIRECTIVA LOCAL ACTUAL

En conclusión, puede observarse que la función directiva es un concepto paraguas[18] o aglutinador de distintas figuras, o dicho de

---

[18] Leticia Fuertes Giné, en su artículo "La contratación pública sostenible bajo la lente del concepto paraguas" (publicado en el número 58 de la Revista General de Derecho Administrativo, Iustel, octubre 2021), señala que Hirsch y Levin definen el "concepto paraguas" ("*umbrella concept*") desde la perspectiva de la ciencia organizativa como un: "*amplio concepto o idea utiliza-*

otra manera existen distintas figuras político-organizativas y de empleo público que ejercen funciones directivas: órganos superiores, órganos directivos, personal directivo, etc., y que son la concreción de la función directiva en las Administraciones locales españolas en la actualidad. También algunas normas (como la legislación de transparencia) citan otra figura como el alto cargo al que le dedicaremos una referencia especial en la última parte de este estudio.

No existe un marco jurídico homogéneo que reconozca y regule esta función directiva, sino que se trata de normas dispersas que a veces dan lugar a confusión, cuando no a contradicción por la variedad de figuras que ejercen esa función en mayor o menor medida y en unos u otros ámbitos.

Intentaremos explicarlo en los apartados siguientes, porque como se ha dicho las consecuencias sobre su diferente régimen jurídico es sensible.

---

da vagamente para abarcar y explicar un conjunto de fenómenos diversos" (Hirsch, Paul M. y Levin, Daniel Z. (1999): "Umbrella advocates versus validity police: A lifecycle model", Organization Science; Linthicum, Tomo 10, N.º 2, (Mar/Apr), pág. 2). Siguiendo la propia denominación de este término, la función de dicho paraguas metafórico es englobar una serie de nociones ya existentes, pero que no habían sido relacionadas previamente bajo una misma categoría, o no se había atendido a las cualidades particulares que comparten estas ideas (Blosma, Fenna y Brennan, Geraldine (2017): "The Emergence of Circular Economy: A New Framing Around Prolonging Resource Productivity", Journal of Industrial Ecology, Volumen 21, número 3, pág. 604).

IV. Titulares de órgano directivo en el ámbito local

IV.1. INTRODUCCIÓN: ÓRGANOS SUPERIORES Y ÓRGANOS DIRECTIVOS

La Ley 57/2003, de 16 de diciembre, de medidas para la modernización del gobierno local introduce en la LRBRL dos nuevos títulos: el título X relativo a los municipios de gran población y el título XI referente a la tipificación de las infracciones y sanciones en determinadas materias.

En el capítulo II del título X de la LRBRL se aborda la organización y funcionamiento de los municipios llamados de gran población[19] y después de regular los órganos necesarios (Pleno, Comisiones del Pleno, Alcalde, Tenientes de Alcalde y Junta de Gobierno Local) se incluye por primera vez en la legislación local española la distinción entre órganos superiores y órganos directivos[20].

Así, el artículo 130 LRBRL[21] dispone literalmente:

---

19 El ámbito de aplicación se contiene en el artículo 121 de la LRBRL, en la redacción dada por la LMMGL.

20 Recordemos que este régimen también se aplica a los llamados Cabildos Insulares Canarios de gran población, a los que se refiere la Disposición Adicional Decimocuarta de la LRBRL, añadida por la Ley 57/20013 "Régimen especial de organización de los Cabildos Insulares Canarios".

21 La Sentencia del Tribunal Constitucional (Pleno), núm. 143/2013 de 11 julio (Recurso de Inconstitucionalidad núm. 1598/2004) dejó claro que la regulación del artículo 130 de la LRBRL no impide, en los términos de la Sentencia TC 103/2013, que las leyes autonómicas completen ese elenco de órganos directivos: *Por lo que respecta al art. 130.1 B), en la STC 103/2013 (RTC 2013, 103) ya señalamos que «aun respondiendo la regulación de una serie de órganos directivos a los objetivos de interés general que justifican su regulación con carácter común para todos los municipios, el establecimiento de una enumeración cerrada de los mismos eliminaría la competencia de desarrollo legislativo de las Comunidades Autónomas sin que, por lo hasta aquí expuesto, exista justificación para ello. No obstante, el precepto impugnado admite una interpretación conforme con lo*

> 1. Son órganos superiores y directivos municipales los siguientes:
> A) Órganos superiores:
> a) El alcalde.
> b) Los miembros de la Junta de Gobierno Local.
> B) Órganos directivos:
> a) Los coordinadores generales de cada área o concejalía.
> b) Los directores generales u órganos similares que culminen la organización administrativa dentro de cada una de las grandes áreas o concejalías.
> c) El titular del órgano de apoyo a la Junta de Gobierno Local y al concejal-secretario de la misma.
> d) El titular de la asesoría jurídica.
> e) El secretario general del Pleno.
> f) El interventor general municipal.
> g) En su caso, el titular del órgano de gestión tributaria.
>
> 2. Tendrán también la consideración de órganos directivos, los titulares de los máximos órganos de dirección de los organismos autónomos y de las entidades públicas empresariales locales, de conformidad con lo establecido en el artículo 85 bis, párrafo b).

Veamos a modo de organigrama gráfico como se estructuran los órganos superiores y directivos en los municipios de gran población (título X de la LRBRL):

En los municipios del Título X LRBRL

◆Órganos **superiores** (art. 130 LRBRL):

- Alcalde
- Integrantes de la Junta de Gobierno Local

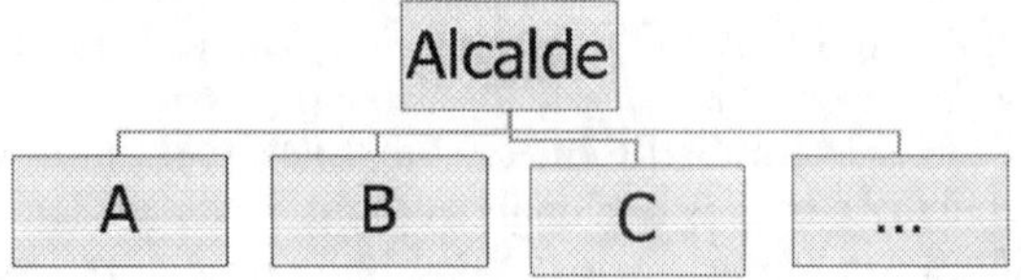

hasta aquí afirmado pues, en la medida en que se limita a relacionar, dentro de los órganos directivos, los titulares de órganos que pertenecen a la organización básica de los municipios de gran población, no impide a las Leyes autonómicas que completen, dentro de su competencia para regular la organización complementaria, este elenco de órganos directivos».

Órganos directivos que **no forman** parte del sistema de empleo público. Municipios Título X

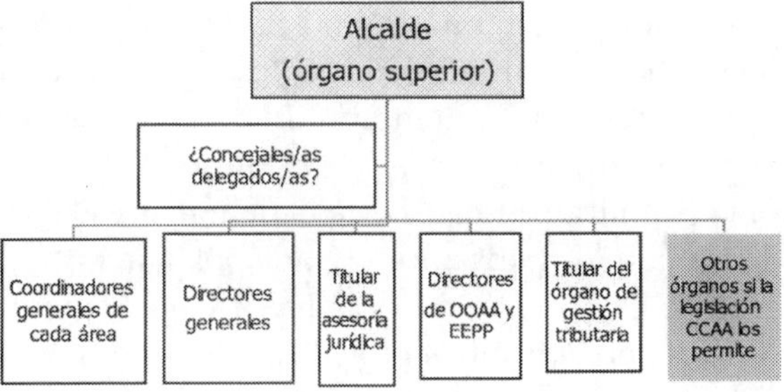

Órganos directivos que **forman parte** del sistema de empleo público. Municipios Título X

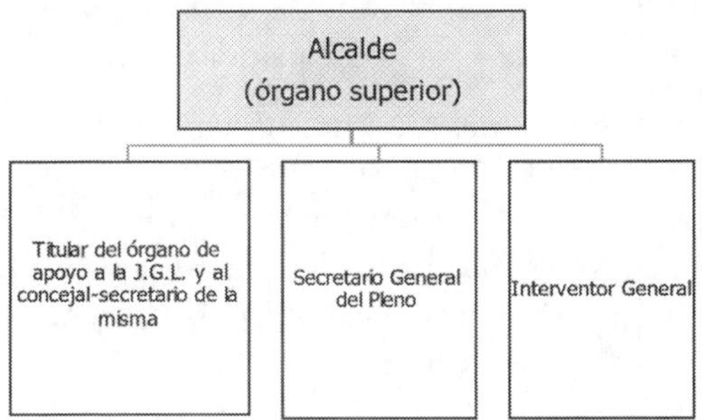

La introducción de estas figuras, órganos superiores y órganos directivos y su distinción es novedosa en la legislación local y se introduce en la misma como consecuencia de la "lofagización" del régimen local, término acuñado por la doctrina, entre otros el catedrático de Derecho Administrativo Luciano Parejo Alfonso[22]. Significa que algunas de las cuestiones contempladas en la LOFAGE (Ley 6/1997,

[22] El profesor Luciano Parejo Alfonso utilizó este término en diversos artículos y conferencias en general, para referirse a una de las razones de la reforma de la LRBRL por parte de la LMMGL, en concreto por lo que se refiere a la organización administrativa (Fernando García Rubio, Tratado de Derecho Municipal, IUSTEL 2011, página 4338 y siguientes).

de 14 de abril, de Organización y Funcionamiento de la Administración General del Estado) se adoptaron (por no decir copiaron) en la reforma de la ley básica de régimen local[23].

Esta "lofagización" fue también puesta de manifiesto por el catedrático de Derecho Constitucional, profesor Jiménez Asensio[24], en relación con los rasgos fundamentales de la regulación que sobre la alta administración se lleva a cabo en el título X de la LRBRL y, en este sentido, la primera reflexión que cabe hacer es la relativa a que el modelo de función directiva por el que apostó la Ley 57/2003 para los municipios de gran población estaba directamente inspirado en la LOFAGE, ya que en el título X de la LRBRL se lleva a cabo un ensayo de separación entre los órganos políticos y los órganos de gestión o directivos. Con apoyo expreso en la distinción que en su día hizo la LOFAGE, el artículo 130 de la LRBRL consagra la diferencia entre órganos superiores (alcalde y Junta de Gobierno Local) y órganos directivos (coordinadores generales, directores generales y órganos similares como los directores de organismos autónomos).

Para el profesor Fernando García Rubio[25], la "lofagización" de la organización administrativa local supone la capacidad para dictar actos administrativos y por tanto para otorgar la naturaleza de órgano administrativo a órganos que no tienen la condición de electos, en concreto y por lo que se refiere a este trabajo, los coordinadores generales y los directores generales.

Conviene recordar que la LOFAGE señalaba en su artículo 5, y ahora la LRJSP señala y repite también en su artículo 5, que

---

23 Es significativa la muestra evidente e insólita de la remisión que se hace en el artículo 85 bis de la LRBRL directamente a la LOFAGE.

24 "El personal directivo en la Administración Local". Diputación de Barcelona 2009 (pág. 43 y ss.).

25 El profesor titular de la Universidad Rey Juan Carlos, Fernando García Rubio, publicó en el Tratado de Derecho Municipal, dirigido por el Catedrático de Derecho Administrativo Santiago Muñoz Machado, IUSTEL 2011, el capítulo LXVII relativo al régimen especial de los municipios de gran población y señaló que en el régimen general de organización de estos municipios podemos encontrar tres grandes características: por un lado la "parlamentarización" del Ayuntamiento; la "lofagización"; y por último una serie de peculiaridades organizativas.

> Tendrán la consideración de órganos las unidades administrativas a las que se les atribuyan funciones que tengan efectos jurídicos frente a terceros, o cuya actuación tenga carácter preceptivo.

Merece la pena destacar, como ha puesto de manifiesto Jiménez Asensio[26] que, en efecto, cabe subrayar con trazo grueso que la regulación de los órganos directivos de los artículos 130 (municipios de gran población) y 32 bis LBRL (Diputaciones provinciales) tiene, tal como está diseñada, una dimensión claramente organizativa o institucional de naturaleza política. Nada que ver, por mucho que se indague, con el empleo público. Y estaba pensada esa estructura para dar respuesta a la carencia de la figura de los "altos cargos" en determinadas instituciones locales. Recuérdese el origen de la inclusión del título X de la LBRL: el afán del entonces Alcalde de Madrid (Ruiz Gallardón) de disponer de una estructura político-administrativa similar a la que tenía en la Comunidad de Madrid, homologando por tanto a los grandes municipios con el diseño organizativo de la alta administración (órganos superiores y directivos) que llevó a cabo la LOFAGE (hoy derogada). Si no se comprende esto, no se entiende nada. La dirección pública local (no profesional en su diseño legal; por mucho que se hable «de competencia y experiencia») se vehicula a través de una dimensión orgánica, no de régimen jurídico del empleo público (con la salvedad de los titulares de órganos directivos reservados por Ley a los funcionarios con habilitación de carácter nacional): quien es nombrado lo es como titular de un órgano directivo, independientemente que tenga la condición previa de funcionario o no (aunque la regla general, al igual que en la AGE, es que el nombrado sea funcionario del grupo de clasificación A1 y, como excepción tasada y motivada, que pueda ser cubierto por quien no tenga esa condición). En virtud de ese nombramiento ejerce potestades públicas durante el tiempo que permanezca en el cargo: nada tiene que ver con el régimen jurídico funcionarial o del personal de alta dirección. Es, por consiguiente, titular de un órgano directivo en virtud de nombramiento, igual que los altos cargos de la Administra-

---

[26] La dirección pública profesional en España: errores de concepto. https://rafaeljimenezasensio.com/2018/01/28/la-direccion-publica-profesional-en-espana-errores-de-concepto/

ción General del Estado. Se proveen tales órganos por libre nombramiento y libre cese de sus titulares, por tanto, están estrechamente unidos al ciclo político.

Es evidente, hemos de destacar, que a los titulares de los órganos directivos se les atribuye la posibilidad de dictar actos administrativos por delegación del alcalde o de la Junta de Gobierno, porque son titulares de verdaderos órganos administrativos, cuestión sobre la que nos extenderemos más adelante, pero que ya desde el inicio los diferencian del personal directivo al que ni en la legislación estatal ni en la legislación autonómica (lógicamente, porque son personal y no órganos) se les atribuye dicha posibilidad. Y en su artículo 6 contemplaba la distinción entre órganos superiores y órganos directivos que desde 2003 recoge la LRBRL. Decía así el artículo 6.2 de la LOFAGE:

> 2. En la organización central son órganos superiores y órganos directivos:
> A) Órganos superiores:
> a) Los Ministros.
> b) Los Secretarios de Estado.
> B) Órganos directivos:
> a) Los Subsecretarios y Secretarios generales.
> b) Los Secretarios generales técnicos y Directores generales.
> c) Los Subdirectores generales.

A continuación, señalaremos las notas básicas del régimen jurídico de los titulares de los órganos directivos, en general.

IV.2. CUESTIÓN CONCEPTUAL PREVIA: CONCEPTO DE ÓRGANO Y TITULAR DE ÉSTE

El profesor Sánchez Morón[27] reconoce que el concepto de órgano suscita debate doctrinal, pero entiende por órgano una unidad estructural y abstracta, creada y regulada por normas jurídicas, que agrega un conjunto de medios o elementos personales y materiales

---

27 Sánchez Morón, Miguel. Derecho Administrativo Parte General. Editorial Tecnos 2015, página 238.

y, sobre todo, un haz de funciones o competencias y cuya actuación produce efectos jurídicos de cualquier tipo ya sea *ad extra* o internos.

La legislación española nos ofrece un concepto de órgano. En efecto, hemos señalado que la LOFAGE (antes de la entrada en vigor de la LRJSP el 2 de octubre de 2016) y ahora la propia LRJSP dispone en su artículo 5 que "tendrán la consideración de órganos las unidades administrativas a las que se les atribuyan funciones que tengan efectos jurídicos frente a terceros, o cuya actuación tenga carácter preceptivo".

Ahora bien, como señala el profesor Sánchez Morón, el titular es, junto a la competencia y, en su caso, los medios materiales, uno de los elementos del órgano. Es el factor personal que, cuando actúa en ejercicio de las funciones del órgano, imputa (teoría de la imputación) su actividad al mismo y, por tanto, a la persona jurídica pública en la que se integra (en este caso, el titular de un órgano directivo local imputa su actividad en el ámbito de su competencia, otorgada por ley o por un órgano superior, al ayuntamiento, de la misma manera que un director general de la Administración General del Estado lo hace con esa Administración).

En el caso de los órganos directivos de los municipios del título X, en especial los coordinadores generales, directores generales o directores de organismos autónomos y entidades públicas empresariales pueden tener capacidad para dictar actos administrativos, es decir para producir efectos unilaterales frente a terceros e imputar sus decisiones al ayuntamiento. El alcalde, así como la Junta de Gobierno Local, en los municipios del título X de la LRBRL, pueden delegar determinadas atribuciones que les confieren los artículos 124 y 127, respectivamente, a los titulares de órganos directivos.

La posibilidad de delegar atribuciones político-administrativas y de ejercer funciones que tengan efectos jurídicos frente a terceros que contempla la ley para los titulares de órganos directivos no está en ningún caso prevista, al menos en la legislación vigente española, para el personal directivo profesional que no tiene la consideración de órgano administrativo.

Los demás órganos directivos (los que forman parte del sistema de empleo público, según el Tribunal Constitucional, en la clasificación que más adelante nos referimos) tienen una función de intervención preceptiva, conforme veremos, de acuerdo con la legislación de funcionarios con habilitación de carácter nacional y la propia Ley básica de régimen local. Y el legislador expresamente así los califica (órganos) en concordancia con lo que disponía el artículo 5 de la LOFAGE y ahora dispone el artículo 5 de la LRJSP.

IV.3. ÓRGANOS SUPERIORES EN LOS MUNICIPIOS DEL TÍTULO X: ENUMERACIÓN Y ATRIBUCIONES

Ya hemos adelantado que el artículo 130 LRBRL dispone que son órganos superiores en los municipios llamados de gran población:

a) El alcalde.
b) Los miembros de la Junta de Gobierno Local.

Según dispone el artículo 124 de la LRBRL, el alcalde ostenta la máxima representación del municipio y es responsable de su gestión política ante el Pleno.

El apartado 4 de este precepto establece que, en particular, corresponde al alcalde el ejercicio de las siguientes funciones:

a) Representar al ayuntamiento.
b) Dirigir la política, el gobierno y la administración municipal, sin perjuicio de la acción colegiada de colaboración en la dirección política que, mediante el ejercicio de las funciones ejecutivas y administrativas que le son atribuidas por esta ley, realice la Junta de Gobierno Local.
c) Establecer directrices generales de la acción de gobierno municipal y asegurar su continuidad.
d) Convocar y presidir las sesiones del Pleno y las de la Junta de Gobierno Local y decidir los empates con voto de calidad.
e) Nombrar y cesar a los tenientes de alcalde y a los Presidentes de los Distritos.
f) Ordenar la publicación, ejecución y cumplimiento de los acuerdos de los órganos ejecutivos del ayuntamiento.
g) Dictar bandos, decretos e instrucciones.
h) Adoptar las medidas necesarias y adecuadas en casos de extraordinaria y urgente necesidad, dando cuenta inmediata al Pleno.

> i) Ejercer la superior dirección del personal al servicio de la Administración municipal.
> j) La Jefatura de la Policía Municipal.
> k) Establecer la organización y estructura de la Administración municipal ejecutiva, sin perjuicio de las competencias atribuidas al Pleno en materia de organización municipal, de acuerdo con lo dispuesto en el párrafo c) del apartado 1 del artículo 123.
> l) El ejercicio de las acciones judiciales y administrativas en materia de su competencia y, en caso de urgencia, en materias de la competencia del Pleno, en este supuesto dando cuenta al mismo en la primera sesión que celebre para su ratificación.
> m) Las facultades de revisión de oficio de sus propios actos.
> n) La autorización y disposición de gastos en las materias de su competencia.
> ñ) Las demás que le atribuyan expresamente las leyes y aquéllas que la legislación del Estado o de las comunidades autónomas asignen al municipio y no se atribuyan a otros órganos municipales.

Y añade el apartado 5 que *el alcalde podrá delegar mediante decreto las competencias anteriores en la Junta de Gobierno Local, en sus miembros, en los demás concejales y, en su caso, en los coordinadores generales, directores generales u órganos similares, con excepción de las señaladas en los párrafos b), e), h) y j), así como la de convocar y presidir la Junta de Gobierno Local, decidir los empates con voto de calidad y la de dictar bandos. Las atribuciones previstas en los párrafos c) y k) sólo serán delegables en la Junta de Gobierno Local.*

Los miembros de la Junta de Gobierno Local no tienen atribuciones propias, salvo las que tienen como órgano colegiado como propia Junta de Gobierno, integrantes de ese órgano colegiado, o que hayan sido nombrados tenientes de alcalde (solo pueden ser nombrados tenientes de alcalde los miembros, todos o parte, de la Junta de Gobierno Local, conforme establece el artículo 125 de la LRBRL, o bien concejales delegados, de acuerdo con lo dispuesto en el artículo 124.5 de la LRBRL).

La Junta de Gobierno Local (tal como preceptúa el artículo 126), es el órgano que, bajo la presidencia del alcalde, colabora de forma colegiada en la función de dirección política que a éste corresponde y ejerce las funciones ejecutivas y administrativas que se señalan en el artículo 127 de esta ley.

Corresponde al alcalde nombrar y separar libremente a los miembros de la Junta de Gobierno Local, cuyo número no podrá exceder de un tercio del número legal de miembros del Pleno, además del alcalde.

La Junta de Gobierno Local responde políticamente ante el Pleno de su gestión de forma solidaria, sin perjuicio de la responsabilidad directa de cada uno de sus miembros por su gestión.

Por último, hay que añadir que las deliberaciones de la Junta de Gobierno Local son secretas. A sus sesiones podrán asistir los concejales no pertenecientes a la Junta y los titulares de los órganos directivos, en ambos supuestos cuando sean convocados expresamente por el alcalde (art. 125.6).

IV.4. ÓRGANOS DIRECTIVOS EN LOS MUNICIPIOS DEL TÍTULO X: ENUMERACIÓN Y FUNCIONES

Como se ha dicho, el artículo 130 LRBRL enumera los órganos superiores y los órganos directivos. Así, señala que son órganos directivos en los municipios de gran población:

> B) Órganos directivos:
> a) Los coordinadores generales de cada área o concejalía.
> b) Los directores generales u órganos similares que culminen la organización administrativa dentro de cada una de las grandes áreas o concejalías.
> c) El titular del órgano de apoyo a la Junta de Gobierno Local y al concejal-secretario de la misma.
> d) El titular de la asesoría jurídica.
> e) El secretario general del Pleno.
> f) El interventor general municipal.
> g) En su caso, el titular del órgano de gestión tributaria.
>
> 2. Tendrán también la consideración de órganos directivos, los titulares de los máximos órganos de dirección de los organismos autónomos y de las entidades públicas empresariales locales, de conformidad con lo establecido en el artículo 85 bis, párrafo b).

Las funciones de los órganos directivos de los municipios de gran población son variadas y diferentes, al igual que sucedía en la LOFAGE y ahora sucede en la LRJSP con los órganos directivos de la Administración General del Estado o en las leyes de organización y gobierno de las comunidades autónomas. Veámoslas según la LRBRL:

- Titular de la Asesoría Jurídica (art. 129). Se califica a la asesoría jurídica, como órgano y se distingue de su titular. La Ley dice expresamente que "existirá un órgano administrativo" responsable de la asistencia jurídica al alcalde, a la Junta de Gobierno Local y a los órganos directivos, comprensiva del asesoramiento jurídico y de la representación y defensa en juicio del ayuntamiento (y añade que su titular será nombrado y separado por la Junta de Gobierno Local).
- Secretario General del Pleno (art. 122.5). Le corresponde las siguientes funciones[28]:
    a) La redacción y custodia de las actas, así como la supervisión y autorización de las mismas, con el visto bueno del presidente del Pleno.
    b) La expedición, con el visto bueno del presidente del Pleno, de las certificaciones de los actos y acuerdos que se adopten.
    c) La asistencia al presidente del Pleno para asegurar la convocatoria de las sesiones, el orden en los debates y la correcta celebración de las votaciones, así como la colaboración en el normal desarrollo de los trabajos del Pleno y de las comisiones.
    d) La comunicación, publicación y ejecución de los acuerdos plenarios.
    e) El asesoramiento legal al Pleno y a las comisiones,

---

28 Sobre las funciones del secretario general del Pleno, sobre la dependencia orgánica, delegación de funciones de órganos superiores y sobre la posibilidad de sustituirse en caso de ausencia con el titular del órgano de apoyo a la Junta e Gobierno Local y a su concejal secretario y otras cuestiones, puede consultarse la interesante sentencia nº 1/2015, del Tribunal Superior de Justicia de Canarias, Sede Las Palmas, de fecha 13 de enero de 2015, recurso de apelación 84/2014, ponente César José García Otero.

– Titular del órgano de apoyo a la Junta de Gobierno Local y al concejal secretario de la misma (art. 126.4). Sus funciones son las siguientes:

  a) La asistencia al concejal-secretario de la Junta de Gobierno Local.

  b) La remisión de las convocatorias a los miembros de la Junta de Gobierno Local.

  c) El archivo y custodia de las convocatorias, órdenes del día y actas de las reuniones.

  d) Velar por la correcta y fiel comunicación de sus acuerdos.

– Interventor General municipal (art. 136). Ejerce la función pública de control y fiscalización interna de la gestión económico-financiera y presupuestaria, en su triple acepción de función interventora, función de control financiero y función de control de eficacia.

– Titular del órgano de gestión tributaria (art. 135). Corresponderán a este órgano, al menos, las siguientes competencias:

  a) La gestión, liquidación, inspección, recaudación y revisión de los actos tributarios municipales.

  b) La recaudación en período ejecutivo de los demás ingresos de derecho público del ayuntamiento.

  c) La tramitación y resolución de los expedientes sancionadores tributarios relativos a los tributos cuya competencia gestora tenga atribuida.

  d) El análisis y diseño de la política global de ingresos públicos en lo relativo al sistema tributario municipal.

  e) La propuesta, elaboración e interpretación de las normas tributarias propias del ayuntamiento.

  f) El seguimiento y la ordenación de la ejecución del presupuesto de ingresos en lo relativo a ingresos tributarios.

– Coordinadores generales. Tienen funciones de coordinación y dirección de los servicios administrativos de cada área teniendo capacidad para dictar actos administrativos por delegación del alcalde o de la Junta de Gobierno (art. 124.5 y 127.2). Según el profesor García Rubio[29] podrían asimilarse a viceconsejeros o subsecretarios (en las CCAA o en la Administración del Estado).

- Directores Generales. Tienen análogas funciones que en las otras Administraciones. Son, en opinión del profesor García Rubio[30], el órgano que enlaza la política con la función pública. Tienen también capacidad para dictar actos administrativos por delegación del alcalde o de la Junta de Gobierno (art. 124.5 y 127.2).
- Titulares de los máximos órganos de dirección de los organismos autónomos y de las entidades públicas empresariales locales (art. 130.2), de conformidad con lo establecido en el artículo 85 bis, párrafo b) y con las funciones que puedan completar los estatutos de cada organismo.

IV.5. CLASIFICACIÓN DE LOS TITULARES DE ÓRGANOS DIRECTIVOS SEGÚN FORMEN PARTE O NO DEL SISTEMA DE EMPLEO PÚBLICO

De los órganos directivos que se relacionan en la LRBRL unos forman parte del sistema de empleo público por decisión expresa de la Ley (como sucede en el caso de los subdelegados del Gobierno en la Administración General del Estado y se recoge en la LRJSP) y otros son configurados como una suerte de altos cargos, como ha dicho el Tribunal Superior de Justicia de Asturias (Sala de lo Contencioso-Administrativo, Sección 1ª), en sus sentencias de fecha 15 de mayo de 2009 (número 142/2009, Recurso 116/2009), con cita de otra de 30 de junio de 2008, de las que nos ocuparemos más adelante. Se ha referido también este Tribunal Superior de Justicia a este concepto

---

29 Op. cit página 4341.

30 Op.cit página 4341

de “suerte de alto cargo” en la sentencia de 23 de junio de 2020 (procedimiento ordinario 783/2019).

Para delimitar qué titulares de órganos directivos locales formarían parte del sistema de empleo público y cuáles no, resulta conveniente traer a colación la sentencia del Tribunal Constitucional nº 103/2013, de 25 de abril de 2013[31] (Recurso de inconstitucionalidad 1523-2004, interpuesto por el Parlamento de Cataluña en relación con diversos preceptos de la Ley 57/2003, de 16 de diciembre, de medidas para la modernización del Gobierno Local).

La citada sentencia, en su fundamento jurídico 5, apartado j) señala que en la relación de órganos directivos (del art. 130 LRBRL, el paréntesis es nuestro) se incluyen los titulares de distintos órganos (para una mayor claridad separaré los grupos en apartados):

- En primer lugar, aquellos que tienen encomendada una función directiva de ejecución de programas —coordinadores generales y directores generales u órganos equivalentes—.
- En segundo lugar, los titulares de órganos con una función material concreta —el titular de la Asesoría jurídica—, o a los que se encomienda la gestión centralizada de funciones públicas, como es el caso del titular del órgano de gestión tributaria, que asume las funciones públicas que atribuye al municipio la legislación tributaria.
- Finalmente, una última categoría de directivos que, por tener atribuidas funciones públicas preceptivas cuya responsabilidad está reservada a funcionarios con habilitación de carácter estatal, forman parte del sistema de empleo público, pues acceden al puesto por los sistemas legales de provisión de puestos de trabajo, conforme a lo establecido en la disposición adicional octava LRBRL y la disposición final primera de la Ley 7/2007, de 12 de abril, del estatuto básico del empleado público. Estos son el secretario del Pleno, el titular del órgano de apoyo a la

---

31 Publicada en: «BOE» núm. 123, de 23 de mayo de 2013, páginas 227 a 259. https://www.boe.es/diario_boe/txt.php?id=BOE-A-2013-5446

Junta de Gobierno local y al concejal-secretario y el interventor general municipal.

En consecuencia, podemos deducir con el Tribunal Constitucional que son estos últimos (el secretario del Pleno, el titular del órgano de apoyo a la Junta de Gobierno local y al Concejal-secretario y el interventor general municipal) los que forman parte del sistema de empleo público y por lo tanto se deberán reflejar en la relación de puestos de trabajo, a diferencia de los demás que se relacionarían en su reglamento orgánico o en la relación de altos cargos de la entidad que se acuerde al aprobar la estructura orgánica del ayuntamiento.

Esta conclusión a la que llegamos se deduce del mencionado fundamento jurídico de la sentencia del Tribunal Constitucional que comentamos, cuando al referirse a la exigencia de determinados requisitos de formación y experiencia en la función pública que, sin duda, *responde a la finalidad de mejorar la eficacia de la gestión administrativa, garantizando un nivel mínimo de profesionalización de los nombrados, no requiere establecer un elenco tasado de órganos directivos, tanto más cuanto ni es una exigencia que se impone a todos los directivos, ni tampoco es aplicable a los órganos incluidos en la relación de puestos de trabajo, e incorporados al sistema de empleo público, que se proveen por los sistemas establecidos para la provisión puestos de trabajo reservados a este cuerpo. La profesionalización a la que sirve la exigencia del requisito de pertenecer a algún cuerpo de funcionarios para los que se exija un título universitario de nivel superior, incluido el de funcionarios de habilitación de carácter estatal, adquiere todo su sentido para los altos cargos, pero no resulta de aplicación al resto de órganos directivos, reservados a funcionarios en servicio activo.*

El Tribunal concluyó, aunque no sea objeto central de este trabajo, pero lo apuntamos con carácter informativo, *que aun respondiendo la regulación de una serie de órganos directivos a los objetivos de interés general que justifican su regulación con carácter común para todos los municipios, el establecimiento de una enumeración cerrada de los mismos eliminaría la competencia de desarrollo legislativo de las Comunidades Autónomas sin que, por lo hasta aquí expuesto, exista justificación para ello. No obstante, el precepto impugnado admite una interpretación conforme con lo hasta aquí afirmado pues, en la medida en que se limita a relacionar, dentro de los órganos directivos, los titulares de órganos que pertenecen a la organización básica de los municipios de gran población, no impide a las leyes autonómicas que completen, dentro de su competencia para regular la organización complementaria, este elenco de órganos directivos.*

En cualquier caso, queda claro, se trate de órganos cuyos titulares forman parte del sistema de empleo público o no, que todos ellos son titulares de órganos y no personal directivo. En ningún caso el Tribunal Constitucional se refiere al personal directivo sino a titulares de órganos directivos.

A continuación, mostramos en la siguiente tabla de forma resumida la clasificación de los órganos directivos en el ámbito local en los municipios del título X (y en los Cabildos insulares canarios antes indicados), si forman parte o no del sistema de empleo público (con independencia de que se exija o no el requisito de ser funcionario de carrera o no, como señaló el Tribunal Constitucional en su STC 103/2013, de 25 de abril), así como el régimen de su nombramiento:

ÓRGANOS DIRECTIVOS	Forma parte o no del sistema de empleo público	Nombramiento y cese	Requisitos para su nombramiento
Coordinadores generales **Directores generales**	No forman parte del sistema de empleo público	Libre nombramiento, por acuerdo de la Junta de Gobierno Local	Funcionario/a de carrera A1 del Estado, de las CCAA o de las EELL. Salvo que el Reglamento Orgánico Municipal permita, en atención a las características específicas de las funciones de tales órganos directivos, su titular no reúna dicha condición de funcionario. Requisitos de competencia profesional y experiencia (art. 130 LRBRL)
Máximo órgano de dirección de los organismos autónomos o entidades públicas empresariales	No forman parte del sistema de empleo público	Libre nombramiento, por acuerdo de la Junta de Gobierno Local	Funcionario/a de carrera o laboral del Estado, de las CCAA y EELL, o un profesional del sector privado, titulados superiores en ambos casos, y con más de cinco años de ejercicio profesional en el segundo (art. 85 bis LRBRL).

ÓRGANOS DIRECTIVOS	Forma parte o no del sistema de empleo público	Nombramiento y cese	Requisitos para su nombramiento
Titular de la Asesoría jurídica	No forman parte del sistema de empleo público	Libre nombramiento, por acuerdo de la Junta de Gobierno Local	Funcionario/a de carrera A1 del Estado, de las CCAA y EELL. Licenciado en Derecho (art. 129 LRBRL).
Titular del órgano de gestión tributaria	No forman parte del sistema de empleo público	Acuerdo de creación por Pleno (art. 134 LRBRL)	Véase artículo 135.3 en relación con el artículo 134 LRBRL
Secretario del Pleno Titular del órgano de apoyo a la Junta de Gobierno local y al concejal-secretario Interventor general municipal	**Sí forman parte del sistema de empleo público**	Concurso o libre designación entre funcionarios de Administración Local con habilitación de carácter nacional (art.92 bis LRBRL)	Funcionarios de Administración Local con habilitación de carácter nacional

IV.6. LIBRE SELECCIÓN, LIBRE NOMBRAMIENTO Y LIBRE CESE DE LOS TITULARES DE LOS ÓRGANOS DIRECTIVOS QUE NO FORMAN PARTE DEL SISTEMA DE EMPLEO PÚBLICO

Conviene recordar las palabras recogidas anteriormente del profesor Jiménez Asensio[32], Catedrático de Derecho Constitucional y uno de los especialistas en la Administración Pública que más se ha ocupado de la función directiva pública, sobre el modelo de función directiva por el que apostó la Ley 57/2003 y que estaba directamente inspirado en la Ley de Organización y Funcionamiento de la Administración General del Estado, Ley 6/1997, de 14 de abril (LOFAGE).

[32] Op. cit. página 43 y siguientes

En palabras del Profesor Jiménez Asensio, el nombramiento de los coordinadores generales y directores generales es libre, es lo que se llama sistema de libre nombramiento (no es libre designación, añadimos nosotros, como en ocasiones se dice por personas no expertas e incluso por personas expertas y por alguna sentencia) y es contemplado, no sólo para Coordinadores y Directores Generales del propio Ayuntamiento, sino que se prevé para los titulares de los órganos directivos de los Organismos Autónomos y Entidades Públicas Empresariales, que aparecen recogidos en el artículo 85.bis de la LRBRL (en la redacción dada al mismo por la Ley 57/2003). Y añadimos nosotros para el nombramiento del titular de la Asesoría Jurídica y del titular del órgano de gestión tributaria.

Concluye el Profesor Jiménez Asensio[33] que este modelo de dirección pública prescinde, en efecto, de incorporar elemento alguno de selección por mérito e idoneidad, y no hay publicidad ni sistema competitivo. Aunque ahora, deberíamos matizar respecto a la idoneidad que la reforma del artículo 130.3 de la LRBRL efectuado por la LRSAL ya exige (en línea con la legislación de altos cargos de la Administración General del Estado que hemos visto al inicio) que el nombramiento de los coordinadores y directores generales se atienda a criterios de competencia profesional y experiencia (y por supuesto, también para el titular de la Asesoría Jurídica y el titular del órgano de gestión tributaria). Aunque sigue manteniendo el libre nombramiento sin que se exija publicidad y concurrencia (uno de los rasgos definidores, que sí se exigen, en la selección del personal directivo como veremos o de la provisión de los órganos directivos que formen parte del sistema de empleo público).

El sistema de libre nombramiento (para nombramiento de titulares de órganos que no formen parte del sistema de empleo público), conviene aclararlo desde este momento, es radicalmente distinto al sistema de libre designación o de concurso como sistemas de provisión en el empleo público, aunque hayan titulares de órganos directivos que por pertenecer al sistema de empleo público, por expresa decisión del legislador, han de resultar seleccionados y nombrados por los sistemas de provisión del empleo público (libre designación

---

33 Op. cit página 49.

o concurso): es el caso del secretario general del Pleno, del titular del órgano de apoyo a la Junta de Gobierno Local y del interventor general municipal en el ámbito de los municipios de gran población o del subdelegado del Gobierno en las CC.AA. en el ámbito estatal, como hemos visto, y también es radicalmente distinto a los sistemas que garanticen la concurrencia y publicidad de la selección, como es el caso de la selección del personal directivo profesional del artículo 13 del TREBEP.

En este sentido, como se ha dicho, se ha pronunciado, al menos en dos ocasiones, el Tribunal Superior de Justicia de Asturias (Sala de lo Contencioso-Administrativo, Sección 1ª), en sus sentencias de fecha 15 de mayo de 2009, con cita de otra de 30 de junio de 2008. En la sentencia de 15 de mayo de 2009 (número 142/2009, Recurso 116/2009) en su fundamento jurídico tercero señala textualmente que el artículo 130 de la Ley 7/1985 establece como órgano directivo a los directores generales, y como ya dijimos en nuestra sentencia de 30 de junio de 2008… *pudiendo ser nombrados sin necesidad de convocatoria pública y cesados libremente por la Junta de Gobierno Local, lo que es lógica consecuencia de su configuración como una suerte de altos cargos.*

Así se manifiesta también la LRJSP (y antes lo hacía la LOFAGE), cuando en su artículo 55.3 distingue entre órganos superiores (Ministros y Secretarios de Estado) y órganos directivos (Subsecretarios, Directores Generales, etcétera) y cuando atribuye a los Ministros, en el artículo 61.f la facultad de nombrar y separar a los titulares de los órganos directivos del Ministerio y de los Organismos Públicos dependientes (Organismos Públicos Autónomos y otros) o, en el ámbito de las CCAA, por ejemplo, en el caso de la Generalitat Valenciana, en cuya Ley de Gobierno, artículo 66, distingue en la organización de las Consellerías el nivel de órganos superiores, nivel directivo y nivel administrativo, integrando el nivel directivo los Subsecretarios, Directores Generales y demás altos cargos que ostenten el rango de Director General, siendo dicho nivel directivo nombrados libremente por el Consell, de conformidad con el artículo 17 de la citada Ley.

De la misma manera, en el ámbito local, el artículo 127 de la LRBRL (Atribuciones de la Junta de Gobierno Local) señala que corresponde a la Junta de Gobierno Local, entre otras materias: *i) El nombramiento y el cese de los titulares de los órganos directivos de la Admi-*

nistración municipal, sin perjuicio de lo dispuesto en la disposición adicional octava para los funcionarios de Administración local con habilitación de carácter nacional.

En consecuencia, los titulares de órganos directivos que no formen parte del sistema de empleo público en términos del Tribunal Constitucional (coordinadores y directores generales, entre otros, y el máximo órgano de dirección de los organismos autónomos y entidades públicas empresariales, en los municipios del título X de la LRBRL, aunque en algunos de estos casos se exija ostentar la condición de funcionario de carrera) no son personal o empleados públicos sujetos al TREBEP, ni personal directivo profesional del artículo 13 del propio TREBEP, ya que tiene la consideración de titular de órgano directivo y, por consiguiente, pueden ser nombrados y cesados libremente (pero atendiendo a criterios de competencia profesional y experiencia).

Al no aplicárseles el TREBEP, ya que son titulares de órganos (como los directores generales, subsecretarios, etc. en el ámbito estatal o autonómico) no les es de aplicación la convocatoria y los principios de concurrencia en el acceso, ya que son nombrados y separados libremente por la Junta de Gobierno Local en uso de las facultades que le confiere la LRBRL. Nombramiento dice el artículo 130.3 de la LRBRL.

Ahora bien, la LRBRL exige como requisitos para ser nombrados los siguientes:

- En el caso de la persona titular de la Asesoría Jurídica (art. 129 LRBRL):
  - o Su titular será nombrado y separado por la Junta de Gobierno Local, entre personas que reúnan los siguientes requisitos:

    a) Estar en posesión del título de licenciado en derecho.

    b) Ostentar la condición de funcionario de administración local con habilitación de carácter nacional, o bien funcionario de carrera del Estado, de las comunidades autónomas o de las entidades locales, a los que se exija para su ingreso el título de doctor, licenciado, ingeniero, arquitecto o equivalente.

- En el caso de los directores y coordinadores generales:
  - El nombramiento de los coordinadores generales y de los directores generales, atendiendo a criterios de competencia profesional y experiencia deberá efectuarse entre funcionarios de carrera del Estado, de las Comunidades Autónomas, de las Entidades Locales o con habilitación de carácter nacional que pertenezcan a cuerpos o escalas clasificados en el subgrupo A1.
  - Este requisito de ser funcionario de carrera A1, puede resultar exceptuado como requisito general siempre que el Reglamento Orgánico Municipal permita que, en atención a las características específicas de las funciones de tales órganos directivos, su titular no reúna dicha condición de funcionario (art. 130.3 LRBRL).
- En el caso de los titulares de los máximos órganos de dirección de los organismos autónomos y de las entidades públicas empresariales locales que también tienen la condición de órgano directivo, de conformidad con lo dispuesto en el artículo 130.2 en relación con el artículo 85.1.b) LRBRL:
  - Deberá ser un funcionario de carrera o laboral de las Administraciones públicas
  - O un profesional del sector privado,
  - Titulados superiores en ambos casos, y con más de cinco años de ejercicio profesional en el segundo.

Es decir, la LRBRL siguiendo el modelo de la LOFAGE en su día o de la LRJSP actualmente, exige como regla general la condición de funcionario de carrera del grupo A1, salvo previsión contraria del Reglamento orgánico municipal (para coordinadores y directores generales) y titulares de los máximos órganos de dirección de los organismos autónomos y de las entidades públicas empresariales.

Esta cuestión ha dado lugar a controversias jurídicas sobre la forma y el fondo a la hora de justificar esa excepción, conforme o no al ordenamiento jurídico:

– La Sentencia nº 286/2016 del Tribunal Superior de Justicia, Sala de lo Contencioso, Sede Sevilla, Sección 1ª (ECLI: ES:TSJAND: 2016:16681 Id Cendoj: 41091330012016100156) de fecha 30 de marzo de 2016, nº de Recurso 369/2015, Ponente: Maria Luisa Alejandre Duran, enjuicia la posible y alegada vulneración del artículo 130.3 de la Ley de Bases de Régimen Local, sobre el nombramiento de los coordinadores generales y directores generales, órganos directivos según el apartado B del apartado 1, precepto que ha sido declarado constitucional por la sentencia 103/2013 de 25 de abril y que establece con carácter general y de manera imperativa atendiendo a criterios de competencia profesional y experiencia "Deberá" efectuarse entre funcionarios de carrera del Estado, de las Comunidades Autónomas, de las entidades locales o funcionarios de la administración local con habilitación de carácter nacional, que pertenezcan a cuerpos y escalas clasificados en el subgrupo A.1, salvo que el Reglamento Orgánico Municipal permita que, en atención a las características específicas de las funciones de tales órganos directivos, su titular no reúna dicha condición de funcionario".

  Comoquiera que el Reglamento Orgánico permitió esa excepción, pero además de la experiencia y especialización profesional singular exigido en la norma legal, estableció cualquier "otro motivo de interés general que lo aconseje" supone, según la Sentencia indicada, un exceso respecto a la delegación de la Ley Básica y además como afirma el Sindicato se trataría de un concepto jurídico indeterminado, difícilmente compatible con la seguridad jurídica y transparencia, lo que determina la nulidad de dicho apartado por clara infracción a la Ley Básica Estatal, por lo tanto el Tribunal estima el recurso en este punto.

– La Sentencia nº 163/2010 del Tribunal Superior de Justicia, Sala de lo Contencioso, Sede Albacete, Sección 2ª, de fecha 7 de mayo de 2010, nº de Recurso 198/2008 (ECLI:ES:TSJCLM:2010:1821

Id Cendoj: 02003330022010100484), Ponente Jose Maria Magan Perales, aunque se trata de una sentencia que parte de un planteamiento equivocado por parte del Ayuntamiento de Cuenca, que nombra una directora general de recursos humanos mediante un procedimiento de concurrencia, conforme al artículo 13 del EBEP (es decir, confunde la figura del personal directivo con la de titular de órgano directivo). La Sala señala que cabe extraer dos ideas claras; la primera, referida a los requisitos que ha de reunir la persona elegida para ser designada Director General; la excepción a la regla general de que tenga que ser funcionario de carrera el elegido, exige, necesariamente, que previa y motivadamente el Pleno de la Corporación acuerde que no sea precisa tal exigencia. Debemos añadir, dice la sentencia, que el art. 130.3 de la LBRL (Ley 7/1985, de 2 de abril, de Bases de Régimen Local) permite, en efecto, que por excepción el Pleno pueda justificar por qué en determinados casos no se sigue la regla general de nombrar a personal funcionario, justificación que, en las presentes Bases, y en el procedimiento de aprobación de las mismas está simplemente ausente. Y en consecuencia anula el nombramiento de directora general de una persona que no reunía los requisitos de ser funcionaria de carrera y no haberse excepcionado conforme establece el artículo 130 de la LRBRL.

Son muchas las sentencias que han analizado la excepción a la regla general para ser nombrado órgano directivo en el Administración General del Estado sin contar con el requisito de ser funcionario de carrera del Grupo A1, y que nos podrían servir de referencia para interpretar la suficiente o insuficiente justificación de la excepción al requisito de ser funcionario de carrera A1 para ser nombrado en un cargo de director o coordinador general en los municipios del título X.

Unas estimando el recurso por falta de motivación en la justificación de la excepción:

- La Sentencia del Tribunal Supremo de 21 de marzo de 2002 (sección tercera), recurso 23/2006, ponente Sr. Bandrés Sánchez- Cruzat, anuló el Real Decreto 993/2000, de 2 de junio, por el que se modifica el Real Decreto 696, de 12 de mayo, que aprobó la estructura orgánica del Ministerio de Ciencia y Tecnología, por falta de motivación en dicha excepción.

- La Sentencia del Tribunal Supremo de 4 de octubre de 2013 (sección cuarta), recurso 242/2012, ponente Sra. Teso Gamella, anuló parcialmente el Real Decreto 527/2012, de 27 de enero, por el que se desarrolla la estructura orgánica de Ministerio de Educación, Cultura y Deporte.

  Esta sentencia cita otras muchas sentencias del Tribunal Supremo que se refieren a que debe entenderse por "características específicas" de las funciones de la Dirección General, para poder ser exceptuadas del requisito de proveerse por funcionarios de carrera del Grupo A1. La jurisprudencia que se cita establece que, aun reconociendo un cierto margen de discrecionalidad en la apreciación de lo que ha de entenderse por tales características específicas o singulares, para acudir a la excepción que establece el artículo 18.2 de la LOFAGE (ahora art. 66 LRJSP) es preciso que:

  - Se realice una justificación y motivación concreta y suficiente al respecto,
  - Que tal justificación debe sustentarse en hechos objetivos, evitando hacer referencias vagas y genéricas o expresando juicios de valor,
  - Que lo relevante es que las funciones de dirección general en cuestión pongan de manifiesto que se precisan unos conocimientos y preparación ajenos a los propios cuerpos funcionariales. Es decir, debe expresase por qué los cuerpos funcionariales carecen de la preparación y experiencia necesaria para que el funcionario de carrera sea el titular de esa concreta dirección general.

Aunque también encontramos otras sentencias que confirman la mencionada excepción. Así:

- La Sentencia del Tribunal Supremo de 6 de marzo de 2007 (sección tercera), recurso 1060/2000, ponente Sr. Campos Sánchez-Bordona, confirmó el Real Decreto 100/2006, de 3 de febrero, por el que se modifica el Real Decreto 562/2004, de 19 de abril, que aprobó la estructura orgánica de los departamentos ministeriales.

- La Sentencia del Tribunal Supremo de 21 de enero de 2009 (sección sétima), recurso 237/2006, ponente Sr. Cáncer Lalane, confirmó el Real Decreto 527/2006, de 28 de abril, por el que se modifica el Real Decreto 529/2006, de 28 de abril, que nombró Director General de Modernización Administrativa.
- La Sentencia del Tribunal Supremo de 10 de abril de 2012 (sección cuarta), recurso 572/2010, ponente Sr. Menéndez Pérez, confirmó el Real Decreto 1349/2010, de 22 de octubre.
- La Sentencia del Tribunal Supremo de 19 de febrero de 2013 (sección cuarta), recurso 241/2012, ponente Sr. Martínez-Vares García, confirmó el Real Decreto 1887/2011, de 30 de diciembre, por el que se aprobó la estructura orgánica de los departamentos ministeriales.

Recientemente, con ocasión del recurso interpuesto por la Federación Española de Asociaciones de los Cuerpos Superiores de la Administración Civil del Estado (FEDECA) contra las disposiciones dictadas en 2020 que hicieron uso de esta facultad, se ha dictado la Sentencia 1471/2021, del Tribunal Supremo, Sala de lo Contencioso, Sección 4ª, de fecha 14 de diciembre de 2021 (Nº de Recurso: 112/2020) Ponente: Celsa Pico Lorenzo (Roj: STS 4672/2021, ECLI:ES:TS:2021:4672 Id Cendoj: 28079130042021100399).

La demanda sostenía que se había aplicado indebidamente esa excepción en más de treinta Direcciones Generales y en varias discutía la idoneidad de los nombrados. La sentencia ha considerado que mediaba suficiente justificación o que la recurrente no había desvirtuado la ofrecida salvo en estos dos: la Dirección General del Instituto de la Juventud y la Dirección General de Políticas Palanca de la Agenda 2030. Respecto de ellas la sentencia declara la nulidad de las disposiciones que las exceptuaron.

En los fundamentos de derecho octavo y duodécimo se dice:

> OCTAVO. Doctrina general iniciada en la sentencia de 21 de marzo de 2002 y recordada en la de 19 de febrero de 2013 sobre la excepcionalidad del nombramiento de Director General no funcionario y el control jurisdiccional de la discrecionalidad.

No vamos a reiterar el contenido del apartado segundo del artículo 66 de la Ley 40/2015, de 1 de octubre, similar a la precedente regulación en el apartado segundo del artículo 18 de la Ley 6/1997, de 14 de abril, destacado en el fundamento quinto al hacer mención a la posición del Abogado del Estado y la amplia cita de jurisprudencia de esta Sala interpretando el precepto derogado análogo al vigente. Mas si resulta relevante poner de relieve los aspectos generales esenciales de la doctrina jurisprudencial sobre la cuestión reiterados en la sentencia de 19 de febrero de 2013. Dichos pronunciamientos son los que deben ser tomados en consideración para resolver el presente recurso.

> "CUARTO. La cuestión que plantea este recurso es harto conocida por la Sala, ya que desde la entrada en vigor de la Ley 6/1.997, de 14 de abril, de Organización y Funcionamiento de la Administración General del Estado, ha tenido ocasión de pronunciarse en distintas oportunidades sobre asuntos similares al que ahora nos ocupa.
>
> La Ley citada en su Exposición de Motivos dedicó el apartado VIII al que denominó principio de profesionalización de la Administración General del Estado, y acerca de ello expuso que: "Como garantía de objetividad en el servicio a los intereses generales, la ley consagra el principio de profesionalización de la Administración General del Estado, en cuya virtud los Subsecretarios y Secretarios generales técnicos, en todo caso, y los Directores generales, con carácter general, son altos cargos con responsabilidad directiva y habrán de nombrarse entre funcionarios para los que se exija titulación superior. Además, a los Subdirectores generales, órganos en los que comienza el nivel directivo de la Administración General del Estado, también la ley les dispensa un tratamiento especial para subrayar su importancia en la estructura administrativa".
>
> Pronunciándose en estos términos la Ley pretendió dar efectividad a un principio que la doctrina había consagrado como el desideratum a lograr en el seno de la función pública, y que era el servicio en todo caso a los intereses generales, acuñándose para el mismo el término de principio de eficacia indiferente, separando así con carácter general el funcionamiento de la Administración en su propia actividad cotidiana, del impulso político que en determinadas circunstancias también pueden caracterizar a la Administración.
>
> Ese espíritu de la Ley se convirtió en norma en su artículo 6, que al referirse a la organización central de la Administración General del Estado distinguió entre órganos superiores y órganos directivos, e incluyó entre estos últimos a los Subsecretarios y Secretarios generales, los Secretarios generales técnicos y Directores generales, y los Subdirectores generales. Y en ese mismo artículo en su apartado 10 dispuso que "los titulares de los órganos directivos son nombrados, atendiendo a criterios de competencia profesional y experiencia", cerrando por último el artículo 18.2 de la Ley el círculo de la pretendida profesionalización de la Administración

General que había establecido con carácter general con una excepción razonable, que plasmó del siguiente modo:
"Los Directores generales serán nombrados y separados por real decreto del Consejo de Ministros, a propuesta del titular del Departamento. Los nombramientos habrán de efectuarse de acuerdo con los criterios establecidos en el apartado 10 art. 6 entre funcionarios de carrera del Estado, de las Comunidades Autónomas o de las Entidades locales, a los que se exija para su ingreso el título de doctor, licenciado, ingeniero, arquitecto o equivalente, salvo que el real decreto de estructura del Departamento permita que, en atención a las características específicas de las funciones de la Dirección General, su titular no reúna dicha condición de funcionario". Sobre esta cuestión, como es conocido, existe una Jurisprudencia consolidada de la Sala, que se inicia con la sentencia de 21 de marzo de 2.002, recurso ordinario 1.060/2.000, y que continúa con sentencias como las de 7 de diciembre de 2.005, recurso 90/2004, 6 de marzo de 2.007, recurso 23/2.006, 4 de junio de 2.008, recurso 26/2.006, 2 de julio de 2.008, recurso 81/2.005, 3 de septiembre de 2.010, recurso 528/2.008, 28 de septiembre de 2.010, recurso 49/2.008 y 10 de abril de 2.012, recurso 572/2.010, que siguen en lo esencial, los criterios sentados en la primera de ellas.
La inicial sentencia de 21 de marzo de 2.002, recurso 1.060/2.000, en el fundamento cuarto expresó lo que sigue: "La nueva regulación legal —Ley 6/1.997— consagra pues, un régimen riguroso de profesionalización (funcionarización, en realidad) de los más altos cargos de la estructura administrativa estatal, por encima de los cuales sólo se encuentran los Secretarios de Estado y los Ministros quienes, dada su cualidad de miembros del Gobierno (Ministros) o de titulares de órganos directamente responsables de la ejecución de la acción del Gobierno (Secretarios de Estado), no están, obviamente, sujetos a aquellos condicionamientos. La excepción inserta en el artículo 18.2 de la Ley 6/1997 permite al Consejo de Ministros excluir que una determinada Dirección General sea servida, de modo obligado, por funcionario de carrera de nivel superior, exclusión que:
a) Ha de venir contemplada, precisamente, en el Real Decreto de estructura del Departamento.
b) Ha de tener como causa las "características específicas" de las funciones atribuidas a la Dirección General. A partir de esta premisa, el Consejo de Ministros, como titular de la potestad de nombramiento, puede designar o bien a un funcionario o bien, como en este caso, a persona que no ostente dicho carácter, en el buen entendimiento de que la excepción se refiere tan sólo a la previa condición funcionarial pero no al resto de los criterios (profesionalidad y experiencia) exigibles".

Y en el siguiente de sus fundamentos —el quinto— puso de relieve que: "No siendo incondicionada la atribución que la Ley confiere al Consejo de Ministros para sustraer una determinada Dirección General a su régimen de provisión ordinario entre funcionarios de carrera, según hemos visto, la decisión de aquel órgano exige, para su validez, además del respeto de los elementos reglados, que la justificación sea objetiva y expuesta en términos que permitan comprender las razones por las cuales la decisión misma es adoptada.

Ciertamente la Ley 6/1997 no ha expresado qué "características específicas" hacen viable la excepción que analizamos, y lleva razón el Abogado del Estado al sostener que pueden serlo no sólo las dos (confidencialidad e insuficiencia profesional del funcionariado de carrera) a las que se refiere la demanda, sino otras de signo diverso; ello no obstante, la interpretación más lógica del artículo 18.2 es que la exclusión de la reserva a favor de funcionarios de carrera con título superior vendrá justificada, normalmente, por el hecho de que las funciones de una determinada Dirección General no se correspondan con las correlativas, en cuanto a preparación, experiencia y cometido, asignadas a aquellos funcionarios. No hay inconveniente en reconocer que el Consejo de Ministros goza de un cierto margen de apreciación (de discrecionalidad, en suma) para apreciar qué tipo de características singulares aconsejan hacer uso de la potestad que, en definitiva, le ha reconocido el Legislador. Margen de apreciación que, además, se corresponde con la naturaleza estructural de este género de decisiones, pertenecientes a un ámbito tradicionalmente reservado a la potestad autoorganizativa en el que —sin la presencia del artículo 18.2 de la Ley— sería incluso difícil reconocer la legitimación de los funcionarios para impugnarlas. La existencia del componente discrecional no impide, como ambas partes convienen en admitir, el control jurisdiccional del acto adoptado. ("y sí debemos, examinar si en el caso de autos el ejercicio de la facultad atribuida al Consejo de Ministros se hizo en términos acordes con la Ley habilitante"."

DUODÉCIMO. La ausencia de motivación suficiente que justifique la excepción.

Ya ha quedado reflejado en fundamentos anteriores que tanto en la actual regulación, Ley 40/2015, artículo 66.2, como en la precedente, Ley 6/1997, articulo 18.2, la regla en el nombramiento de los titulares de las direcciones generales de la Administración General del Estado es que deben ser funcionarios, mientras la excepción es que no lo sean cuando razonadamente se expliciten sus especiales características que justifiquen esa excepción. Significa, pues, que deben explicarse en el Real Decreto que crea o modifica la estructura de un departamento ministerial, de modo suficiente y razonado, no de forma genérica e inconcreta, los motivos de esa excepción. Son los elementos objetivos

> vinculados a una determinada Dirección General los que mediante su explicación en la norma reglamentaria o en la Memoria justificativa justifican la excepción a la regla general.

Y se analizan los dos casos que el Tribunal Supremo no encuentra motivación o justificación suficiente.

El primero relativo a la Dirección General del Instituto de la Juventud:

> 1. Instituto de la Juventud (INJUVE). Organismo autónomo adscsrito al Ministerio de Derechos Sociales y Agenda 2030. Ya hemos dejado constancia de la argumentación de la parte recurrente centrada en que su actividad es esencialmente administrativa y que para ello están preparados los cuerpos generales de la Administración.
> Refuta que el Real Decreto 139/2020 señale que para este puesto se precisa "un perfil con características no ajustadas a las cualificaciones exigidas a los funcionarios, por lo que puede ser necesario incorporar como titular a quién, reuniendo las específicas cualidades que se precisan, no reúna en cambio la condición de funcionario", mas no establezca cuáles son esas cualificaciones específicas Hemos visto que el Abogado del Estado respecto de la exoneración prevista para el Instituto de la Juventud procede a enumerar sus fines reflejados en el artículo 2 del Real Decreto 486/2005, de 4 de mayo, por el que se aprueba el Estatuto del organismo autónomo Instituto de la Juventud y sus funciones previstas en el artículo 3. Nada dice el Abogado del Estado respecto a las funciones del Director General del Instituto de la Juventud enumeradas en el artículo 7 del Real Decreto 486/2005, de 4 de mayo, cuya naturaleza administrativa se evidencia dado que corresponde al titular del Ministerio de Trabajo y Asuntos Sociales —actualmente Ministerio de Derechos Sociales y Agenda 2030 en razón de su adscripción—, en la redacción del Real Decreto 486/2005, la alta dirección y la aprobación de los planes generales de actividades del organismo, es decir la agenda política.
> Por ello una motivación como la consignada en la Memoria justificativa, igual a la del preámbulo del Real Decreto 139/2020, es vaga e imprecisa al no explicar la concurrencia de las especiales características de la función encomendada que justifiquen esa circunstancia excepcional. Dice así: "Situación similar en su ámbito la de la Dirección General del Instituto de la Juventud (INJUVE), encargado de promover la igualdad de oportunidades entre los y las jóvenes, propiciar la participación libre y eficaz de la juventud en el desarrollo político, social, económico y cultural y de impulsar la colaboración con los restantes departamentos ministeriales y las demás administraciones públicas, precisándose un perfil con características no ajustadas a las cualificaciones exigidas a los funcionarios, por lo que puede ser necesario incorporar como titular a quién, reuniendo las específicas cualidades

> que se precisan, no reúna en cambio la condición de funcionario." Máxime cuando no se muestra que hubieren cambiado las funciones atribuidas a la Dirección General por el Real Decreto 486/2005 el 4 de mayo de 2005, en que no se estableció un régimen de provisión excepcional.

No obstante, el Tribunal Supremo abre la puerta a que el Consejo de Ministros reconsidere la motivación en atención al análisis más ponderado de las funciones de esa Dirección General.

> Estamos, pues, ante un supuesto similar al enjuiciado en la sentencia de 21 de marzo de 2002, recurso 1060/2020 en que se dijo que: "el Consejo de Ministros puede reconsiderar sus propias decisiones y rectificarlas, llegado el caso: no habría inconveniente en aceptar que, adoptada la primera decisión, un nuevo análisis más ponderado de las funciones propias de la Dirección General aconseja modificar su régimen de provisión. Incluso podría admitirse, en hipótesis, que esta reconsideración fuera viable antes de que el sistema de provisión ordinario, obligado en virtud del inicial Real Decreto de estructura del Departamento, haya sido puesto en práctica. Pero esta no es, al menos tal como se hace pública la justificación del nuevo Real Decreto 993/2000, la motivación que el Consejo de Ministros aduce". Hay por tanto un déficit de motivación y una falta de explicación relativa al cambio de criterio respecto del Real Decreto 486/2005 en virtud del cual las mismas funciones de la Dirección General de la Juventud quedaron atribuidas al régimen ordinario de provisión lo que conduce a que no se repute ajustado a Derecho el inciso 2.e), Dirección General del Instituto de la Juventud, de la disposición adicional séptima del Real Decreto 139/2020.

Y el segundo relativo a la Dirección General de Políticas Palanca:

> 2. La Dirección General de Políticas Palanca para el Cumplimiento de la Agenda 2030.
>
> Ya hemos reflejado en el fundamento segundo la argumentación de la parte recurrente sustentando esencialmente que las competencias ahora atribuidas a esta Dirección General de Políticas Palanca para el Cumplimiento de la Agenda 2030 se encontraban ya en una Dirección General del Ministerio de Asuntos Exteriores (la Dirección General de Políticas de Desarrollo Sostenible) y en la Embajada en Misión Especial para la Agenda 2030, por lo que no se trata de competencias nuevas y siempre vinculadas al ámbito administrativo. El Abogado del Estado defiende la excepcionalidad en razón de las actuaciones transversales atribuidas reproduciendo literalmente el preámbulo y la Memoria justificativa así como las funciones asignadas en el Real Decreto 452/2020, de 10 de marzo, que desarrolla la estructura básica

del Ministerio de Derechos Sociales y Agenda 2030. La justificación del Preámbulo del Real Decreto 139/2020, de 28 de enero, al igual que la de la Memoria justificativa radica en que:

> "en el Ministerio de Derechos Sociales y para la Agenda 2030, se crean nuevas unidades para el desarrollo de una acción política que trasciende a las normales competencias administrativas, precisándose unas experiencia y cualificación que no se corresponde con la cualificación profesional exigible a ninguno de los Cuerpos de funcionarios de la Administración General del Estado por lo que se hace preciso excepcionar de la reserva funcionaria. La Dirección General de Políticas Palanca para el cumplimiento de la Agenda 2030 ha de impulsar las actuaciones, a menudo transversales, de un ámbito muy amplio, desde la eficiencia energética hasta la justicia social y la participación en la lucha contra la pobreza en el mundo, requiriendo de su titular una cualificación muy especializada".

Ciertamente, si se cotejan las competencias atribuidas en el Real Decreto 452/2020 con las asignadas en el Real Decreto 768/2017, se perciben las similitudes en las funciones de gestión, si bien en el Real Decreto de 2017 están más pormenorizadas: la participación en los foros internacionales de todo tipo, la identificación de la ayuda al desarrollo, la coordinación de actores en el ámbito de la cooperación para el desarrollo, el fomento de la cultura de evaluación entre los actores del sistema, etc. En cambio, no se vislumbran, en las invocadas nuevas competencias las actuaciones transversales de eficiencia energética, justicia social o la lucha contra la pobreza en el mundo a la vista del contenido del artículo séptimo del Real Decreto 452/2020:

> "Artículo 7. Dirección General de Políticas Palanca para el Cumplimiento de la Agenda 2030. 1. Corresponden a la Dirección General de Políticas Palanca para el Cumplimiento de la Agenda 2030, en el ámbito de las competencias constitucionalmente reservadas al Estado y en cooperación con las comunidades autónomas, las siguientes funciones:
>
> a) Proporcionar apoyo técnico a la Secretaría de Estado para la Agenda 2030, fundamentalmente en el ejercicio de las funciones previstas en los párrafos b), d), e), h), i), j), k), l), m) y o) del apartado 2 del artículo 6.
>
> b) El impulso, proyección, seguimiento y evaluación de las políticas palanca que permitan acelerar la consecución de los objetivos de desarrollo sostenible, de acuerdo con la definición de políticas palanca realizada en el Plan de Acción para la implementación de la Agenda 2030, aprobado por el Consejo de Ministros del 29 de junio de 2018, todo ello sin perjuicio de las competencias atribuidas a otros órganos.

> c) Determinar el impacto en el cumplimiento de la Agenda 2030 de los proyectos normativos de la Administración General del Estado."
> Las funciones del esgrimido, por el Abogado del Estado, artículo sexto son las asignadas a la Secretaria de Estado, órgano superior de la Administración General del Estado por lo que la justificación contenida en el Real Decreto 139/2020 no muestra la concurrencia de las especiales características que hagan necesaria la excepción al no guardar relación la motivación consignada con las funciones atribuidas.

Así mismo, la Sala 3ª, de lo Contencioso-Administrativo, del Tribunal Supremo ha anulado los Reales Decretos de 5 de mayo de 2021, de nombramiento de los directores generales de Deportes y de Derechos de las Personas con Discapacidad, al no haber justificado suficientemente el Gobierno en ambos casos los motivos para acogerse a la excepción a la regla general de que los directores generales sean funcionarios de carrera del Subgrupo A-1.

El Supremo, en sentencia de la que ha sido ponente el magistrado Luis Díez-Picazo, estima el recurso de la Federación de Asociaciones de los Cuerpos Superiores de la Administración Civil del Estado (FEDECA) contra ambos Reales Decretos, así como contra los apartados del Real Decreto 311/2021, de 4 de mayo, sobre la estructura orgánica básica de los ministerios, donde se recogían las razones para excluir a esas dos direcciones generales de la regla general de que fueran funcionarios.

Según la sentencia, "en ambos casos se trata de una motivación vaga y genérica". De su lectura no se desprende qué concretas actuaciones o iniciativas son las que no podrían ser realizadas por funcionarios de carrera. Los pasajes transcritos no dejan de ser manifestación de un tipo de literatura oficial que, en tono solemne, emplea muchas palabras para decir muy poco. La Sala, en suma, no alcanza a percibir dónde residen las "especiales características" o la "circunstancia excepcional" de la Dirección General de Deportes y de la Dirección General de Personas con Discapacidad, que es lo exigido por el artículo 66.2 de la Ley de Régimen Jurídico del Sector Público para justificar la excepción a la regla general".

IV.7. PROVISIÓN Y CESE DE LOS TITULARES DE LOS ÓRGANOS DIRECTIVOS QUE FORMAN PARTE DEL SISTEMA DE EMPLEO PÚBLICO

Hemos dicho que para delimitar qué titulares de órganos directivos locales formarían parte del sistema de empleo público y cuáles no, resulta conveniente traer a colación la sentencia del Tribunal Constitucional nº 103/2013, de 25 de abril de 2013 (Recurso de inconstitucionalidad 1523-2004, interpuesto por el Parlamento de Cataluña en relación con diversos preceptos de la Ley 57/2003, de 16 de diciembre, de medidas para la modernización del Gobierno Local). Recordemos que el Tribunal Constitucional dijo:

> Finalmente, una última categoría de directivos que, por tener atribuidas funciones públicas preceptivas cuya responsabilidad está reservada a funcionarios con habilitación de carácter estatal, forman parte del sistema de empleo público, pues acceden al puesto por los sistemas legales de provisión de puestos de trabajo, conforme a lo establecido en la disposición adicional octava LRBRL y la disposición final primera de la Ley 7/2007, de 12 de abril, del estatuto básico del empleado público. Estos son el secretario del Pleno, el titular del órgano de apoyo a la Junta de Gobierno local y al Concejal-secretario y el interventor general municipal.

En consecuencia, deducimos con el Tribunal Constitucional que el secretario general del Pleno, el titular del órgano de apoyo a la Junta de Gobierno local y al Concejal-secretario y el interventor general municipal son los órganos directivos que forman parte del sistema de empleo público.

El nombramiento de los titulares de estos órganos directivos que están reservado a funcionarios de Administración Local con habilitación de carácter nacional se llevará a cabo de acuerdo con la legislación específica que regula el régimen jurídico de estos funcionarios (Real Decreto 128/2018, de 16 e marzo).

Así, la Disposición adicional octava de la LRBRL (Especialidades de las funciones correspondientes a los funcionarios de Administración Local con habilitación de carácter nacional en los municipios incluidos en el ámbito de aplicación del título X y en los Cabildos Insulares Canarios regulados en la disposición adicional decimocuarta) dispone en su apartado b) que:

> b) La provisión de los puestos reservados a estos funcionarios se efectuará por los sistemas previstos en el artículo 99 de esta ley y en las disposiciones reglamentarias de desarrollo y requerirá en todo caso una previa convocatoria pública.

Por su parte, el artículo 99, que diseñaba los requisitos para la provisión por concurso o libre designación, fue derogado con el alcance establecido en la disposición final 4.2, por la disposición derogatoria única d) de la Ley del Estatuto Básico del Empleado Público, texto refundido aprobado por Real Decreto Legislativo 5/2015, de 30 de octubre y se mantendrá vigente en tanto no se oponga a lo establecido en el mismo hasta que se dicten las Leyes de Función Pública y las normas reglamentarias de desarrollo, según establece dicha disposición final 4.2.

Este artículo, el artículo 98 y el artículo 92 bis, han sido desarrollados por el Real Decreto 128/2018, de 16 de marzo, por el que se regula el régimen jurídico de los funcionarios de Administración Local con habilitación de carácter nacional, en cuyos artículos 28 y siguientes se establecen las reglas para la provisión por concurso, por libre designación[34] y por otras formas de provisión.

Las reglas del cese cuando la provisión ha sido por concurso sigue las mismas reglas que en el resto de la función pública.

---

[34] Sobre la discrecionalidad en la provisión de puestos de trabajo mediante libre designación puede consultarse el artículo de Rafael Aliaga Rodríguez publicado en la *Revista Vasca de Gestión de Personas y Organizaciones Públicas*, ISSN 2173-6405, Nº. 19, 2020, págs. 20-41. https://dialnet.unirioja.es/servlet/articulo?codigo=8142904.
Y sobre el deber de motivación en el cese de los funcionarios nombrados por libre designación la Sentencia del Tribunal Supremo nº 530/2021, de 20 de abril de 2021, Sala de lo Contencioso, Sección 4ª, Ponente Rafael Toledano Cantero, así como el comentario sobre la misma publicado en el blog del magistrado José Ramón Chaves con el título "Más madera de la buena: control de la motivación sobre los ceses en la libre designación". https://delajusticia.com/2021/05/03/mas-madera-de-la-buena-control-de-la-motivacion-sobre-los-ceses-en-la-libre-designacion/

Respecto al cese de los titulares de los puestos obtenidos por el sistema de libre designación, el artículo 47 del mencionado Real Decreto dispone:

> 1. El funcionario nombrado para un puesto de libre designación podrá ser cesado, con carácter discrecional, por el mismo órgano que lo nombró, garantizándole, en este caso, su nombramiento en un puesto de trabajo de su mismo grupo de titulación, adecuado a las funciones o tareas propias de la subescala de pertenencia, no inferior, en más de dos niveles, a la del puesto para el que fue designado y cuyo complemento específico sea el normalizado entre los puestos reservados a los funcionarios de la escala de funcionarios de Administración Local con habilitación de carácter nacional.
> 2. En dicho puesto se podrá permanecer hasta obtener otro, por los procedimientos establecidos en el presente real decreto.
> 3. Será necesario informe preceptivo previo del órgano competente de la Administración General del Estado en materia de Haciendas Locales para el cese de aquellos funcionarios que tengan asignadas las funciones contenidas en los artículos 4 y 5 de este real decreto, y que hubieran sido nombrados por libre designación.
> 4. El acuerdo del cese deberá incluir la correspondiente motivación del mismo referido a su desempeño profesional.

IV.8. CAPACIDAD PARA DICTAR ACTOS ADMINISTRATIVOS

Como se ha dicho anteriormente, en el caso de los órganos directivos de los municipios del título X, en especial los coordinadores generales, directores generales o directores de organismos autónomos y entidades públicas empresariales pueden tener capacidad para dictar actos administrativos, es decir para producir efectos jurídicos unilaterales frente a terceros e imputar sus decisiones al ayuntamiento. El alcalde, así como la Junta de Gobierno Local, en los municipios del título X de la LRBRL, pueden delegar determinadas atribuciones que les confieren los artículos 124 y 127, respectivamente, a los titulares de órganos directivos.

Esta posibilidad de delegar atribuciones político-administrativas, especialmente en al caso de los órganos directivos que no forman parte del sistema de empleo público, y, en consecuencia, de dictar actos administrativos, no está prevista para el personal directivo profesional que no tiene la consideración de órgano administrativo, y es otra de las cuestiones que diferencian a ambas figuras.

Como señala Luis Enrique Flores Domínguez[35], la gran novedad radica en que se permite la delegación en titulares de órganos que no tienen la condición de concejal. Los titulares de estos órganos no pueden encuadrarse dentro del personal directivo a que se refiere el artículo 13 del EBEP, dado que más propiamente son titulares de órganos.

IV.9. RÉGIMEN DE INCOMPATIBILIDADES

En este punto es conveniente también traer de nuevo a colación la sentencia del Tribunal Constitucional nº 103/2013, de 25 de abril de 2013[36] (Recurso de inconstitucionalidad 1523-2004, interpuesto por el Parlamento de Cataluña en relación con diversos preceptos de la Ley 57/2003, de 16 de diciembre, de medidas para la modernización del Gobierno Local) a la que nos hemos referido.

La citada sentencia, en su fundamento jurídico 5, apartado j) señala que *conforme a lo establecido en el art. 130.4 LBRL, tanto los órganos superiores como los directivos quedan sometidos al régimen de incompatibilidades contemplado en la Ley 53/1984, de incompatibilidades al servicio de la Administración pública y en otras normas estatales y autonómicas que resulten de aplicación. Por otra parte, con posterioridad a la interposición de este recurso, la disposición adicional 9.5 del Real Decreto Legislativo 2/2008, que aprueba el texto refundido de la Ley del suelo, ha venido a añadir una disposición adicional decimoquinta a la Ley de bases de régimen local, que contempla, además, la aplicación de las limitaciones al ejercicio de actividades privadas del artículo 8 de la Ley 5/2006, de 10 de abril, de regulación de los conflictos de intereses de los miembros del Gobierno y de los altos cargos*

---

35 Flores Domínguez, Luis E.. "El régimen jurídico de las delegaciones del alcalde" en Revista de estudios locales. Cunal, ISSN 1578-9241, nº. 268, 2023, págs. 12-45 (página 14): https://dialnet.unirioja.es/servlet/articulo?codigo=9242206

36 Publicado en: BOE núm. 123, de 23 de mayo de 2013, páginas 227 a 259. https://www.boe.es/diario_boe/txt.php?id=BOE-A-2013-5446

de la Administración General del Estado[37]*, en los mismos términos previstos para los concejales y el alcalde. Ambas regulaciones pretenden garantizar la imparcialidad y objetividad en el ejercicio de las funciones que se encomiendan a los órganos directivos, por lo que sirven al objetivo perseguido por la legislación básica, en cuanto al establecimiento de un régimen común que incide, además, en la igualdad de tratamiento de los administrados.*

Es decir, aunque le sean de aplicación las normas sobre incompatibilidades del personal no convierten a los titulares de órganos directivos en personal, ni en personal directivo.

---

37 Ahora habrá que entender artículo 15 de la Ley 3/2015, de 30 de marzo, reguladora del ejercicio del alto cargo en la Administración General del Estado.

V. Personal directivo (profesional)

V.1. INTRODUCCIÓN

La exposición de motivos del EBEP ya señaló que el Estatuto Básico define las clases de empleados públicos —funcionarios de carrera e interinos, personal laboral, personal eventual— regulando la nueva figura del personal directivo[38]. Este último está llamado a constituir en el futuro un factor decisivo de modernización administrativa[39], puesto que su gestión profesional se somete a criterios de eficacia y eficiencia, responsabilidad y control de resultados en función de los objetivos. Aunque por fortuna, no han faltado en nuestras Administraciones funcionarios y otros servidores públicos dotados de capacidad y formación directiva, conviene avanzar decididamente en el reconocimiento legal de esta clase de personal, como ya sucede en la mayoría de los países vecinos. El profesor Parada ha calificado a esta figura como una de las joyas con la que trata de impactar el Estatuto[40].

---

38 Puede consultarse el artículo publicado por Giseppina Pensabene Lionti en la Revista Española de Derecho del Trabajo, número 207 (marzo), 2018, ISSN 2444-3476, con el título "El personal directivo en la administración española". https://pjenlinea3.poder-judicial.go.cr/biblioteca/uploads/Archivos/Articulo/El%20personal%20directivo%20en%20la%20administraci%C3%B3n%20espa%C3%B1ola.PDF

39 Resulta interesante el artículo que con el título "Situación de la dirección pública profesional en España. Análisis comparado en el sector público estatal y autonómico" publicó Óscar Cortés-Abad en la Revista Documentación Administrativa, nº 12, de junio de 2024, en el que analiza el desarrollo de la dirección pública en España desde 2007 a nivel estatal y autonómico para establecer una radiografía del directivo público español y se muestra un conjunto de características comunes y algunas diferencias estructurados en cuatro bloques conceptuales, concluyendo que se constata que a pesar del soporte normativo el desarrollo es desigual, con una débil institucionalización y carencias estructurales no solventadas para las cuales se sugieren algunas ideas basadas en las normas autonómicas que han ido más lejos.

40 Parada Vázquez, Ramón. Derecho del Empleo Público. Marcial Pons Ediciones Jurídicas y Sociales, S.A. Madrid-Barcelona 2007, pág. 66.

Es la figura que ha venido a llamarse directivo público profesional, aunque en la Administración General del Estado y en los municipios del título X existen y conviven con ellos, o al menos pueden convivir, como se ha dicho, titulares de órganos directivos, a los que se les exige o debe exigir idoneidad para esa función de dirección[41].

V.2. CONCEPTO Y RÉGIMEN JURÍDICO

Por lo tanto, como primera cuestión delimitadora de esta figura podemos señalar que no forma parte de las clases de empleado público recogidas en el artículo 8 del TREBEP. En el proyecto de Ley del EBEP sí se consignaba en el artículo 8 al personal directivo como una clase de empleados públicos, pero una enmienda del Grupo Socialista en el Senado suprimió en este lugar la mención al personal directivo, aduciendo que, en realidad, dicho personal será personal funcionario o personal laboral y por tanto no es otra clase de empleado público[42]. Aunque parece que de esta cuestión no se hacen eco algunos tribunales. En efecto, sobre la naturaleza de este personal, destaca el Tribunal Superior de Justicia de Castilla-La Mancha, en sentencia núm. 163/2010, de 7 de mayo (recurso 198/2008), *que en puridad no se puede decir que el personal directivo sea una clase más de empleados públicos, toda vez que no aparece aludido en la tipología contenida en el artículo 8 del EBEP y parece situado más bien en el ámbito de la organización administrativa; el principal problema que plantea su regulación es el necesario encaje entre la esfera política y la administrativa…*

Al personal directivo le dedica el TREBEP únicamente un artículo, el artículo 13, donde hace una definición tautológica del mismo al decir en su apartado 1 que es personal directivo el que desarrolla funciones directivas profesionales en las Administraciones Públicas, definidas como tales en las normas específicas de cada Administración.

---

41 Puede consultarse el artículo del profesor Juan Antonio Carrillo Donaire "Claves para la definición de un Estatuto del directivo público profesional" publicada en Documentación Administrativa nº 7, enero-diciembre 2020, página 49 y siguientes: https://revistasonline.inap.es/index.php/DA/article/view/10891

42 Parada Vázquez, Ramón. Op. cit., pág. 90.

Su régimen jurídico se remite por parte del artículo 13 del TREBEP a las disposiciones que dicte el gobierno y los órganos de gobierno de las Comunidades Autónomas, en desarrollo de este Estatuto, así como los criterios para determinar su condición, de acuerdo con los principios señalados en dicho precepto, entre los que figura el relativo a que será personal directivo el que desarrolla funciones directivas profesionales en las Administraciones Públicas, definidas como tales en las normas de cada administración; estará sujeto a evaluación y responderá por su gestión, en relación con los objetivos que le hayan sido fijados.

Las únicas reglas básicas que ofrece el TREBEP sobre su régimen jurídico se contienen en el mencionado artículo 13:

> Artículo 13. Personal directivo profesional.
> El Gobierno y los órganos de gobierno de las comunidades autónomas podrán establecer, en desarrollo de este Estatuto, el régimen jurídico específico del personal directivo, así como los criterios para determinar su condición, de acuerdo, entre otros, con los siguientes principios:
> 1. Es personal directivo el que desarrolla funciones directivas profesionales en las Administraciones Públicas, definidas como tales en las normas específicas de cada Administración.
> 2. Su designación atenderá a principios de mérito y capacidad y a criterios de idoneidad, y se llevará a cabo mediante procedimientos que garanticen la publicidad y concurrencia.
> 3. El personal directivo estará sujeto a evaluación con arreglo a los criterios de eficacia y eficiencia, responsabilidad por su gestión y control de resultados en relación con los objetivos que les hayan sido fijados.
> 4. La determinación de las condiciones de empleo del personal directivo no tendrá la consideración de materia objeto de negociación colectiva a los efectos de esta ley. Cuando el personal directivo reúna la condición de personal laboral estará sometido a la relación laboral de carácter especial de alta dirección[43].

---

43 Aunque se ha discutido si la naturaleza de la relación jurídica del personal directivo profesional cuando reúna la condición de personal laboral sea la de contrato laboral de alta dirección, ya que no cumpliría los requisitos que la jurisprudencia ha exigido para poder calificar un contrato como de alta dirección (poderes inherentes a la empresa, ex artículo 1.2 del Real Decreto 1382/1985, de 1 de agosto), no se puede olvidar que el artículo 2.1. del Estatuto de los Trabajadores califica como de relación especial en el apartado l) cualquier otro trabajo que sea expresamente declarado como relación laboral de carácter especial por una ley (Puede consultarse la obra "Las

El Gobierno nacional, como hemos dicho aprobó el proyecto de Ley de la Función Pública de la Administración el Estado donde se contemplaba el desarrollo del citado artículo 13 del TREBEP. Se encontraba tramitando en las Cortes Generales, pero la disolución de las mismas decretada por el Presidente del Gobierno el día 29 de mayo de 2023 volvió a generar incertidumbre sobre la futura regulación legal.

Pero, el Real Decreto-ley 6/2023, de 19 de diciembre, por el que se aprueban medidas urgentes para la ejecución del Plan de Recuperación, Transformación y Resiliencia en materia de servicio público de justicia, función pública, régimen local y mecenazgo, ha regulado esta materia, como se ha dicho, aunque solo para el ámbito de la Administración General del Estado. No obstante, la regulación del personal directivo profesional en este ámbito estatal puede servir, y mucho, para clarificar conceptualmente las figuras personal directivo profesional y órgano directivo.

Por su parte, las comunidades autónomas en desarrollo del Estatuto del empleado público (EBEP-TREBEP) sí que han aprobado normas sobre el régimen jurídico específico del personal directivo, como veremos a continuación en los siguientes epígrafes. Unas se aplican a las entidades locales que en virtud de las mismas podrán crear puesto de directivo público profesional y otras no, como se puede ver en el Anexo sobre el tratamiento de la figura del personal directivo profesional en la legislación de las Comunidades Autónomas.

V.3. EN LA LEGISLACIÓN DEL ESTADO

Como acabamos de señalar, recientemente se ha aprobado el Real Decreto-ley 6/2023, de 19 de diciembre, por el que se aprueban medidas urgentes para la ejecución del Plan de Recuperación, Transformación y Resiliencia en materia de servicio público de justicia, función pública, régimen local y mecenazgo.

---

sociedades públicas. Fundamento y límites de la huida al Derecho privado" de Juan José Guimera Rico, INAP dic 2020. https://laadministracionaldia.inap.es/noticia.asp?id=1511687

La justificación de la urgente necesidad de dictar una norma del Gobierno con fuerza de Ley, como es el Real Decreto Ley, viene avalada, según la exposición de motivos de la norma porque quedaron precipitadamente inconclusos los procedimientos legislativos correspondientes a algunas de las reformas integradas como hitos del cuarto desembolso (de las ayudas europeas del Plan de Recuperación y Resiliencia). Así ocurrió, entre otros, con el Proyecto de Ley 121/000149, de la Función Pública de la Administración del Estado (BOCG de 24 de marzo de 2023), que también hemos mencionado.

Por este motivo, y al objeto de no dilatar el cumplimiento de hitos y objetivos necesarios para obtener el cuarto desembolso fijado para el último semestre de 2023, resultaba imprescindible implementar las reformas legislativas contenidas en el citado Real Decreto-Ley, que en lo que se refiere al personal directivo profesional se contienen en el Título IV del Libro II, artículos 123 y siguientes. A todo ello, nos hemos referido en el apartado del Personal Directivo (profesional) en la Administración General del Estado. Este Real Decreto Ley ha sido desarrollado por la Orden TDF/379/2024, de 26 de abril, para la regulación de especialidades de los procedimientos de provisión de puestos del personal directivo público profesional y las herramientas para su gestión.

V.4. POSIBILIDAD O NO DE CREAR PLAZAS DE PERSONAL DIRECTIVO POR LAS ENTIDADES LOCALES SIN CONTAR CON LEGISLACIÓN AUTONÓMICA

Según el artículo 13 del TREBEP parece que los ayuntamientos[44] y las entidades locales en general, al igual que la Administración estatal y autonómica, tendrían que esperar a que el Gobierno de la Na-

44 Puede consultarse el artículo del profesor Alberto Palomar Olmeda publicado en octubre de 2014, en Seminari sobre relacions col·lectives, con el título “Personal eventual y directivo en el mundo local después de la aprobación de la Ley de Racionalización y sostenibilidad de la Administración Local”. https://cemical.diba.cat/sites/cemical.diba.cat/files/public/

ción o de las CC.AA., respectivamente, dictaran las correspondientes normas sobre el régimen jurídico del personal directivo. Ni siquiera a través de reglamento orgánico municipal podría regularse el régimen jurídico de dicho personal directivo. Esta es una diferencia más, evidente y clara, de la distinción entre titular de órgano directivo previsto en la LRBRL y del personal directivo.

Sobre este punto se ha pronunciado el Tribunal Superior de Justicia de la Comunidad Valenciana y el Tribunal Superior de Justicia de las Islas Canarias. Así la sección 2ª de la Sala de lo Contencioso del TSJ valenciano (Roj: STSJ CV 5576/2012, Id Cendoj: 46250330022012100906) Nº de Recurso: 543/2010, dictó la sentencia nº 1070/2012, de 30 de noviembre de 2012, negando dicha competencia al decir:

> Y por lo que se refiere a la posibilidad de que las Administraciones Locales ostenten competencia para nombrar personal directivo profesional y definir su régimen jurídico, este Tribunal comparte el criterio, contrario a dicha competencia, sostenido por otros órganos judiciales territoriales, como es el caso del TSJ Canarias (sede Las Palmas), que en Sentencia núm. 234/2011, de 21/junio (rec. 784/2009), afirma: "... el art. 13 de la Ley 7/200, Estatuto del Empleado Público, establece que el Gobierno y los Órganos de Gobierno de las Comunidades Autónomas podrán establecer, en desarrollo de esta este Estatuto, el régimen jurídico específico del personal directivo, así como los criterios para determinar su condición. La mera lectura del citado precepto, dada la claridad con que el mismo viene redactado, ofrece la solución al presente litigio, compartiendo plenamente la Sala el punto de vista de la Administración demandante en orden a que se habilita al Ejecutivo y a las Comunidades Autónomas para desarrollar el régimen jurídico básico de este personal directivo, sin que dicha habilitación normativa se otorgue a la Administración local. Y es que, pese a los esfuerzos de la demandada en aras a poner de relieve que la potestad reglamentaria y de autoorganización otorga al Ayuntamiento la facultad de aprobar el Reglamento de que se trata, el caso es que dicha parte considera en el hecho primero, primer párrafo, de su escrito de contestación a la demanda, que la cuestión depende de la interpretación que se haga del art 13 de la ley 7/2007, considerando la Sala, sin embargo, que no cabe hacer interpretación alguna de lo que diáfanamente se establece en el precepto en cuestión, a saber, que el Gobierno y las Comunidades Autónomas podrán establecer el régimen jurídico específico del

---

migracio/publicacions/ficheros/Palomar_Olmeda_Alberto_SRC_2014.pdf?noredirect=1

> personal directivo, sin que se mencione en el repetido precepto a las Corporaciones Locales, de donde resulta que las mismas carecen de la facultad que se atribuyó el Ayuntamiento de Santa L., aprobado el Reglamento objeto del presente contencioso, no siendo tal conclusión una interpretación sino la aplicación pura y simple de lo señalado por la ley ". Añadiendo: ".... es la potestad reglamentaria del gobierno de España y de los gobiernos autonómicos el instrumento de determinación de los criterios de adquisición de la condición del personal directivo de un Ayuntamiento y de establecimiento del régimen jurídico de dicho personal, siendo la capacidad normativa municipal susceptible de ser ejercitada solo dentro de ese marco previo, pero sin que le corresponda innovar el ordenamiento jurídico ante la ausencia de ese marco cuando se trata de personal directivo, o al margen del mismo.

También, más recientemente, el Tribunal Supremo ha dictado la sentencia "famosa y debatida" Sentencia núm. 1.829/2019 de 17 de diciembre de 2019, Sala de lo Contencioso-Administrativo, Sección Cuarta, recurso de casación, número del procedimiento 2145/2017, ponente Sr. D. Pablo Lucas Murillo de la Cueva (Id Cendoj: 28079130042019100376) que anula el acuerdo de la Diputación de Cáceres[45] que aprobó el Reglamento sobre personal directivo precisamente porque no había regulación autonómica de desarrollo del artículo 13 del TREBEP, y dijo:

> Precisamente, porque no ha habilitado a las corporaciones locales para regular a partir del Estatuto Básico del Empleado Público, el régimen de su personal directivo, ha dicho el legislador en este precepto qué facultades le corresponden al respecto. Entiende la Sala que, de estar habilitadas por otros títulos no habría sido necesario que dijera aquí que su Reglamento Orgánico puede permitir que el nombramiento de este personal recaiga en quienes no sean funcionarios ya que se trata de un aspecto sumamente parcial de su régimen jurídico. Por tanto, el silencio de aquel artículo 13 y la manifestación de este artículo 32 bis que expresamente les apodera para tomar esa concreta determinación,

---

45 Puede consultarse el interesante comentario efectuado por el magistrado José Ramón Chaves en su blog delajusticia.com (entrada del día 15 de enero de 2020). https://delajusticia.com/2020/01/15/los-entes-locales-no-tienen-quien-escriba-su-regimen-de-directivos-publicos/
Y también el artículo del profesor Federico Castillo Blanco "¿Quo vadis la dirección pública profesional en los gobiernos locales?: a propósito de la Sentencia del TS de 17 de diciembre de 2019".https://www.acalsl.com/blog/2020/01/direccion_profesional_gobiernos_locales

permiten afirmar que no se ha habilitado a las corporaciones locales para completar el régimen jurídico del personal directivo.

V.5. SELECCIÓN Y CESE

El artículo 13.2 del TREBEP señala que la designación del personal directivo profesional atenderá a principios de mérito y capacidad y a criterios de idoneidad, y se llevará a cabo mediante procedimientos que garanticen la publicidad y concurrencia. Es decir, no se exige ni se impone la utilización del concurso ni de la libre designación, sino que se ha de utilizar cualquier procedimiento que garantice la publicidad y la concurrencia.

Existen tres fórmulas para la provisión de puestos o cargos de personas en la Administración cuyos cargos no tengan carácter electivo:

- **Empleados públicos** (concurso o libre designación): El artículo 78 del EBEP dispone que las Administraciones Públicas proveerán los puestos de trabajo mediante procedimientos basados en los principios de igualdad, mérito, capacidad y publicidad, añadiendo que la provisión de dichos puestos de trabajo en cada administración pública se llevará a cabo por los procedimientos de concurso y de libre designación con convocatoria pública. En consecuencia, estos sistemas o procedimientos deben ser empleados para la provisión de puestos de personal funcionario de carrera (así reza el título del artículo 78 del TREBEP), mientras que la provisión de puestos y movilidad del personal laboral se realizará de conformidad con lo que establezcan los convenios colectivos que sean de aplicación y, en su defecto, por el sistema de provisión de puestos y movilidad del personal funcionario de carrera (artículo 83 del TREBEP).

  En este grupo incluiríamos a los titulares de órganos directivos que forman parte del sistema de empleo público en los municipios de gran población, como hemos señalado en el apartado IV.4. Debemos añadir aquí que el régimen de provisión del TREBEP se debe completar con el establecido en el Real Decreto 128/2018, respecto a los funcionarios de Administración Local con habilitación de carácter nacional.

- **Personal directivo** (designación a través de procedimientos que garanticen la publicidad y concurrencia): Fórmula que se reserva para la selección del personal directivo profesional. Concretamente, el artículo 13.2 del TREBEP señala que la designación del personal directivo profesional atenderá a principios de mérito y capacidad y a criterios de idoneidad, y se llevará a cabo mediante procedimientos que garanticen la publicidad y concurrencia. Es decir, no se exige ni se impone la utilización del concurso ni de la libre designación, sino que se ha de utilizar cualquier procedimiento que garantice la publicidad y la concurrencia (lógicamente también podría utilizarse el concurso o la libre designación, en función de la legislación autonómica sobre personal directivo).
- **Titulares de órganos directivos que no forman parte del sistema de empleo público** (libre nombramiento y libre cese). No hay ningún procedimiento exigible de publicidad y concurrencia. Se exige idoneidad (motivada y discrecional) y libre nombramiento por el órgano competente.

Es muy frecuente en la práctica la confusión entre los conceptos libre designación y libre nombramiento. El régimen jurídico y la previsión de su utilización es muy diferente, según sea aplicable uno u otro supuesto en las previsiones del ordenamiento jurídico. Y ahora aparece un tercer supuesto de procedimientos que son los que garanticen la publicidad y concurrencia que se reserva para la selección del personal directivo profesional. Conviene distinguir estos conceptos para evitar problemas entre CC.AA. y ayuntamientos o aparentes contradicciones entre sentencias de los tribunales, como veremos en el apartado siguiente.

Sobre el cese del personal directivo la Ley estatal (TREBEP) no hace mención alguna.

La legislación de las Comunidades autónomas sí que lo prevén. Así a título de ejemplo, la legislación de Castilla la Mancha, antes reseñada, se refiere al cese, con una previsión de toda lógica, al decir:

> El cese del personal directivo profesional se produce, además de por las causas previstas en el régimen aplicable al personal funcionario, por decisión discrecional del órgano competente para su designación o por una evaluación negativa de su gestión.

O la Ley valenciana, antes comentada en cuyo artículo 27.5 establece que:

> El cese en los puestos que integran la dirección pública profesional tendrá carácter discrecional, y no dará derecho a indemnización alguna, si bien podrá producirse, asimismo, por renuncia del propio personal. Al personal funcionario cesado se le reconocerán análogas garantías a las previstas en esta ley para el personal funcionario que cesa en puestos de trabajo provistos por el procedimiento de libre designación.

Veremos un poco más adelante la regulación de las comunidades autónomas al respecto.

V.6. EL PERSONAL DIRECTIVO PROFESIONAL EN LA LEGISLACIÓN DE LAS COMUNIDADES AUTÓNOMAS Y SU APLICACIÓN A LAS ENTIDADES LOCALES, EN ESPECIAL LAS LEYES DE ÚLTIMA GENERACIÓN TRAS LA RECOMENDACIÓN DE LA OCDE DE 2019

Son varias las comunidades autónomas que han dictado leyes de empleo público posteriores al EBEP, ocupándose, en consecuencia, del personal directivo y ayudando a clarificar su régimen jurídico en cada comunidad autónoma y por lo que se refiere a uno de los objetivos de este trabajo, clarificando su distinción con los titulares de los órganos directivos en los municipios del título X de la LRBRL.

Como podrá observarse a continuación, el régimen jurídico del personal directivo que hacen las normas de las CC.AA. no es, ni puede ser de aplicación a los órganos directivos de los municipios de gran población por más que se sigan produciendo confusiones teóricas y prácticas, sencillamente porque son figuras afines en cuanto que ejercen funciones directivas pero muy diferentes en cuanto a su naturaleza jurídica.

Otra cuestión es que los municipios de gran población puedan contar, en aplicación de la legislación de su comunidad autónoma, con personal directivo profesional, como figuras diferentes de los órganos directivos y convivir ambas en estos municipios.

A. *La Recomendación del Consejo de la OCDE sobre "Liderazgo y Capacidad en la Función Pública", de 17 de enero de 2019*

El profesor Carrillo señala que, en 2017, la OCDE elaboró una Recomendación Informe titulado "Liderazgo para un servicio público de alto rendimiento" el que analizaba las capacidades de los empleados públicos de los países más avanzados de la OCDE para afrontar los retos de la globalización y la digitalización de una Administración del siglo XXI.

El Informe recomienda la implantación de modelos de profesionalización de la gestión directiva pública basados en el reclutamiento por capacidades mesurables de forma objetiva mediante un sistema de acreditación independiente y la evaluación del desempeño. El citado Informe, y los trabajos anteriores mencionados, dieron lugar a la adopción de una Recomendación del Consejo de la OCDE sobre "Liderazgo y Capacidad en la Función Pública", que fue formalmente adoptada el 17 de enero de 2019 por el Consejo a propuesta del Comité de Gobernanza Pública. En ella se destaca que una función pública profesional, competente y eficaz es un factor fundamental para fomentar la confianza de los ciudadanos en las instituciones públicas. La Recomendación enuncia un conjunto de principios y objetivos que tienen por objeto determinar qué es lo que hace que una función pública sea adecuada, responda a las necesidades actuales y contribuya a garantizar que siga siéndolo en el futuro, y permita al mismo tiempo presentar estrategias para lograr y promover un buen desempeño y un servicio de calidad para los ciudadanos. La Recomendación promueve "una Administración con un alto nivel de profesionalidad que se basa en la objetividad, la imparcialidad y el Estado de Derecho como condiciones fundamentales para garantizar la confianza de los ciudadanos en las instituciones públicas y la gobernanza". A partir de lo anterior, la Recomendación pretende "mejorar las formas de organización y gestión de los servidores públicos para hacer hincapié en la colaboración proactiva y la innovación al servicio de los ciudadanos, así como en las actividades económicas que protejan el valor público y el interés común".

Partiendo de dichas recomendaciones y de los Informes del PEM (Unidad especializada de la OCDE sobre *Public Employment and Ma-*

nagement), es posible conformar un decálogo de elementos que conforman el modelo OCDE para la definición de las capacidades de los directivos públicos profesionales y el establecimiento de un sistema de selección y desempeño de los mismos que pueden resumirse del siguiente modo, que enunciamos a partir de los indicadores de medición de la OCDE:

1º La dirección pública profesional ha de ser considerada como una "política pública estratégica" de recursos humanos en sí misma considerada.

2º Ha de elaborarse un catálogo previo de puestos reservados a directivos públicos profesionales.

3º de liderazgo para la ejecución de programas y proyectos.

4º La selección debe ser objetiva y transparente, basada en competencias y habilidades; y el desempeño someterse a evaluación periódica.

5º La misión del directivo público profesional está subordinada a las políticas públicas gubernamentales. Los objetivos del mandato deben proporcionar orientaciones de dirección para los directivos profesionales y estar alineados con los objetivos políticos del Gobierno y de las autoridades políticas.

6º El directivo público profesional ha de tener un estatuto de independencia funcional y operativa desde la lealtad a la dirección política y a los objetivos marcados.

7º Se aconseja establecer un mandato temporal desligado del mandato político, así como un sistema de cese por causas objetivas.

8º Asimismo se recomienda regular los conflictos de interés.

9º Han de definirse y ofrecerse condiciones de empleo transparentes (remuneración, duración de los contratos, seguridad en el empleo, derechos y obligaciones), teniendo en cuenta los mercados de trabajo externos (del sector privado) e internos.

10º Es preciso establecer un sistema de supervisión eficaz y mecanismos ágiles y efectivos de presentación y tramitación de las reclamaciones que puedan formularse. Lo que reclama definir la autoridad institucional responsable del sistema de selección en cada Administración pública y dotarla de un estatus de independencia, objetividad y transparencia.

Concluye el profesor Carillo Donaire[46] que pese a lo meritorio de las últimas regulaciones autonómicas, puede afirmarse con carácter general que, en nuestro país, la imparcialidad y la meritocracia que la Constitución exige como garantía del régimen de función pública sigue viéndose comprometida por la existencia de un excesivo determinismo del poder político sobre los cuadros profesionales y directivos de la Administración. Siendo éste, sin embargo, el estrato que mayores responsabilidades directivas ha de asumir en orden a la ejecución de los planes y programas de acción y que debería protegerse con garantías de imparcialidad y profesionalidad reforzadas, pese a ser el que sufre el fenómeno de colonización política.

En este orden, la OCDE viene insistiendo en la necesidad de implantar un modelo de dirección pública profesional que responde a parámetros muy precisas de definición, alcance y desarrollo, configurando un verdadero Estatuto del directivo público profesional cuyas claves de implantación hemos tratado de desgranar en torno a las ideas de planificación de plantillas, selección objetiva e imparcial con intervención de una autoridad imparcial y externa al órgano de designación, exigencia del cumplimiento de objetivos a lo largo del mandato y evaluación del rendimiento con efectos retributivos.

Nos detendremos con más detalle en las leyes de última generación.

Salvo error u omisión las leyes dictadas por las Comunidades Autónomas[47] sobre empleo público que recogen la previsión de personal directivo profesional, son las que veremos en los siguientes apartados.

---

46 CARRILLO DONAIRE, J.A. OP. Cit página 135.

47 En el Anexo sobre el tratamiento de la figura del personal directivo profesional en la legislación de las Comunidades Autónomas, puede verse con más detalle el tratamiento del personal directivo profesional en dichas normas.

B. Ley 7/2005, de 24 de mayo, de Función Pública de Castilla y León

Esta ley es anterior a la entrada en vigor del EBEP y contempla los puestos de trabajo de carácter directivo. Su configuración se aborda desde el punto de vista de su cometido funcional y orgánico. Se establece que sus tareas esenciales consistirán en la función general de dirección, programación, coordinación y evaluación administrativa (art. 25.1), quedando adscritos dichos puestos al Grupo Superior en que se clasifican los Cuerpos, Escalas o categorías del personal al servicio de esa Administración (art. 25.2).

Según el artículo 1.6 las disposiciones de la presente Ley serán de aplicación a los funcionarios de la Administración Local en el ámbito de la Comunidad Autónoma de Castilla y León, en los supuestos en que así lo establece la legislación en materia de régimen local, según lo dispuesto en el artículo 149.1.18.ª de la Constitución y en el Estatuto de Autonomía de Castilla y León y con respeto a la autonomía organizativa de las Corporaciones Locales, por lo tanto en la materia de personal directivo profesional es dudosa su aplicación.

C. Ley 3/2007, de 27 de marzo, de la Función Pública de les Illes Balears

Se trata de una regulación muy escasa de la figura, ya que solo se hace referencia a la naturaleza directiva de algunos de los puestos y su forma de provisión y en su artículo 35 se cita la naturaleza de algunos puestos de este tipo que debe estar fijada en las relaciones de puestos de trabajo y entre cuyas funciones se establezca la dirección, la programación, la coordinación, el impulso y la evaluación de la actuación administrativa o técnica, en los distintos ámbitos de la Administración.

En todo caso, tienen naturaleza directiva los puestos de trabajo clasificados en el nivel 30, los que implican jefatura de departamento y los que implican jefatura de servicio cuando tienen dependencia directa del órgano superior o directivo al cual están adscritos.

Destaca como temprana e interesante medida que los puestos de trabajo de naturaleza directiva requieren para su ocupación el diploma de personal directivo expedido por la Escuela Balear de Administración Pública u otro homologado por ésta, estando sujetos los titulares de dicho diploma a sistemas de evaluación del cumplimiento.

Por lo que respecta a la aplicación de la Ley a las entidades locales, el artículo3.2 dispone que la presente ley también es de aplicación, con las especificidades derivadas de su propia organización, al personal de los consejos insulares y de las entidades locales radicadas en la comunidad autónoma de las Illes Balears en las materias no reservadas a la legislación básica del Estado, en los términos que resultan de la disposición adicional primera de la presente ley y del artículo 190 de la Ley 20/2006, de 15 de diciembre, Municipal y de Régimen Local.

D. Ley 4/2011, de 10 de marzo, del Empleo Público de Castilla-La Mancha

En cuya exposición de motivos se indica que se regula el personal directivo profesional, añadiendo (de una forma algo pomposa, como hizo en si día el preámbulo del EBEP) que es una figura que deberá ser clave en el impulso y liderazgo del proceso de modernización de la función pública de Castilla-La Mancha y que se sustenta especialmente en el aprovechamiento de las capacidades directivas del personal funcionario del grupo superior de la Administración para profesionalizar la gerencia de las políticas públicas o programas desarrollados por estos puestos de trabajo, que se ejercerán con un alto nivel de autonomía y responsabilidad del cumplimiento de los objetivos asignados a los mismos.

Desarrolla Es de aplicación a las entidades locales en virtud de lo dispuesto en el artículo 2.2.b). Le dedica los artículos 13 a 15 de la Ley, conceptuando como personal directivo profesional a quien, bajo la dependencia de los órganos que se determinen reglamentariamente por la respectiva Administración, asume, con un alto nivel de autonomía, la gerencia profesional de programas o políticas públicas y la responsabilidad del cumplimiento de sus objetivos (art. 13). Añadiendo que La función directiva profesional incluye la dirección, coordinación, evaluación y mejora de los servicios, recursos o programas presupuestarios asignados, así como la rendición periódica de cuentas. Las Administraciones públicas o entidades que implanten la dirección pública profesional deben determinar en las correspondientes relaciones de puestos de trabajo qué puestos de trabajo están reservados al personal directivo profesional. La designación y cese se regulan en el artículo 14 y su régimen jurídico en el artículo 15.

El Decreto 215/2019, de 30 de julio, del Estatuto de la Dirección Pública Profesional de la Administración de la Junta de Comunidades de Castilla-La Mancha, modificado por Decreto 24/2022, de 12 de abril, desarrolla la regulación del personal directivo profesional contenida en la Ley 4/2011, de 10 de marzo, ya que se considera conveniente establecer el marco normativo necesario que permita su implantación.

Se limita su ámbito de aplicación, según su artículo 2, a los puestos directivos de la Administración de la Junta de Comunidades de Castilla-La Mancha y de los organismos autónomos dependientes de la misma a los que se refiere el artículo 4, así como a las personas que ocupen los mismos.

Lo que se entiende por puestos directivos viene recogido en el artículo 4, al decir que son puestos directivos los que figuran con este carácter en la correspondiente relación de puestos de trabajo. Y pueden calificarse en la relación de puestos de trabajo como puestos directivos aquellos que reúnan las siguientes condiciones:

a) Que dependan directa e inmediatamente de las personas titulares de las Consejerías, de los órganos directivos o de apoyo previstos en la Ley 11/2003, de 25 de septiembre, del Gobierno y del Consejo Consultivo de Castilla-La Mancha, o de los órganos de los organismos autónomos dependientes o vinculados a la Administración de la Junta de Comunidades de Castilla-La Mancha que estén asimilados en su rango administrativo a cualquiera de los anteriores.

b) Que tengan un alto nivel de autonomía funcional, únicamente limitada por los criterios e instrucciones directas emanadas de sus superiores jerárquicos.

c) Y que tengan atribuidas la gerencia profesional de programas públicos o proyectos y la responsabilidad del cumplimiento de sus objetivos.

E. Ley 13/2015, de 8 de abril, de Función Pública de Extremadura

Su regulación se contiene en los artículos 20 y siguientes, que en virtud de lo dispuesto en el artículo 3.1. b) se aplicaría a las entidades locales extremeñas. Nos podríamos preguntar por qué teniendo legislación autonómica la Comunidad extremeña fue tan famosa y debatida la sentencia sobre el personal directivo de la Diputación de Cáceres (Sentencia 1.829/2019 de 17 de diciembre de 2019, Sala de lo Contencioso-Administrativo, Sección Cuarta, a la que ya hemos hecho referencia). Se debe a que el Reglamento Orgánico de la Diputación Provincial de Cáceres fue aprobado el 29 de diciembre de 2015 (Boletín Oficial de la Provincia de Cáceres de 9 de febrero de 2016) y la entrada en vigor de la Ley se demoró a un año de su publicación oficial (10 de abril de 2015), tal como señalaba la disposición de entrada en vigor de ésta, por lo tanto, el 10 de abril de 2016, es decir con fecha posterior al acuerdo de la Diputación. Así lo indicó la sentencia en el inciso final de su fundamento jurídico cuarto, al decir: *por último, no nos corresponde entrar en las referencias que a la Ley extremeña 13/2015, vigente con posterioridad a la aprobación del Reglamento impugnado.*

En la Ley se contiene una confusión, en mi opinión llamando personal directivo a los titulares de órganos directivos de los municipios del título X LRBRL. Dice el artículo 20.4: "4. Las especificaciones de la presente Ley en cuanto al personal directivo profesional se aplicarán a las Administraciones Públicas de Extremadura, sin perjuicio de las normas previstas en los artículos 32 bis y 130 y concordantes de la Ley 7/1985, reguladora de las bases del régimen local, para el personal directivo de las administraciones locales" (cuando las previsiones de al menos el artículo 130 de la LRBRL, se refieren a los órganos superiores y directivos, subrayamos órganos, por la diferencia evidente con el personal directivo, subrayamos el concepto personal, es decir no órganos o titulares de órganos).

F. Ley 2/2015, de 29 de abril, del empleo público de Galicia

Se regula en los artículos 33 y siguientes, en los que de nuevo, de forma genérica, se dice que es personal directivo quien desarrolla funciones directivas (art. 33.1), identificadas éstas como tareas gerenciales o de dirección o coordinación de unidades administrativas integradas por un número de efectivos, con arreglo a la identificación de los puestos directivos contenida en la pertinente relación (art 33.2). Mientras que el carácter profesional hace referencia a la configuración de una carrera directiva a la que se ingresa con sujeción al mérito, capacidad e idoneidad y cuya permanencia, progresión y, en su caso, parte de la retribución queda vinculada a la evaluación periódica (art. 33.3). La configuración del régimen jurídico del personal directivo se remite a norma reglamentaria.

G. Ley 2/2016, de 7 de abril, de Instituciones Locales de Euskadi

En cuyos artículos 36 a 42 se regula el personal directivo de las entidades locales vascas[48].

El artículo 36 (Puestos directivos públicos de las entidades locales y principio de autoorganización) dispone que las entidades locales,

---

48 Puede consultarse un interesante estudio sobre "La organización y la dirección público profesional del área de urbanismo municipal del País Vasco", cuyo autor es Álvaro cerezo Ibarrondo, en la Revista de Estudios de la Administración Local y Autonómica, que efectúa, a partir de la Ley de Instituciones Locales de Euskadi y de la reciente Ley de Empleo Público Vasco, una descripción y un análisis del novedoso régimen jurídico de la figura del directivo público profesional en los municipios vascos distintos de los de gran población y plantea una aplicación de dicha figura en el área de urbanismo de un ayuntamiento, concluyendo que el nuevo escenario habilitado por la Ley de Instituciones Locales de Euskadi para la implantación de la figura del directivo público profesional permitirá desplegar un nuevo modelo organizativo en los ayuntamientos intermedios del País Vasco y responder a las nuevas y tradicionales necesidades de la sociedad que estas Administraciones tienen la obligación de satisfacer, como en áreas tan trascendentales como la de urbanismo. https://revistasonline.inap.es/index.php/REALA/article/view/11383

en uso de sus potestades de autoorganización derivadas de su autonomía local, definirán, en función de las políticas que en cada caso quieran impulsar, la estructura de puestos directivos de la entidad, de acuerdo con lo dispuesto en la presente ley y, en su caso, en la legislación básica o autonómica que sea de aplicación. Atribuyendo al Pleno, a propuesta de la alcaldía o presidencia de la entidad local que fije la determinación inicial de las áreas en las que se insertarán los puestos directivos será competencia del pleno, a propuesta de la alcaldía o presidencia de la entidad local.

El nombramiento de los directivos públicos o la formalización del correspondiente contrato laboral de alta dirección, por parte de la entidad local, será competencia de la presidencia de la entidad y concreta que únicamente podrán definirse como directivos públicos profesionales los puestos que pertenezcan a entidades locales cuya población supere los 40.000 habitantes y respondan a alguna de las tipologías que se enumeran seguidamente:

a) Los puestos que asuman funciones de coordinación general, gerencia municipal, direcciones de área o gerencias de sector, de la estructura administrativa de las entidades locales.

b) Los puestos de máxima responsabilidad de los organismos públicos, sociedades mercantiles, consorcios o fundaciones de sector público local.

c) Asimismo, siempre que así se acuerde por el órgano competente, podrán tener la consideración de directivos los puestos de mayor responsabilidad de las estructuras o de los programas que se creen para desarrollar proyectos de gestión o encomienda especial de carácter temporal con la finalidad de desarrollar o impulsar, por razones excepcionales o coyunturales, una determinada política sectorial. Tales puestos directivos no tendrán naturaleza estructural y se amortizarán cuando finalice el proyecto de gestión o la encomienda especial.

El artículo 37 dispone el concepto de Personal directivo público profesional; el artículo 38 enumera las funciones de los directivos públicos profesionales locales; el artículo 39 establece su régimen jurídico; el artículo 40 regula la provisión de dichos puestos directivos de las entidades locales, que se cubrirán (siguiendo, como no puede ser de otra manera, los requisitos de la legislación básica del Estado) mediante convocatoria pública, que se publicará en el boletín oficial que corresponda en razón del ámbito de actuación de la entidad convocante y, en todo caso, en la página web o portal de transparencia de la correspondiente entidad, sin perjuicio de su publicación a través de cualquier otro medio que garantice la publicidad y la concurrencia de diferentes aspirantes y fijando los requisitos exigidos de conformidad con las previsiones de dicho precepto; y el artículo 41 regula la evaluación y la responsabilidad por su gestión.

Por último, el artículo 42, plantea también una confusión[49] en su denominación donde se habla de personal directivo (Personal directivo de los municipios de gran población), aunque se arregla en el texto del artículo al distinguir el personal directivo profesional de los titulares de órganos directivos en dichos municipios de gran población.

H. Ley 1/2017, de 8 de febrero, por la que se establecen medidas de racionalización del régimen retributivo y de clasificación profesional del personal directivo y del resto del personal al servicio de los entes del sector público institucional de la Comunidad Autónoma de Aragón

Se regula la figura del directivo publico profesional pero únicamente para las entidades del sector público.

---

49 El profesor Jiménez Asensio califica como un ejemplo (más) de confusión entre figuras directivas en su artículo La dirección pública profesional en España: errores de concepto: https://rafaeljimenezasensio.com/2018/01/28/la-direccion-publica-profesional-en-espana-errores-de-concepto/

I. Ley 5/2020, de 29 de abril, de Cataluña, de medidas fiscales, financieras, administrativas y del sector público y de creación del impuesto sobre las instalaciones que inciden en el medio ambiente, que modifica el Texto Refundido de la Ley municipal y de régimen local de Cataluña

La regulación de los directivos públicos profesionales en las entidades locales se contempla en la legislación de régimen local de Cataluña.

Como señala el profesor Rafael Jiménez Asensio[50], el legislador catalán, quien, para dar cobertura a las entidades locales de Cataluña y con la finalidad de sacarlas del túnel en el que las había introducido la sentencia del tribunal Supremo de 17 de diciembre de 2019, sobre el Reglamento Orgánico de la Diputación de Cáceres y su regulación del personal directivo, estableció un marco normativo ciertamente genérico, de escasa densidad, con la finalidad sobre todo de dar cobertura a los reglamentos ya aprobados por las entidades locales catalanas en lo que se refiere a la dirección pública profesional, y habilitar también para que el resto de entidades locales catalanas pudieran perfectamente desarrollar normativamente esa figura potestativa si la querían trasladar a sus propias estructuras organizativas.

Y así, por medio del artículo 102.2 de la Ley 5/2020 ("de acompañamiento" a los presupuestos generales de la Comunidad Autónoma), se estableció, como clara respuesta a la doctrina jurisprudencial del Tribunal Supremo antes citada, una regulación por medio de la cual se modificaba el artículo 306 del texto refundido de la Ley municipal y de régimen local de Cataluña, incorporando un nuevo marco normativo de la figura del personal directivo en las entidades locales, que abría el paso a unas posibilidades efectivas (siempre que así se reconociera por la normativa local correspondiente) de profe-

---

50 JIMÉNEZ ASENSIO R. La dirección pública profesional en los Gobiernos locales. Marco general y análisis de dos regulaciones autonómicas: Euskadi y Cataluña. Cuadernos de Derecho Local. Fundación Democracia y Gobierno Local. QDL 60, pág. 182: https://repositorio.gobiernolocal.es/xmlui/bitstream/handle/10873/2351/07_JIMENEZ_P151_P197_QDL_60.pdf?sequence=1&isAllowed=y

sionalización (mayor o menor, según los casos; en función del alcance de cada regulación) de la dirección pública local.

Es destacable que, como en el caso del País Vasco, ambas legislaciones sobre régimen local se adelantaron a la legislación autonómica sobre empleo público. Cuestión que como ha resaltado el profesor Jiménez Asensio no se produce en otras comunidades autónomas.

La regulación contenida en el citado artículo 306 del texto refundido de régimen local catalán sigue la estela, como tampoco podría ser de otra manera, de la legislación básica estatal y de otras comunidades autónomas y posteriormente ha seguido el estado al regula el personal directivo profesional en la Administración general del Estado. Y así,

Se establece que el nombramiento de personal directivo de entes locales y la formalización del correspondiente contrato laboral de alta dirección, son competencia de la presidencia de la entidad, que dará cuenta al pleno.

La denominación y la determinación de los puestos directivos se llevara a cabo mediante un instrumento de ordenación diferenciado del de la relación de puestos de trabajo, cuya aprobación corresponde al pleno, a propuesta de la presidencia de la entidad local, excepto en los municipios de gran población, en la que es competencia de la junta de gobierno local.

Los procedimientos de selección y provisión de personal directivo deben exigir en todos los casos una formación específica de grado o de postgrado, se regirán por los principios de mérito, capacidad, publicidad y libre concurrencia y deben asegurar la idoneidad de los aspirantes en relación con los puestos objeto de la convocatoria.

Por último, el personal directivo nombrado tiene derecho a la inamovilidad en el puesto de trabajo, siempre que los resultados de la evaluación de la gestión llevada a cabo sean satisfactorios, y a permanecer en el cargo hasta que, una vez finalizado el mandato en que haya sido nombrado, cese el presidente o presidenta de la corporación que lo había nombrado. El nuevo presidente o presidenta de la entidad local puede, discrecionalmente, prorrogar el periodo de ejercicio de las funciones directivas para otro mandato, o bien convocar un nuevo procedimiento de selección y provisión del puesto de trabajo.

J. Ley 4/2021, de 16 de abril, de la Función Pública Valenciana

Nos detendremos con más detalle sobre esta Ley por el esfuerzo clarificador que hace, a nuestro juicio, sobre la figura del personal directivo[51].

Su preámbulo indica y delimita la regulación que va a hacer la Ley, al decir que se regula con un capítulo específico el régimen jurídico de la dirección pública profesional, si bien referido particularmente al personal directivo que tenga la condición de personal funcionario de carrera, dejando al desarrollo reglamentario la regulación del régimen jurídico concreto del personal directivo que no tenga esa condición, sin perjuicio de la aplicación a estos últimos de los principios contenidos en el referido capítulo que sean susceptibles de ello.

Le dedica los artículos 21 y siguientes.

El artículo 21 ofrece el concepto de personal directivo público profesional, al decir que es personal directivo público profesional quien desarrolla funciones directivas profesionales de conformidad con lo establecido en el presente capítulo (es decir, utiliza una definición tautológica de directivo público similar a la de TREBEP).

Respecto al ámbito local dispone que se regirá por su normativa específica, siéndoles de aplicación supletoria las disposiciones contenidas en la Ley. Pero en ningún caso, formarán parte de la dirección pública profesional los puestos de nivel directivo que tengan la consideración de alto cargo. A estos efectos, se entenderá por alto cargo, quien haya sido nombrado como tal por decreto del Consell. Por lo que respecto del ámbito local se ratifica que no es de aplicación a los

---

51 Puede consultarse la entrada en el blog de espublico.com (https://www.administracionpublica.com/) de Marcos Peña Molina "El directivo público profesional. Mucho ruido y pocas nueces", de fecha 3 de enero de 2002, en el que hace un comentario crítico a la regulación de la figura en la Ley valenciana. https://www.administracionpublica.com/el-directivo-publico-profesional-mucho-ruido-y-pocas-nueces/

órganos directivos del artículo 130 de la LRBRL, distinguiendo una vez más entre personal directivo y órgano directivo.

El artículo 22 señala los puestos de trabajo que integran la Dirección Pública Profesional, al concretar que se sitúan bajo los órganos que asuman la dirección política de cada nivel de gobierno y tendrán atribuidas las funciones que se detallan en el correspondiente instrumento de ordenación de personal.

Y se considerarán funciones directivas públicas profesionales de carácter ejecutivo susceptibles de ser desempeñadas por personal **directivo** público profesional, las siguientes:

a) Las referidas al establecimiento y evaluación de objetivos.

b) La participación en la formulación y ejecución de programas y de políticas públicas adoptadas por los niveles de dirección política.

c) La planificación, coordinación, evaluación, innovación y mejora de los servicios y proyectos de su ámbito competencial.

d) La dirección de personas, gestión de recursos y ejecución del presupuesto en el ámbito de sus competencias.

e) La asunción de un alto nivel de autonomía y de responsabilidad en el cumplimiento de sus objetivos.

El apartado 2 del artículo 22 dispone que no podrán existir puestos de la dirección pública profesional dependientes o situados bajo otros puestos de dicha naturaleza: una prueba más de la distinción entre personal directivo profesional y titular de órgano directivo, ya que en el ámbito de los órganos directivos, tanto en el nivel estatal, como autonómico o local (para los municipios del titulo X) existen y pueden existir órganos directivos dependientes de otros órganos directivos (por ejemplo: una subdirección general depende de una dirección general; o una dirección general en el ámbito local puede depender de una coordinación general).

El artículo 23 establece los requisitos de los puestos de trabajo que integran la Dirección Pública Profesional, exigiéndose estar en posesión de titulación universitaria de grado o titulación equivalente, así como la acreditación de la experiencia y conocimientos necesarios (nueva prueba de distinción con los órganos directivos en determinados supuestos de excepción por el reglamento orgánico en el ámbito estatal o en los reglamentos de organización en otros niveles de la Administración del Estado).

Hay que hacer notar que en todo momento se habla en la Ley de "puestos de trabajo" que integran la Dirección Pública Profesional de las administraciones públicas, es decir son titulares de puestos, no de órganos. Que se integran en una relación de puestos de trabajo específica diferenciada (subrayo relación de puestos, porque los órganos directivos y sus titulares no se relacionan en la relación de puestos de trabajo, porque no son empleados públicos, salvo los titulares de órganos directivos que sí forman parte del sistema de empleo público) de la relación que incluya la totalidad de puestos de trabajo de naturaleza funcionarial, laboral y eventual, y que de acuerdo con lo previsto en la legislación básica de empleo público, no será materia obligatoria de negociación colectiva (art. 24).

Respecto al procedimiento de designación del personal directivo público profesional (art. 25), la Ley dispone que atenderá a los principios de publicidad, mérito y capacidad, así como al de transparencia y a criterios de idoneidad de las personas aspirantes a los puestos a cubrir (nueva prueba de la diferencia con los titulares de órganos directivos que en el ámbito del título X de la LRBRL, como en el ámbito estatal o autonómico, se nombran libremente (como ya se ha dicho, una cosa es la libre designación, para determinados puestos de funcionarios; otra los procedimientos que deben seguir los principios de mérito, capacidad y publicidad, para la designación de los puestos de directivos profesionales; y otra el libre nombramiento para los titulares de los órganos directivos, que no exige ningún tipo de publicidad).

En todo caso deberá ser motivado, justificando que la persona nombrada reúne los requisitos de idoneidad específicos contemplados en la convocatoria y que es la candidata adecuada para el puesto por sus conocimientos y experiencia.

El personal que integra la dirección pública profesional en la Generalitat Valenciana está sujeto a responsabilidad por la gestión: evaluación de los resultados (art. 26).

Por último, las disposiciones sobre su régimen jurídico se regulan en el artículo 27 de la Ley:

1. La determinación de las condiciones de empleo del personal directivo público profesional será fijada por el Consell, no teniendo la consideración de materia obligatoria objeto de negociación colectiva.

2. Las retribuciones del personal que desempeñe puestos que integran la Dirección Pública Profesional tendrán una parte fija, en los mismos términos y condiciones que las previstas para el personal funcionario de carrera, y una parte variable vinculada a la consecución de los objetivos fijados. En el supuesto de existir retribuciones variables no será posible la percepción del complemento de actividad profesional establecido en el artículo 87.2.c. de la Ley.

3. El personal funcionario de carrera que desempeñe puestos que integran la Dirección Pública Profesional formalizará su relación de servicios mediante el correspondiente nombramiento y se mantendrá en situación de servicio activo.

4. En la Administración de la Generalitat el régimen de incompatibilidades del personal directivo público profesional será el establecido para los altos cargos de la administración de la Generalitat, sin que ello suponga su consideración como alto cargo (nueva prueba de diferencias entre órganos directivos y personal directivo profesional, aunque ya sabemos que en todos los ámbitos de la Administración hay órganos directivos que son y otros que no son altos cargos: en este último caso, los órganos directivos que sí forman parte del sistema de empleo público, como hemos visto).

5. El cese en los puestos que integran la dirección pública profesional tendrá carácter discrecional, y no dará derecho a indemnización alguna, si bien podrá producirse, asimismo, por renuncia del propio personal. Al personal funcionario cesado se le reconocerán análogas garantías a las previstas en esta ley para el personal funcionario que cesa en puestos de trabajo provistos por el procedimiento de libre designación (otra prueba de distinción).

6. Para terminar, y como ya se ha dicho que esta Ley solo recoge la regulación de los puestos de dirección profesional, se indica en el apartado 6 del artículo 27 que, sin perjuicio de la aplicación de los principios contenidos en el capítulo que los regula y que sean susceptibles de ello, el régimen jurídico específico del personal directivo que no tenga la condición de funcionario de carrera será establecido por Decreto del Consell.

K. Ley 11/2022, de 1 de diciembre, de Empleo Público Vasco

Como señala su preámbulo, se incorpora en el título III de la Ley un elemento novedoso en el marco legal del empleo público vasco, si bien ya había sido objeto de regulación en el ámbito de la Comunidad Autónoma. La «dirección pública profesional» se define como aquel conjunto de puestos de trabajo que cada administración pública determina de tal naturaleza en uso de sus potestades de autoorganización. Priman, por tanto, en esta regulación, por un lado, la dimensión organizativa y, por otro, la voluntad de cada nivel de gobierno a la hora de delimitar las estructuras de la dirección pública profesional.

Se trata, según el profesor Carrillo[52] de la regulación más ambiciosa y completa de las que se han aprobado hasta el momento en nuestro país, aunque tiene algún desajuste sobre el modelo OCDE.

En el supuesto de las entidades locales, la regulación de la dirección pública profesional se regirá por la Ley 2/2016, de 7 de abril, de Instituciones Locales de Euskadi que hemos visto con anterioridad y, supletoriamente, por lo dispuesto en esta ley.

El título III (artículo 31 y siguientes) ordena con detalle la dirección pública profesional en las administraciones públicas vascas, definiendo un conjunto de reglas a las que deberá sujetarse toda administración pública que inserte en su seno la dirección pública profesional.

52 CARRILLO DONAIRE, J.A. Op.cit. pág. 121.

Si bien no con una regulación acabada como la que presenta esta ley, la figura del personal directivo público profesional ya se encontraba implantada en el ámbito de la Administración de la Comunidad Autónoma de Euskadi, tal y como se deduce de la lectura de la Ley 14/1988, de 28 de octubre, de retribuciones de altos cargos, donde se distingue nítidamente el régimen de los altos cargos de la Administración y el de los puestos directivos de las sociedades públicas y entes públicos de derecho privado de la Comunidad Autónoma.

El título III, en primer lugar, define quiénes tendrán la consideración de personal directivo público profesional, añadiendo a continuación una descripción de las funciones que permiten a la Administración identificar, en el marco de su capacidad de autoorganización, la naturaleza directiva de los puestos y los requisitos para su desempeño. En el supuesto de las entidades locales, la regulación de la dirección pública.

Una atención especial se prevé en la ley para el desarrollo del procedimiento de designación del personal directivo público profesional, basado en los principios de mérito, capacidad e idoneidad, publicidad y concurrencia, derivando a un posterior desarrollo reglamentario el resto de los aspectos que deben definir esta nueva figura administrativa.

L. Ley 2/2023, de 15 de marzo, del Principado de Asturias, de Empleo Público

Según su artículo 2.1.e), en el marco de la legislación básica, la ley se aplica directamente al personal funcionario y, en lo que proceda, al personal laboral de, entre otras Administraciones asturianas, a las entidades locales, sin perjuicio de lo dispuesto en su legislación específica.

Cabe destacar en el título II una más completa regulación del personal directivo profesional, figura introducida para la Administración del Principado de Asturias en 2014. La Ley se centra en el personal directivo profesional de la Administración del Principado de Asturias, del que, con carácter general, se requiere que sea personal funcionario de carrera del grupo A, subgrupo A1, sin perjuicio de que excepcionalmente y en los términos que detalla el articulado pueda ser personal laboral con contrato de alta dirección. Este personal, limitado en número y en la duración de su nombramiento, que tendrá rango de Subdirección General y en cuya provisión habrán de respetarse el mérito y la capacidad, la publicidad y la concurrencia, se concibe para una mejor promoción, desarrollo y ejecución de las políticas públicas, bajo los principios de responsabilidad, discrecionalidad y confianza.

M. Ley 9/2023, de 5 de mayo, de función pública de la Comunidad Autónoma de La Rioja

En el capítulo II del título II de la Ley (artículo 9 y siguientes), se regula la Dirección Pública Profesional, determinando el concepto, el procedimiento de designación, la evaluación de resultados periódica a la que estará sometida y el régimen jurídico aplicable.

El artículo 9 (Concepto de personal directivo público profesional) define, como el TREBEP, al personal directivo público profesional como el que desarrolla funciones directivas profesionales, de conformidad con lo establecido en el capítulo II del título II.

Sobre el personal directivo profesional de las entidades locales, el apartado 2 del citado artículo 9 establece el carácter supletorio de la legislación autonómica, al decir que se regirán por su normativa específica, siéndoles de aplicación las disposiciones contenidas en este capítulo, el personal y los puestos de carácter directivo de las entidades locales de la Comunidad Autónoma de La Rioja.

Es personal directivo público profesional (art. 9) el que desarrolla funciones directivas profesionales de conformidad con lo establecido en el dicho capítulo. Y no formarán parte de la Dirección Pública Profesional los puestos de nivel directivo que tengan la consideración de alto cargo (según lo dispuesto en la disposición adicional segunda de la Ley 8/2003, de 28 de octubre, del Gobierno e Incompatibilidades de sus miembros).

El artículo 10 regula el procedimiento de designación del personal directivo público profesional atendiendo a los principios de igualdad, mérito y capacidad, así como a criterios de idoneidad, competencia profesional y experiencia, y se llevará a cabo mediante procedimientos que garanticen la publicidad y concurrencia.

N. Ley 5/2023, de 7 de junio, de la Función Pública de Andalucía

Se trata de la última Ley en publicarse sobre esta materia. En opinión del profesor Carrillo[53], regula la figura del directivo público profesional dotándola de singularidades que se apartan en algún punto de los precedentes autonómicos; si bien es cierto que en su procedimiento de aprobación se han tenido muy presentes los modelos comparados más avanzados que han influenciado algunas de las soluciones finales de la Ley, también son apreciables algunas cautelas impuestas por las negociaciones parlamentarias los sectores directamente interesados, especialmente los sindicatos. El resultado es una regulación con aciertos indudables, pero también con ciertas lagunas y autolimitaciones en lo que afecta a su alcance y aplicación y, en general, un excesivo nivel de vaguedad que difiere muchas cuestiones cruciales al desarrollo legal y reglamentario. Asimismo, el legislador andaluz ha sido sumamente prudente con el impacto que pueda tener la figura en la conformación actual de las plantillas, hasta el punto de prever que la transformación de los cargos y puestos actuales a puestos de dirección pública profesional se realizará de forma progresiva, y evaluando periódicamente la eficacia y agilidad de los procesos de cobertura de puestos que inicialmente se hubieran transformado, de acuerdo con lo que determine una futura Ley el Estatuto del personal directivo público profesional, en el plazo máximo de cinco años desde la aprobación la Ley (Disposición transitoria cuarta). Pese a ello, hay que reconocer que incorpora novedades muy enderezadas al seguimiento del modelo OCDE, como la de dar entrada parcial a la figura en el terreno de los altos cargos o la pionera regulación de una Comisión independiente de expertos encargada de las tareas de selección y propuesta de los nombramientos del personal directivo profesión

---

53 CARRILLO DONAIRE, J.A. Op.cit. pág. 126.

Regula extensamente la figura del directivo público profesional en el título II (artículos 19 a 27), que está formada, según señala el preámbulo de la Ley, por un conjunto de personas que son claves para el buen funcionamiento de la Administración[54]. Por una parte,

---

[54] Resulta conveniente consultar el artículo de opinión del profesor CASTILLO BLANCO F. "El papel de la legislación autonómica en el empleo público local: el caso de Andalucía" (Revista Vasca de Gestión de Personas y Organizaciones Públicas, N.º 25zk/2023, página 8-26), donde profundiza, a propósito de la Ley andaluza, sobre el régimen de fuentes en el empleo público local analizando el papel que, a este respecto tienen, tanto la legislación autonómica de régimen local, como la propia de empleo público y le dedica algunos pasajes a la figura del directivo profesional: https://apps.euskadi.eus/z16-a5app2/es/t59auUdaWar/R3/verArticulo?numejem=25&tipo=R&seccion=51&correlativo=1&contenido=1&locale=es
A juicio del profesor Federico Castillo, es un hecho constatable la ausencia, a lo largo del articulado de la Ley 5/2010, de 11 de junio, de Autonomía Local de Andalucía, de previsiones sobre el empleo público local, citando como ejemplo de indolencia del legislador autonómico el caso de la dirección pública local. Añade que no sin ciertas contradicciones o ciertas incongruencias técnico jurídicas a la hora de plasmar la inclusión en el ámbito de aplicación del personal al servicio de las entidades locales de Andalucía y de las Universidades dado que, una vez que declara en su ámbito de aplicación incluido a dicho personal, con posterioridad en ocasiones parece desentenderse de esa responsabilidad y, de esta forma, la Ley se refiere en la mayoría de sus preceptos al personal al servicio de la Administración de la Junta de Andalucía cuando, al menos desde su punto de vista, debiera haberse referido, en coherencia con su inclusión en el ámbito de aplicación de la norma de los colectivos referidos, al personal al servicio de las Administraciones públicas de Andalucía. Menos mal, y ha de subrayarse en positivo, que en el último tramo de su tramitación parlamentaria se introdujo una enmienda transaccional que introduce una Disposición Adicional Cuadragésima Primera que reza de la siguiente forma: «Con respeto a su normativa específica, las referencias de esta Ley a la Administración de la Junta de Andalucía se entenderán realizadas también a las demás Administraciones Públicas incluidas en el ámbito de aplicación de esta Ley».
En cualquier caso, y al menos desde su punto de vista, la normativa local, una vez que se ha producido el desarrollo normativo autonómico, debiera adquirir un papel relevante dado que las precauciones que la reserva de ley planteara se ven disipadas al colmar la legislación básica estatal y la de desarrollo autonómico las exigencias que dicho principio plantea, citando dos ejemplos, uno de ellos el de la Dirección pública local en el que no parece discutible que existe un espacio normativo propio por su estrecha

canalizan las relaciones entre el espacio político y el espacio administrativo y, por otra, movilizan a las personas que integran este espacio administrativo. Por tanto, constituyen un elemento esencial para que la Administración cumpla sus funciones al servicio del bien común y de la ciudadanía, y, para su mejor funcionamiento, es preciso profesionalizar este sistema. No obstante, el desarrollo de diversos aspectos recogidos en la Ley se difiere a un futuro Estatuto del personal directivo público profesional, que debe ser aprobado por Decreto del Consejo de Gobierno y que se configura como "clave de bóveda" de buena parte de la regulación sobre la dirección pública profesional[55]

En relación con su aplicación a las entidades locales, la consideran de aplicación tanto el profesor Castillo Blanco[56], por aplicación de la Disposición Adicional Cuadragésima Primera (*Con respeto a su normativa específica, las referencias de esta Ley a la Administración de la Junta de Andalucía se entenderán realizadas también a las demás Administraciones Públicas incluidas en el ámbito de aplicación de esta Ley*) como el

conexión con el espacio organizativo que este aspecto representa. Y, por tanto, ejercida la competencia autonómica en esta materia deberían poder las entidades locales, a través de sus Reglamentos Orgánicos, proceder a dicha regulación.

Sin embargo, en la LFPA se olvida establecer en esta materia, en forma expresa, una habilitación legal autonómica que abriera dicha posibilidad de regulación propia a los entes locales estableciendo, como hubiera sido deseable, unas normas mínimas para toda la dirección pública profesional de las distintas Administraciones públicas de Andalucía.

Concluyendo que "ciertamente había soluciones más satisfactorias, aunque ello no nos puede llevar a la conclusión de que dicha potestad reglamentaria no existe ya que, atendiendo a lo prevenido en la Disposición Adicional Cuadragésima primera y la Disposición Final Primera, la atribución a la Comunidad Autónoma de la posibilidad de desarrollo reglamentario en esta materia ha de entenderse realizada también a los entes locales.

55 MONAR F. Especial Directivos, N.º 1847, Sección Management, Quincena del 1 al 15 Jul. 2023, LA LEY https://revistas.laley.es/Content/Documento.aspx?params=H4sIAAAAAAAEAMtMSbF1jTAAAkMLAzNDU7Wy1KLizPw8WyMDI2MDMyMztbz8lNQQF2fb0ryU1LTMvNQUkJLMtEqX_OSQyoJU27TEnOJUtdzEkpLUIlvX4gKXzCIozzu10jbINcwzOMRRLTUpPz8bxaZ4mA0As45z_4MAAAA=WKE

56 CASTILLO BALNCO F. Op.cit.

profesor Carrillo Donaire[57] por aplicación de la cláusula genérica de supletoriedad contenida en el artículo 3 de la Ley.

Por lo que, con las adaptaciones necesarias, veamos cual es, resumidamente, el tratamiento del personal directivo profesional en la Ley de la función pública de Andalucía.

En el título II se regulan los elementos esenciales de la dirección pública profesional, para conseguir esa profesionalización, en aras del mejor funcionamiento de la Administración de la Junta de Andalucía y sus entidades instrumentales. Se determina, por primera vez en Andalucía, quiénes son personal directivo público profesional, de conformidad con lo establecido en el artículo 13 del texto refundido de la Ley del Estatuto Básico del Empleado Público, y se establece una relación de puestos de dirección.

Esta Ley hace una distinción novedosa respecto del resto de legislación autonómica y de la estatal, que puede dar lugar a más confusiones sobre esta figura. Son dos los tipos de puestos que ocupa el personal directivo público profesional: los puestos a desempeñar por personal directivo público profesional alto cargo[58], que son los que se determinan en la ley[59], (distinción, claro está, que no puede aplicarse a las entidades locales por su propia definición, ya que se trata de una lista cerrada y de figuras propiamente autonómicas) y los puestos reservados a personal funcionario de carrera, personal

---

57 CARRILLO DONAIRE, J.A. Op.cit. pág. 127

58 A juicio de CARRIÓN GARCÍA Benedicto (Revista de Estudios Locales, N.º 273, CUNAL-Cosital) la Ley 3/2023, de la Función Pública de Andalucía, en su artículo 19.1 y siguientes, clasifica al alto cargo como una subcategoría del genérico personal directivo, y así distingue entre personal directivo profesional alto cargo, del personal directivo profesional funcionario de carrera o laboral fijo, esto es un error (a su juicio) ya que debería haberse distinguido entre alto cargo y personal directivo.

59 Son, según el artículo 19.3.los siguientes: a) Las secretarías generales técnicas. b) Las direcciones generales que tengan como ámbito competencial específico la inspección, el control económico-financiero, los tributos, la asistencia jurídica o los recursos humanos. c) Las delegaciones provinciales o territoriales para las que una norma legal o los decretos del Consejo de Gobierno por los que se aprueben las estructuras orgánicas de las Consejerías así lo establezcan.

estatutario fijo o laboral fijo. Dependerán directamente de los órganos que asuman la dirección política de cada nivel de Gobierno. Para todos ellos se definen su misión y las funciones directivas que tienen que desempeñar. Igualmente, se establece un régimen jurídico y retributivo que incluye los acuerdos de gestión, con los objetivos a cumplir, y la titulación exigida. La duración de su nombramiento se regulará en el Estatuto del personal directivo público profesional. Las retribuciones son variables en función de los resultados.

La selección del personal directivo público profesional se realiza en convocatoria pública y obedece a los principios de idoneidad, mérito, capacidad y publicidad, valorando significativamente experiencias profesionales y competencias técnicas y directivas. Se crea la Comisión independiente de selección de personal directivo público profesional para efectuar la selección. Las personas titulares de la Comisión se nombrarán por decreto del Consejo de Gobierno. La Comisión contará con los medios internos y externos adecuados, y los procesos de selección se basan en la verificación de condiciones personales y sistemas predictivos del comportamiento. Asimismo, la ley regula los nombramientos y ceses del personal directivo público profesional y establece un sistema periódico de evaluación del cumplimiento de los acuerdos de gestión. Los resultados de las evaluaciones determinan la continuidad en el puesto y la cuantía de la parte variable de sus retribuciones. El personal directivo público profesional debe dedicar un número mínimo de horas al año para su formación y desarrollo. Además, debe cumplir un código ético y de conducta, que se elaborará y mantendrá por una comisión de ética. Se aplicará la máxima transparencia en relación con la información sobre este personal, así como los procesos para su selección, nombramiento, evaluación del cumplimiento y cese.

VI. Confusión y distinción entre titular de órgano directivo y personal directivo (profesional) en los municipios del título X de la LRBRL. Consecuencias sobre su régimen jurídico

Nos ocuparemos en este apartado de delimitar dos figuras afines que ejercen funciones directivas, especialmente en los municipios de gran población donde se han planteado más problemas de confusión en relación con la distinción entre titular de órgano directivo y personal directivo. Intentaremos clarificar la distinción entre estas dos figuras afines, que pueden coexistir, si la legislación autonómica lo contempla, y que ejercen funciones directivas en los municipios de gran población. En el siguiente epígrafe nos referiremos a la figura directiva del personal con una relación laboral especial con contrato de alta dirección.

Con demasiada frecuencia se observa en la legislación, en la práctica administrativa, e incluso en algunos pronunciamientos judiciales, la confusión entre ambas figuras (órgano directivo vs. personal directivo) y genera no pocas discusiones teóricas con consecuencias prácticas evidentes: comunidades autónomas en conflicto jurídico con ayuntamientos, tribunales de justicia con sentencias aparentemente contradictorias, recursos de particulares o de organizaciones sindicales frente a decisiones municipales sobre estos asuntos, etc. De todo ello nos ocupamos en las siguientes líneas, en las que se pretenden dar argumentos suficientes para aclarar la confusión y señalar la distinción, y dejar patente que siendo dos figuras afines que ejercen funciones directivas, su régimen jurídico y su naturaleza es radicalmente diferente.

VI.1. EN LA PRÁCTICA ADMINISTRATIVA.

Un conflicto, de entre tantos, que se ha dado sobre esta cuestión entre una comunidad autónoma (Canarias) y un ayuntamiento de gran población (Las Palmas de Gran Canaria) a propósito de la confusión entre la figura del titular de órgano directivo y la del personal directivo, lo hemos podido ver en la prensa[60], tal como reflejamos a continuación de forma resumida:

Un informe de la Viceconsejería de Administración Pública del Gobierno de Canarias insta al Ayuntamiento de Las Palmas de Gran Canaria a revisar de oficio el nombramiento de Cristina Martín como gerente del Instituto Municipal para el Empleo y la Formación (IMEF), al considerar que ha infringido el ordenamiento jurídico en la designación de este cargo directivo del organismo autónomo. El Gobierno autonómico también remarca que el acuerdo omite cualquier referencia al Estatuto Básico del Empleado Público (EBEP) y añade que tanto la designación de los coordinadores y directores generales como la de los cargos análogos en los organismos autónomos están sometidos al artículo 13 del EBEP, que establece que estos nombramientos atenderán a los principios de mérito y capacidad y al criterio de idoneidad y que se llevará a cabo mediante procedimientos que garanticen la publicidad y la concurrencia.

Olvida la Viceconsejería que los directores de los organismos en los ayuntamientos de gran población, como Las Palmas de Gran Canaria, son nombrados y separados libremente por acuerdo de la Junta de Gobierno Local y tienen la consideración de titulares de órganos directivos, como establece el artículo 130 en relación con el artículo 85 bis de la LRBRL.

Son también muchas las webs municipales de ciudades de gran población que bajo el título "personal directivo" incluyen toda una amalgama de figuras directivas. No cito ninguna de ellas expresamente para no molestar la sensibilidad por el error de concepto que supone incluir bajo un erróneo concepto paraguas a figuras que no

---

60 http://www.eldiario.es/canariasahora/politica/imef-empleo-cristina_martin-ayuntamiento-las_palmas_de_gran_canaria-ilegal-nombramiento_0_218729076.html. 16/01/204

responden a ello. Se toma la parte por el todo. Realmente el todo es "directivos" y las partes "titulares de órganos directivos"; "personal directivo profesional"; "personal de alta dirección" y cualquier otra figura directiva.

VI.2. EN LA LEGISLACIÓN AUTONÓMICA

El profesor Jiménez Asensio[61] ofrece un ejemplo (más) de confusión entre ambas figuras en la Ley de Instituciones Locales de Euskadi (Ley 2/2016) a la que nos hemos referido anteriormente y que prevé un modelo de dirección pública profesional algo más perfeccionado, aunque no exento de algunas confusiones (mezcla órganos directivos con régimen jurídico del personal directivo). Pero que nadie usa, dice, al menos de momento. Y añade, corre riesgo de convertirse en reliquia.

VI.3. EN LA LEGISLACIÓN ESTATAL

En más de un precepto de nuestra legislación estatal se confunden apresuradamente los conceptos de personal directivo y de titular de órgano directivo. Y las consecuencias sobre su régimen jurídico son muy diferentes. Citaré dos de ellos:

1. El artículo 32 bis de la LRBRL, añadido por la LRSAL, al que ya me he referido, lleva por título "Personal directivo de Diputaciones, Cabildos y Consejos Insulares". La confusión estriba en que a pesar de que el título del artículo y su inciso inicial habla de "personal directivo", el inciso final de este artículo habla de "órganos directivos" cuando dice "permita que, en atención a las características específicas de las funciones de tales órganos directivos, su titular no reúna dicha condición de funcionario".

---

61 La dirección pública profesional en España: errores de concepto: https://rafaeljimenezasensio.com/2018/01/28/la-direccion-publica-profesional-en-espana-errores-de-concepto/

2. El Real Decreto Legislativo 2/2008, de 20 de junio, por el que se aprueba el texto refundido de la Ley de suelo, introduce una nueva Disposición adicional Decimoquinta de la LRBRL, relativa al «Régimen de incompatibilidades y declaraciones de actividades y bienes de los Directivos locales y otro personal al servicio de las Entidades locales». Así el apartado 1 de dicha Disposición se inicia diciendo que "los titulares de los órganos directivos quedan sometidos al régimen de incompatibilidades establecido en la Ley 53/1984, de 26 de diciembre, de Incompatibilidades del Personal al Servicio de las Administraciones Públicas, y en otras normas estatales o autonómicas que resulten de aplicación". Y acaba señalando que "a estos efectos, tendrán la consideración de personal directivo los titulares de órganos que ejerzan funciones de gestión o ejecución de carácter superior, ajustándose a las directrices generales fijadas por el órgano de gobierno de la Corporación, adoptando al efecto las decisiones oportunas y disponiendo para ello de un margen de autonomía, dentro de esas directrices generales". Es decir, que según esta Disposición son personal directivo los titulares de órganos. Es una contradicción flagrante de términos que inducen a confusión.

VI.4. EN LA JURISPRUDENCIA

- **Sentencias que confunden (erróneamente) la figura del personal directivo con la del titular de órgano directivo** (aunque provocado por la entidad local ya que califican a sus directores generales como personal directivo)
    - La sentencia nº 40/2010, de 8 de febrero, del Tribunal Superior de Justicia de Castilla la Mancha, sección 2ª, Ponente José María Magán Perales, se refiere al personal directivo de un municipio de gran población, cuando realmente se trata de directores generales, titular de órgano directivo (aunque en este caso fue el Ayuntamiento de Cuenca el que calificó a sus directores como personal directivo).

- En análogo sentido La sentencia nº 163/2010, de 7 de mayo, del Tribunal Superior de Justicia de Castilla la Mancha, sección 2ª, Ponente José María Magán Perales.
- La sentencia del Tribunal Superior de Justicia de la Comunidad Valenciana, Sala de lo Contencioso (Roj: STSJ CV 5576/2012, Id Cendoj: 46250330022012100906) Sección: 2, nº de Recurso: 543/2010, Nº de Resolución: 1070/2012, ponente: Rafael Salvador Manzana Laguarda, mezcla conceptos de órgano directivo con personal directivo y avala la posibilidad de que un ayuntamiento cree una plaza de personal directivo, sin legislación autonómica que lo apoye[62], teniendo en cuenta que es un municipio de gran población y le permite el artículo 130 LRBRL contar con órganos directivos. Es cierto que lo que se enjuiciaba no era esta cuestión, sino que ese personal se hubiera seleccionado por el procedimiento de libre designación, pero lo evidente es que, dicho sea, con el máximo respeto, se mezclan conceptos.
- La confusión de la sentencia nº 155/2014, de 24 de septiembre, del Juzgado de lo Contencioso-Administrativo nº 1 de Orense, dicho con el máximo respeto comete un error de bulto cuando en su fundamento jurídico VII, nada menos dice: *Pues bien, "el personal directivo profesional" (art. 13 EBEP) constituido en particular por los "órganos directivos" relacionados en el artículo 130.B de la LRBRL... se inserta, sin lugar a dudas en la categoría de empleado público".*
- La sentencia nº 352/2019, del Tribunal Superior de Justicia de las Islas Canarias (sede Las Palmas de Gran Canaria), de fecha 23 de mayo de 2019, recurso de apelación 391/2018, confunde también ambas figuras al decir *la esencia del argumento deriva de la identificación entre la denominación "órgano*

---

62 Aunque esta sentencia del Tribunal Superior de Justicia de la Comunidad Valenciana por el contrario, niega la posibilidad de crear plazas de personal directivo sin legislación autonómica que lo avale, tal como se ha comentado en el apartado V.4 de esta publicación, lo acepta por ser municipio del Título X.

directivo" recogida en el artículo 130 de la Ley Reguladora de las Bases del Régimen Local y el "personal directivo profesional" del artículo 13 del Texto Refundido del Estatuto Básico del Empleado Público.

- o La sentencia de 13 de octubre de 2022, del Tribunal Superior de Justicia de Galicia (nº de recurso 460/2021) pero que parte de la premisa de que el Ayuntamiento de Orense calificó el "puesto" de su director general de recursos humanos como de personal directivo y su provisión por libre designación. Y con evidente contradicción (lo indico con el máximo respeto) aprobó unas bases para la provisión por el sistema de libre designación del puesto de trabajo correspondiente al órgano directivo denominado director de recursos humanos. Los órganos directivos, como vemos a lo largo de este trabajo, no son puestos de trabajo. La Sala, lógicamente, si el Ayuntamiento califica el "cargo" de "´órgano directivo" como "puesto de trabajo" no puede más que aplicar las reglas del empleo público y no las del nombramiento libre, tal como preceptúa el artículo 127 de la LRBRL que atribuye la facultad de nombrar libremente a los titulares de los órganos directivos.

- **Sentencias que distinguen, acertadamente, la figura del personal directivo con la del titular de órgano directivo**

  - o Sin embargo, la sentencia del Tribunal Superior de Justicia de Asturias (Sala de lo Contencioso-Administrativo, Sección 1ª) de fecha 15 de mayo de 2009 (número 142/2009, Recurso 116/2009), con cita de otra de 30 de junio de 2008, en su fundamento jurídico tercero señala textualmente que el artículo 130 de la Ley 7/1985 establece como órgano directivo a los directores generales, y como ya dijimos en nuestra sentencia de 30 de junio de 2008.... pudiendo ser nombrados sin necesidad de convocatoria pública y cesados libremente por la Junta de Gobierno Local, lo que es lógica consecuencia de su configuración como una suerte de altos cargos. En análogo sentido y más reciente, se puede citar la sentencia Tribunal Superior de Justicia de Asturias nº 313/2020 (Roj: STSJ AS 1309/2020 - ECLI:ES:TSJAS:2020:1309 Id Cendoj:

3304433001202010O306) de fecha: 23 de junio de 2020, Nº de Recurso: 783/2019, Ponente: María Pilar Martinez Ceyanes.

- Por su parte, la sentencia nº 196/2015, de fecha 30 de junio de 2015, dictada por el Juzgado de lo Contencioso nº 8 de los de Valencia, en el Procedimiento abreviado 386/2014, el Magistrado después de hacer un exhaustivo análisis de la legislación vigente en el ámbito local llega a la misma conclusión que estamos defendiendo en esta líneas: la legislación induce a confusión, no existe un marco jurídico claro de la función directiva, pero la figura del titular del órgano directivo es una figura diferente de la del personal directivo y su régimen jurídico, lógicamente, también.
- La Sentencia 313/2020, de 23 de junio de 2020, de la Sala de lo Contencioso del Tribunal Superior de Justicia de Asturias, recurso 783/2019, señala que "El artículo 130 de la Ley 7/1985 establece como órgano directivo a los directores generales y como ya dijimos en nuestra sentencia de 30 de junio de 2008, este personal directivo no tiene que constar en al RPT, ni sus funciones o condiciones de trabajo han de ser objeto de negociación colectiva, que desempeñan funciones de asesoramiento y confianza, pudiendo ser nombrados sin necesidad de convocatoria pública y cesados libremente por la Junta de gobierno local, lo que es lógica consecuencia de su configuración como una suerte de altos cargos. Esta sentencia se impugnó en casación y el Tribunal Supremo la anuló (STS nº 1004/2022, de 14 de julio de 2022), aunque el fondo no descalifica la afirmación del TSJ de Asturias en cuanto al concepto de órgano directivo y a la "suerte de alto cargo", sino en cuanto a la procedencia de la indemnización por aplicación de la normativa estatal a un funcionario de la AEAT que fue director general en un municipio de gran población como era el caso de Gijón, ya que la Ley circunscribe el complemento retributivo en el ámbito de la Administración local a los alcaldes retribuidos y con dedicación exclusiva.

- Desde el punto de vista de la jurisdicción social también se ha considerado acertadamente esa distinción. Así, en la sentencia nº 143, de fecha 28 de marzo de 2018, del Juzgado de lo Social nº 11 de València (expediente nº 619/17), analizando la pretendida movilidad funcional descendente como consecuencia del cese del director de un organismo autónomo municipal, la Magistrada, después de analizar la cuestión laboral planteada, llega a la conclusión que los directores de los organismos autónomos en los municipios de gran población no están sujetos al EBEP, aunque confunde un tema menor para la cuestión que nos ocupa, pues confunde los términos libre nombramiento y libre designación (debió decir libre nombramiento), al decir que se "trata de un cargo de libre designación, por lo que puede ser nombrado y cesado libremente por la Junta" (de Gobierno Local).

- Recientemente y también desde el punto de vista de la jurisdicción social, se ha dictado la sentencia nº 48/2025, del Juzgado de lo Social nº 13, de Valencia, de 4 de febrero de 2025 (Procedimiento: Despidos/ceses en general 1007/2023) que delimita y distingue claramente las figuras de titular de órgano directivo en los municipios del título X, personal directivo profesional del artículo 13 del TREBEP y personal laboral con contrato de alta dirección.

  El Magistrado señala que, no hay duda de que el máximo órgano de dirección de un organismo autónomo en los municipios del título X de la LBRL, y por tanto el director-gerente del OAM parques y jardines, no es personal sujeto al TREBEP, ni al Estatuto de los Trabajadores, ni tampoco personal directivo profesional del art. 13 del TREBEP ya que tiene la consideración de titular de órgano directivo y como tal puede ser nombrado y cesado libremente por la Junta de Gobierno local, sin que el cese constituya un despido. No resulta, por tanto, de aplicación al órgano directivo, la regulación contenida en el Estatuto de los Trabajadores en la que se fundamenta la demanda, ni tampoco el convenio colectivo, ni la regulación de los contratos de alta dirección, que, además, en la fecha en que se produjo el nombramiento, ni siquiera podía aplicarse por no haberse desarrollado el art. 13 TREBEP citado por el actor.

- **Sentencias que exigen determinar el contenido de las funciones para delimitar la naturaleza de la figura**

  - La sentencia 292/2017, de fecha 26 de octubre de 2017, del Tribunal Superior de Justicia, Sala de lo Contencioso, Sede Santa Cruz de Tenerife, Sección: 2 (Roj: STSJ ICAN 3913/2017, ECLI:ES:TSJICAN:2017:3913, Id Cendoj: 38038330022017100322) nº de Recurso 137/2017, Ponente: Jaime Guilarte Martin-Calero, se refiere a la necesidad de determinar las funciones de la figura directiva para determinar si ha de ser reservada a personal directivo profesional (art. 13 del TREBEP) o a titulares de órganos directivos (art. 130 LRBRL), al decir en su fundamento jurídico sexto (último párrafo) *Por lo expuesto ha de indagarse la naturaleza de la función política o administrativa que se realiza para en consecuencia determinar si la dirección insular litigiosa se provee mediante un criterio de confianza política o de confianza profesional como si de una libre designación se trate y además con el régimen jurídico previsto en el artículo 13 EBEP.* Hay que tener en cuenta que la sentencia enjuiciaba un supuesto de hecho muy concreto relativo a la aplicación de la Ley 8/2015, de 1 de abril, de Cabildos Insulares en la que no se contienen indicaciones sobre el procedimiento que ha de seguirse en la designación en cuanto a la publicidad de directivos. Y además la configuración como órgano (político) o personal directivo (profesional) ha de venir dado por las funciones que se delimiten en el Reglamento orgánico del Cabildo. Por ello, la sentencia indica que *Antes bien, las funciones atribuidas a) protección civil y b) servicios consorciados de incendios parecen ser exclusivamente relacionadas con la gestión de un servicio técnico…*

    Esta sentencia fue objeto de recurso de casación que se resolvió declarando la inadmisión, en virtud del Auto del Tribunal Supremo de fecha 11 de junio de 2018, Sala de lo Contencioso, Sección: 1ª (Roj: ATS 6303/2018,

ECLI:ES:TS:2018:6303A, IdCendoj: 28079130012082011 36) Recurso de casación nº 1326/2018, Ponente: Celsa Pico Lorenzo. La inadmisión se basa, precisamente, en que el litigio presenta un cariz marcadamente casuístico, al estar ligado a la apreciación de los datos fácticos concurrentes en el caso individualmente considerado.

VII. El personal laboral de alta dirección

VII.1. REGULACIÓN GENERAL

El personal laboral de alta dirección se regula en el Real Decreto 1382/1985, de 1 de agosto, por el que se regula la relación laboral de carácter especial del personal de alta dirección.

Según el apartado 2 del artículo 1 (Ámbito de aplicación) del citado Real Decreto 1382/1985, *se considera personal de alta dirección a aquellos trabajadores que ejercitan poderes inherentes a la titularidad jurídica de la Empresa, y relativos a los objetivos generales de la misma, con autonomía y plena responsabilidad sólo limitadas por los criterios e instrucciones directas emanadas de la persona o de los órganos superiores de gobierno y administración de la Entidad que respectivamente ocupe aquella titularidad.*

El fundamento de la relación laboral especial del personal de alta dirección se basa en la recíproca confianza de las partes, las cuales acomodarán el ejercicio de sus derechos y obligaciones a las exigencias de la buena fe (art. 2) y en consecuencia es nombrado libremente por los órganos competentes de la organización pública o privada de que se trate.

Y el apartado cuatro de dicho precepto añade que *el presente real decreto se aplicará a los máximos responsables y personal directivo*[63] *a que se*

---

63 El artículo 3 (Definiciones) del Real Decreto 451/2012 dispone que
1. A los efectos de este real decreto, se entenderá por:
a) ***Máximo responsable****: el Presidente ejecutivo, el consejero delegado de los consejos de administración o de los órganos superiores de gobierno o administración de las entidades previstas en la letra a) del apartado 2 del artículo 2 de este real decreto con funciones ejecutivas o, en su defecto, el Director General o equivalente de dichos organismos o entidades.*
En las sociedades mercantiles estatales en las que la administración no se confíe a un consejo de administración será máximo responsable quien sea administrador.
b) ***Directivos****: son quienes formando parte del consejo de administración, de los órganos superiores de gobierno o administración, o actuando bajo su dependencia o la del*

refiere el Real Decreto 451/2012, de 5 de marzo, sobre régimen retributivo de los máximos responsables y directivos en el sector público empresarial y otras entidades, que no estén vinculados por una relación mercantil, en aquello que no se oponga al mismo ni al Real Decreto-Ley 3/2012, de 10 de febrero, de medidas urgentes para la reforma del mercado laboral.

Procede entonces señalar que se entiende por sector público empresarial según este Real Decreto 451/2012, de 5 de marzo. A tal efecto, el artículo 2 (Ámbito de aplicación) del mismo dispone que:

> 1. El presente real decreto será de aplicación al sector público estatal integrado por las entidades previstas en el apartado 1 del artículo 2 de la Ley 47/2003, de 26 de noviembre, General Presupuestaria, a excepción de la letra d) del mismo apartado del citado artículo.
> 2. A los efectos de lo previsto en este real decreto el sector público estatal se clasifica en:
> a) Sector público empresarial, que se integra por las entidades a las que se refiere el apartado 2 del artículo 3 de la Ley 47/2003, de 26 de noviembre.
> ...

Y a su vez, el apartado 2 del artículo 3 de la Ley 47/2003, de 26 de noviembre, General Presupuestaria, establece que:

> 2. Integran el sector público institucional estatal las siguientes entidades:
> a) Los organismos públicos vinculados o dependientes de la Administración General del Estado, los cuales se clasifican en:
> 1.° Organismos autónomos.
> 2.° Entidades Públicas Empresariales.
> b) Las autoridades administrativas independientes.
> c) Las sociedades mercantiles estatales.
> d) Los consorcios adscritos a la Administración General del Estado.

---

máximo responsable, ***ejercitan funciones separadas con autonomía y responsabilidad****, solo limitadas por los criterios e instrucciones emanadas del máximo responsable o de los citados órganos de las entidades previstas en las letras a) y b) del apartado 2 del artículo 2 de este real decreto.*
Cuando las funciones de Presidente y Director General o equivalente sean ejercidas por dos personas diferentes la dependencia podrá tener lugar indistintamente respecto del Presidente o del Director General o equivalente.
En todo caso se considerarán directivos a los que se atribuya esta condición en su legislación reguladora.
2. No tendrán la consideración de máximo responsable o directivo quienes estén vinculados a la entidad por relación funcionarial.

e) Las fundaciones del sector público adscritas a la Administración General del Estado.
f) Los fondos sin personalidad jurídica.
g) Las universidades públicas no transferidas.
h) Las entidades gestoras, servicios comunes y las mutuas colaboradoras con la Seguridad Social en su función pública de colaboración en la gestión de la Seguridad Social, así como sus centros mancomunados.
i) Cualesquiera organismos y entidades de derecho público vinculados o dependientes de la Administración General del Estado.

Todas estas normas hacen referencia al ámbito estatal, aunque supletoriamente serían de aplicación, con las especificaciones y en aquello que sea aplicable, también a las entidades locales, en virtud también de lo dispuesto en la Disposición adicional duodécima de la LRBRL.

En consecuencia, en las grandes ciudades, y también en los municipios de régimen común, cabe la utilización de la figura del personal laboral de alta dirección en aquellos puestos que se consideren máximos responsables (con la excepción a la que me referiré en al párrafo siguiente) y personal directivo en las entidades citadas en el apartado 2 del artículo 3 de la Ley 47/2003, de 26 de noviembre, General Presupuestaria (arriba transcritas) y en la Disposición adicional duodécima de la LRBRL, en los términos del artículo 3 del Real Decreto 451/2012, de 5 de marzo, sobre régimen retributivo de los máximos responsables y directivos (con facultades de disposición sobre la entidad como veremos) en el sector público empresarial y otras entidades, transcrito antes en nota a pie de página (no en la estructura burocrática o técnica de la administración indiferenciada del ayuntamiento o entidad local, sino solo en este tipo de entidades del artículo 3.2 de la Ley General Presupuestaria y de la Disposición adicional duodécima de la LRBRL).

Con la excepción de los máximos responsables o titulares de los máximos órganos de dirección de los organismos autónomos y de las entidades públicas empresariales locales que tienen la consideración de titulares de órganos directivos en los municipios de gran población. Y como tales son nombrados libremente por la Junta de Gobierno Local, (conforme establece el artículo 127.1.i) de la LRBRL, en relación con el artículo 85.1.bis y artículo 130.2 de la LRBRL). Y, en consecuencia, no están sujetos a una relación laboral (aunque sea de régimen especial) sino que son altos cargos de la entidad, y por lo tanto, su relación es de Derecho Administrativo, en virtud de libre nombramiento.

Sin embargo, sí se aplicaría a los máximos responsables de sociedades mercantiles o fundaciones locales, y a los directivos de éstas (con facultades de disposición sobre la entidad como veremos) y de los organismos autónomos y entidades públicas empresariales, que no sean los máximos responsables (ya que éstos últimos, como se ha repetido, son considerados "órganos" directivos), siempre que se den los requisitos de la naturaleza de la función tal como exige el Real Decreto 1382/1985, de 1 de agosto, y tal como ha concretado la jurisprudencia que a continuación comentamos.

VII.2. REGULACIÓN ESPECÍFICA LOCAL

La única referencia que hace la legislación local al personal con contrato laboral de alta dirección la encontramos en la Disposición adicional duodécima de la LRBRL (Retribuciones en los contratos mercantiles y de alta dirección del sector público local y número máximo de miembros de los órganos de gobierno), que dispone:

> 1. Las retribuciones a fijar en los contratos mercantiles o de alta dirección suscritos por los entes, consorcios, sociedades, organismos y fundaciones que conforman el sector público local se clasifican, exclusivamente, en básicas y complementarias.
>
> Las retribuciones básicas lo serán en función de las características de la entidad e incluyen la retribución mínima obligatoria asignada a cada máximo responsable, directivo o personal contratado.
>
> Las retribuciones complementarias, comprenden un complemento de puesto y un complemento variable. El complemento de puesto retribuiría las características específicas de las funciones o puestos directivos y el complemento variable retribuiría la consecución de unos objetivos previamente establecidos.
>
> 2. Corresponde al Pleno de la Corporación local la clasificación de las entidades vinculadas o dependientes de la misma que integren el sector público local, en tres grupos, atendiendo a las siguientes características: volumen o cifra de negocio, número de trabajadores, necesidad o no de financiación pública, volumen de inversión y características del sector en que desarrolla su actividad.
>
> Esta clasificación determinará el nivel en que la entidad se sitúa a efectos de:

a) Número máximo de miembros del consejo de administración y de los órganos superiores de gobierno o administración de las entidades, en su caso.
b) Estructura organizativa, con fijación del número mínimo y máximo de directivos, así como la cuantía máxima de la retribución total, con determinación del porcentaje máximo del complemento de puesto y variable.
3. Las retribuciones en especie que, en su caso, se perciban computarán a efectos de cumplir los límites de la cuantía máxima de la retribución total. La cuantía máxima de la retribución total no podrá superar los límites fijados anualmente en la Ley de presupuestos generales del Estado.
4. El número máximo de miembros del consejo de administración y órganos superiores de gobierno o administración de las citadas entidades no podrá exceder de:
a) 15 miembros en las entidades del grupo 1.
b) 12 miembros en las entidades del grupo 2.
c) 9 miembros en las entidades del grupo 3.
5. Sin perjuicio de la publicidad legal a que estén obligadas, las entidades incluidas en el sector público local difundirán a través de su página web la composición de sus órganos de administración, gestión, dirección y control, incluyendo los datos y experiencia profesional de sus miembros.
Las retribuciones que perciban los miembros de los citados órganos se recogerán anualmente en la memoria de actividades de la entidad.
6. El contenido de los contratos mercantiles o de alta dirección celebrados, con anterioridad a la entrada en vigor de esta Ley, deberá ser adaptados a la misma en el plazo de dos meses desde la entrada en vigor.
La adaptación no podrá producir ningún incremento, en relación a su situación anterior.
Las entidades adoptarán las medidas necesarias para adaptar sus estatutos o normas de funcionamiento interno a lo previsto en esta Ley en el plazo máximo de tres meses contados desde la comunicación de la clasificación.
7. La extinción de los contratos mercantiles o de alta dirección no generará derecho alguno a integrarse en la estructura de la Administración Local de la que dependa la entidad del sector público en la que se prestaban tales servicios, fuera de los sistemas ordinarios de acceso.

Como puede observarse en el apartado 1 de la Disposición transcrita, los contratos de alta dirección en las entidades locales solo cabrían en los entes, consorcios, sociedades, organismos y fundaciones que conforman el sector público local, ya que al referirse a las retribuciones a fijar en los contratos mercantiles o de alta dirección se refiere a los suscritos por dichos entes (*por los entes, consorcios, sociedades, organismos y fundaciones que conforman el sector público local se clasifican, exclusivamente, en básicas y complementarias*).

No obstante, cuestión compleja y debatida es la aplicación de la figura del personal laboral de alta dirección en la Administración Pública[64] en general y en los municipios de régimen común o en los de gran población, en particular. Y que, en ocasiones, en la práctica, se utiliza con cierta "alegría".

Porque, aunque sea de aplicación a las entidades locales el Real Decreto 1382/1985, de 1 de agosto, por el que se regula la relación laboral de carácter especial del personal de alta dirección, no lo sería el Real Decreto 451/2012, de 5 de marzo, ya que según su artículo 2 (Ámbito de aplicación) ***será de aplicación al sector público estatal*** *integrado por las entidades previstas en el apartado 1 del artículo 2 de la Ley 47/2003, de 26 de noviembre, General Presupuestaria, a excepción de la letra d) del mismo apartado del citado artículo.*

Así lo ha entendido el Tribunal Superior de Justicia de la Comunidad Valenciana, Sala de lo Social, Sección: 1, en sentencia 64/2021, de fecha 12 de enero de 2021, nº de Recurso: 2179/2020, (ECLI:ES:TSJCV:2021:417 Id Cendoj: 46250340012021100132), Ponente: Inmaculada Concepción Linares Bosch, en un asunto donde se enjuiciaba el caso de un llamado subdirector de un organismo autónomo municipal del Ayuntamiento de València, a cuya sentencia luego nos referiremos más ampliamente, al decir:

> "...y sin que sea aplicable al presente caso (al haber sido adicionada por la DF 1 RD 451/2012, de 5 de marzo *y referirse exclusivamente al sector público estatal —art.2.1 RD 451/2012—*), el Real Decreto 451/2012, de 5 de marzo (por el que se regula el régimen retributivo de los máximos responsables y directivos en el sector público empresarial y otras entidades) en relación con la DA 8ª del Real Decreto-ley 3/2012, de 10 de febrero".

64 Puede consultarse el artículo publicado por la Abogada del Estado Violeta Roca Valero con el título "La Alta Dirección en la Administración Pública": https://elderecho.com/la-alta-direccion-en-la-administracion-publica

VII.3. REQUISITOS PARA LA CALIFICACIÓN DEL CONTRATO COMO DE ALTA DIRECCIÓN

Para analizar esta cuestión, es necesario destacar la importante sentencia del Tribunal Supremo 1543/2015, Sala 4ª, sección 1ª, de 16 de marzo de 2015, (ECLI:ES:TS:2015:1543. Id Cendoj: 28079140012015100157), nº de Recurso: 819/2014, Ponente: Fernando Salinas Molina (que proviene del caso: STSJ, Sala de lo Social, Andalucía, Sección 1ª, 03-07-2014, rec. 1013/2013), dictada en casación para unificación de doctrina, y que resuelve la naturaleza jurídica de la relación laboral que ligaba a un trabajador vinculado a la Empresa Pública del Suelo de Andalucía (EPSA).

En su fundamento jurídico tercero deja claro y patente (en unificación de doctrina) qué funciones pueden y deben entenderse como de alta dirección para que se pueda aplicar el Real Decreto 1382/1985, tanto en el ámbito privado como en el público, al decir:

> Igualmente debemos hacer sintética referencia a la jurisprudencia de esta Sala, —sistematizada y aplicada, entre otras, en las SSTS/IV 12-septiembre-2014 (rcud 1158/2013) y 12-septiembre-2014 (rcud 2591/2012)—, relativa a la relación laboral de carácter especial del personal de alta dirección, la que ha establecido, entre otros principios, que:
>
> a) Para que puede predicarse tal calificación han de ejercitarse poderes inherentes a la titularidad de la empresa que se incluyan en el círculo de decisiones fundamentales o estratégicas, con independencia de que exista un acto formal de apoderamiento (SSTS/Social 6-marzo-1990, 18-marzo-1991, 17-junio-1993 —rcud 2003/1992—); que el requisito de que el interesado ejercite poderes inherentes a la titularidad jurídica de la empresa «implica, fundamentalmente, la capacidad de llevar a cabo actos y negocios jurídicos en nombre de tal empresa, y de realizar actos de disposición patrimonial, teniendo la facultad de obligar a ésta frente a terceros», así como que esos poderes han de afectar a «los "objetivos generales de la compañía», no pudiendo ser calificados como tales los que se refieran a facetas o sectores parciales de la actividad de éstas» (STS/ Social 24-enero-1990). Así, en un supuesto relativo a un director-gerente de una multinacional se destaca para atribuirle la condición de personal de alta dirección (STS/Social 13-noviembre-1991 —recurso 882/1990—) que «Así... resulta del expreso nombramiento del mismo como director-gerente de la sociedad por el Consejo de Administración... lo que comporta no una mera concesión formal del nomen sino una efectiva atribución de facultades de dirección así como del poder empresarial de decisión, de lo que

son suficientemente indicativos la expresa referencia a su actividad gerencial y directiva en los documentos acompañados por ambas partes..., la constancia de su situación en la cúpula del organigrama de la sociedad demandada..., la alta retribución concedida..., y la propia definición que el actor realiza en la demanda de cuál fuere el objeto de la actividad que le fue encomendada al firmarse el contrato, consistente, según afirma, en proceder al reflotamiento de la sociedad...», que no obsta a la conclusión expresada «el hecho de que determinadas facultades le hubieran sido atribuidas mancomunadamente con otros tres...: se trata, en definitiva, de facultades atinentes al ejercicio de "poderes inherentes a la titularidad jurídica de la empresa"» y que «Resta señalar que la prescripción de que hayan de ejercitarse "con autonomía y plena responsabilidad" (art. 1.2 del precitado Real Decreto) no ha de entenderse como exigencia de exclusividad (es decir, como ejercicio y responsabilidad no compartidos), sino como expresión global y completa, y al mismo tiempo como correlato adecuado, del amplio ámbito de poder conferido».

b) Uno de los elementos indiciarios de la relación especial de servicios de los empleados de alta dirección es que las facultades otorgadas "además de afectar a áreas funcionales de indiscutible importancia para la vida de la empresa, han de estar referidas normalmente a la íntegra actividad de la misma o a aspectos trascendentales de sus objetivos, con dimensión territorial plena o referida a zonas o centros de trabajo nucleares para dicha actividad ". Ello es así porque este contrato especial de trabajo se define en el art. 1.2 RD 1382/1985, de un lado por la inexistencia de subordinación en la prestación de servicios (autonomía y plena responsabilidad), y de otro lado por el ejercicio de los poderes que corresponden a decisiones estratégicas para el conjunto de la empresa y no para las distintas unidades que la componen (poderes inherentes a la titularidad jurídica de la empresa y relativos a los objetivos generales de la misma); por lo que *no se estará ante una relación especial de alta dirección* cuando "Los poderes o facultades atribuidos al actor no alcanzan a los objetivos generales del conjunto empresarial, sino que se limitan al área funcional y territorial que le había sido encomendada ". Entre otras, SSTS/Social 24-enero-1990, 30-enero-1990, 12- septiembre-1990 —administrador de un Parador de Turismo—, 2-enero-1991 y SSTS/IV 22-abril-1997 (rcud 3321/1996 director hotel en cadena hostelería) y 4- junio- 1999 (rcud 1972/1998 director financiero grupo de empresas).

c) Es exigencia para atribuir a una relación laboral el carácter especial que es propio de las de alta dirección, que la prestación de servicios haya de ejercitarse asumiendo, con autonomía y plena responsabilidad, poderes inherentes a la titularidad jurídica de la empresa y relativa a los objetivos generales de la misma, y que "el alto cargo, en el desarrollo de sus funciones y ejercicio de sus facultades, ha de gozar, además, de autonomía, asumiendo la responsabilidad correspondiente; autonomía que sólo puede quedar limitada por las instrucciones impartidas por quien asume la titularidad de la empresa, por lo que, normalmente, habrá de entenderse excluido del ámbito de aplicación del referido Real Decreto y sometido a la legislación laboral común, aquellos que reciban tales instrucciones de órganos directivos, delegados de quien ostente la titularidad de la empresa, pues los mandos intermedios, aunque ejerzan funciones directivas ordinarias, quedan sometidos al ordenamiento laboral común, ya que la calificación de alto cargo requiere la concurrencia de las circunstancias expuestas, en tanto que definitorios de tal condición, a tenor del repetidamente citado art. 2.1 "(SSTS/Social 24-enero-1990, 13-marzo-1990, 12-septiembre-1990, STS/IV 4-junio-1999 —rcud 1972/1998—).

d) No cabe confundir el ejercicio de determinadas funciones directivas por algunos trabajadores —fenómeno de delegación de poder siempre presente en las organizaciones dotadas de cierta complejidad y que "lejos de afectar a los objetivos generales de la empresa..., se limitan al ámbito de un servicio técnico claramente instrumental respecto a la finalidad fundamental de ésta"— con la alta dirección que delimita el art. 1.2 RD 1382/1985 en relación con el art. 2.1.a) ET, "en concepto legal, que, en la medida en que lleva la aplicación de un régimen jurídico especial en el que se limita de forma importante la protección que el ordenamiento otorga a los trabajadores, no puede ser objeto de una interpretación extensiva "(SSTS/Social 24-enero-1990, 13- marzo-1990 y 11-junio-1990, STS/IV 4-junio-1999 —rcud 1972/1998—).

e) Destacándose que "lo que caracteriza la relación laboral del personal de alta dirección es la participación en la toma de decisiones en actos fundamentales de gestión de la actividad empresarial" y que "*para apreciar la existencia de trabajo de alta dirección se tienen que dar los siguientes presupuestos*: el ejercicio de poderes inherentes a la titularidad de la empresa, el carácter general de esos poderes, que se han de referir al conjunto de la actividad de la misma, y la autonomía en su ejercicio, sólo subordinado al órgano rector de la sociedad. Y precisamente como consecuencia de estas consideraciones referentes a la delimitación del concepto de «alto cargo», es por lo que se ha proclamado que este especial concepto ha de ser de interpretación restrictiva y hay que entender, para precisarlo, al ejercicio de funciones de rectoría superior en el marco de la empresa "(SSTS/Social 24-enero-1990 y 2-enero-1991, SSTS/IV 17-junio-1993 —rcud 2003/1992— y 4-junio-1999 —rcud 1972/1998—).

Un interesante comentario muy sistemático que recoge los requisitos para poder calificar esta relación de contrato especial de alta dirección tanto en el ámbito público como privado lo podemos ver en el artículo "La Relación laboral especial alta dirección en el sector público no se diferencia de la del sector privado", de Ramón de Román Díez[65]:

El autor señala que la empresa objeto de la sentencia del Tribunal Supremo es una Entidad de Derecho Público y la controversia consiste en decidir si la relación laboral del trabajador en cuestión ha de calificarse como especial de alta dirección o es una relación ordinaria y, si es lo primero, si se aplican requisitos especiales a los altos directivos del sector público.

Para la resolución del caso, añade el autor, la Sala 4ª del TS realiza un recorrido por la jurisprudencia de la de esta Sala y su evolución, relativa a la relación especial de alta dirección. A este respecto, y con mención de los numerosos pronunciamientos, destaca como principios más relevantes los siguientes:

> 1º. Para que una relación laboral pueda considerarse de alta dirección, el trabajador ha de ejercitar poderes inherentes a la titularidad de la empresa que se incluyen en el círculo de decisiones fundamentales o estratégicas de la empresa.
> 2º. Las facultades otorgadas, además de afectar a áreas funcionales de indiscutible importancia para la vida de la empresa, han de estar referidas normalmente a la íntegra actividad de la misma o a aspectos transcendentales de sus objetivos, con dimensión territorial plena o referida a zonas o centros de trabajo nucleares para dicha actividad.
> 3º. La prestación de servicios ha de ejercitarse asumiendo, con autonomía y plena responsabilidad, poderes inherentes a la titularidad jurídica de la empresa y relativa a los objetivos generales de la misma.
> 4º. No cuba confundir el ejercicio de determinadas funciones directivas por algunos trabajadores con la alta dirección que delimita el art. 1.2 del Real Decreto 1382/198 que regula la relación laboral de carácter especial de la Alta Dirección. Son cuestiones distintas.
> 5º. Lo que caracteriza al alto directivo es la participación en la toma de decisiones en actos fundamentales de gestión de la actividad empresarial.
> 6º. El concepto de alto cargo, dadas las peculiaridades del mismo, ha de interpretarse de forma restrictiva.

---

65 Román Díez, de Ramón "La Relación laboral especial alta dirección en el sector público no se diferencia de la del sector privado" (07/18/2015). http://www.abogadoscarranza.com/content/la-relacion-laboral-especial-alta-direcci%C3%B3n-en-el-sector-p%C3%BAblico-no-se-diferencia-de-la-del-

Tras lo anterior, y siguiendo el comentario señalado, una vez analizadas las posiciones de las partes, la Sala 4ª de TS hace alusión a diversas sentencias que versan sobre la relación laboral de alta dirección y las Administraciones Públicas, así como a pronunciamientos que interpretan el Estatuto Básico del Empleado Público (EBEP). En este sentido, el TS establece:

> A. No hay un concepto especial de alta dirección para las Administraciones Públicas y si éstas en virtud de las normas de Derecho Administrativo no pueden en principio delegar "poderes inherentes" a la esfera de competencia propia de los órganos administrativos superiores, de ello se derivarán las correspondientes restricciones en la aplicación de este tipo de contratos, pero sin que en ningún caso sea posible dispensar la concurrencia de alguno de los requisitos que delimitan la alta dirección, permitiendo que se otorgue esta calificación a trabajos que no cumplen las exigencias legales.
> B. La excepción a lo anterior, son los directivos de los centros hospitalarios de la Seguridad Social. Esta excepción responde a las particularidades del caso y a la expresa y especifica normativa existente sobre el mismo.
> C. Las sociedades mercantiles cuyo capital es de titularidad pública no están bajo el ámbito de la aplicación del art. 2 del EBEP.
> D. El art. 13 del EBEP dispone que "el Gobierno y los Órganos de Gobierno de las CCAS podrán establecer, en desarrollo de este Estatuto, el régimen jurídico específico del personal directivo, así como los criterios para determinar su condición, de acuerdo entre otros, con los siguientes principios: 1. Es personal directivo el que desarrolla funciones directivas profesionales en las Administraciones Públicas, decidas como tales en las normas específicas de cada Administración".
> E. En relación, al mencionado art. 13 del EBEP, no ha sido objeto de desarrollo normativo —ni a nivel estatal ni a nivel autonómico—, la previsión que sobre el personal directivo profesional al servicio de las Administraciones Públicas incluye el referido precepto. Se trata de una mera posibilidad y no de un deber de regulación, que no se ha desarrollado.
> F. La sentencia aquí comentada casa y anula la dictada por el TSJ de Andalucía, sede Granada, de fecha 3 de julio de 2014, Recuso de Suplicación declarando que la relación laboral que unía a las partes era común u ordinaria y no especial de alta dirección.

Por último, y por lo que respecta a la aplicación en la Administración Pública, el TS, tras el extenso recorrido que realiza por la jurisprudencia referente a la alta dirección en general, y a la aplicación de esta figura en las Administraciones Públicas en particular, declara que la figura de un alto directivo no puede ser tratada de forma diferente o aplicárseles criterios distintos a los recogidos en el Real Decreto 1382/1985, por el hecho de que la empleadora sea una Administración Pública.

Los principales argumentos jurídicos que sustentan el Fallo de la sentencia del TS comentada, resumidos por de Román Diez, son los siguientes:

> 1. No puede entenderse que las funciones realizadas por el actor entrañaran efectivamente el ejercicio autónomo de poderes inherentes a la titularidad jurídica de la empresa y relativos a sus objetivos generales, pues se limitaba a hacer funciones directivas intermedias en un ámbito funcional y dependiente de los Directores de Área. En este sentido, el hecho de que la relación estuviese basada en la confianza no es óbice para esta conclusión.
> 2. No existe norma legal que habilite la posible relación laboral especial de los distintos directivos de las diversas áreas de las empresas y entidades públicas dependientes de las Administraciones de las Comunidades Autónomas.
> 3. Hay que estar al concepto de personal de alta dirección recogido en el Real Decreto 1382/1985.
> 4. La Sala 4ª del TS unifica doctrina y es tajante en la sentencia comentada, declarando que en el ámbito del sector público se aplica sin fisuras y en toda su extensión el Real Decreto 1382/1985. Así, la sentencia comentada —sin olvidar que sobre esta materia existen numerosas sentencias de los Tribunales Superiores de Justicia con pronunciamientos diversos— goza de singular relevancia porque establece de forma clara que, en el ámbito público, no cabe hablar de relación laboral especial de alta dirección mientras no concurra el presupuesto relativo al desempeño de funciones inherentes a la titularidad jurídica de la empresa y relativas a sus objetivos generales, y mientras no se apruebe —en su caso— norma legal habilitante.
>
> Como reflexión final hay que decir que el TS fue vuelve a poner de manifiesto que lo relevante para que exista una relación laboral especial es que concurran los requisitos que la caracterizan, con independencia del nombre de los contratos y los pactos que las partes alcancen sobre la normativa a aplicar.

Este es el criterio que, lógicamente, están aplicando los tribunales superiores de justicia y el Tribunal Supremo. Así, podemos citar la Sentencia 4787/2017, de fecha 19 de diciembre de 2017, del Tribunal Supremo, Sala de lo Social, Sección: 1, rec. nº 1799/2015 (ECLI:ES:TS:2017:4787 Id Cendoj: 28079140012017100971), nº de Recurso: 1799/2015, Ponente: Sebastian Moralo Gallego (trae causa de la sentencia del TSJ de Madrid 3366/2015), en unificación de doctrina, que dijo:

> A tal efecto se acoge a la reiterada doctrina de esta Sala IV, en la que se exponen las notas y criterios que configuran la relación laboral especial de alta dirección, destacando con acierto que lo característico es:
> a) el ejercicio de poderes inherentes a la titularidad de la empresa que se incluyan en el círculo de decisiones fundamentales o estratégicas, con independencia de que exista un acto formal de apoderamiento;
> b) que las facultades otorgadas han de estar referidas a la íntegra actividad de la misma o a aspectos trascendentales de sus objetivos, con dimensión territorial plena o referida a zonas o centros de trabajo nucleares para dicha actividad;
> c) la prestación de servicios ha de ejercitarse con autonomía y plena responsabilidad, solo subordinado al órgano rector de la sociedad.

Y también, en el ámbito local, referido a un organismo autónomo local del Ayuntamiento de València, el Tribunal Superior de Justicia de la Comunidad Valenciana, Sala de lo Social, Sección: 1, en sentencia 64/2021, de fecha 12 de enero de 2021, nº de Recurso: 2179/2020, (ECLI:ES:TSJCV:2021:417 Id Cendoj: 46250340012021100132), Ponente: Inmaculada Concepcion Linares Bosch, analiza la aplicación, la naturaleza y los requisitos para considerar a un subdirector de música de un organismo autónomo local (Palau de la Música) como personal sujeto a una relación laboral ordinaria, ya que no reúne los requisitos legales y jurisprudenciales para entender que se trata de una relación especial de alta dirección sino una relación laboral ordinaria. En su fundamento de Derecho segundo dijo en lo siguiente:

> SEGUNDO
>
> 1. En el tercer motivo, redactado al amparo de la letra c) del art. 193 LRJS, se denuncia la infracción por la sentencia de lo dispuesto en el art. 1.2 del RD 1382/1985, de 1 de agosto, sobre relación laboral especial de alta dirección, en relación con el art. 1 del Estatuto de los Trabajadores. Sostiene el recurrente que el contratos de trabajo del actor es de naturaleza ordinaria, pues en la Administración Pública no existe un concepto particular de relación laboral especial de alta dirección, siendo exigibles los requisitos del RD 1382/1985, con cita de STS de 16-3-2015, pues precisa de un poder de dirección, sin estar subordinado a otros órganos que no sean el máximo órgano de gobierno de la entidad, y *el actor estaba subordinado al Director de la OAM* (art. 20 de los Estatutos), *que a su vez está subordinado a la Presidencia y al Consejo de Administración*, además *carecía de poderes decisorios*, siendo sus funciones de iniciativa y propuesta para su apro-

bación primero por el Director General y finalmente por el Consejo de Administración, estando limitadas sus facultades a la programación musical y jefatura de personal de la Orquesta. En el cuarto motivo, con igual amparo procesal, denuncia la infracción de los artículos 55.4 y 56.1 del Estatuto de los Trabajadores, y artículos 108.1 y 110 de la LRJS, alegando que el despido es improcedente dada la carencia de fundamento legal del cese, pues la temporalidad no tiene encaje en ninguno de los supuestos del RD 2720/1998, de 18 de diciembre, sobre contratos temporales. 2. Tal como se indica en la Sentencia del Tribunal Supremo de fecha 19-12-2017, rec. 1799/15, en la relación laboral especial de alta dirección, lo característico es:
a) el ejercicio de poderes inherentes a la titularidad de la empresa que se incluyan en el círculo de decisiones fundamentales o estratégicas, con independencia de que exista un acto formal de apoderamiento;
b) que las facultades otorgadas han de estar referidas a la íntegra actividad de la misma o a aspectos trascendentales de sus objetivos, con dimensión territorial plena o referida a zonas o centros de trabajo nucleares para dicha actividad; c) la prestación de servicios ha de ejercitarse con autonomía y plena responsabilidad, solo subordinado al órgano rector de la sociedad. Asimismo, la STS de fecha 16-3-2015, rec. 819/14, señala: "...
c) El Real Decreto 1382/1985, de 1 de agosto (por el que se regula la relación laboral de carácter especial del personal de alta dirección), en cuyo art. 1 (ámbito de aplicación) se preceptúa que "Se considera personal de alta dirección a aquellos trabajadores que ejercitan poderes inherentes a la titularidad jurídica de la Empresa, y relativos a los objetivos generales de la misma, con autonomía y plena responsabilidad sólo limitadas por los criterios e instrucciones directas emanadas de la persona o de los órganos superiores de gobierno y administración de la Entidad que respectivamente ocupe aquella titularidad" (art.1.1);(...) Los trabajadores no podrán disponer válidamente, antes o después de su adquisición, de los derechos que tengan reconocidos por disposiciones legales de derecho necesario. Tampoco podrán disponer válidamente de los derechos reconocidos como indisponibles por convenio colectivo" (art. 3.1, 3 y 5 ET). (...)
La jurisprudencia de esta Sala, —sistematizada y aplicada, entre otras, en las SSTS/IV 12-septiembre-2014 (rcud 1158/2013) y 12- septiembre-2014 (rcud 2591/2012)—, relativa a la relación laboral de carácter especial del personal de alta dirección, la que ha establecido, entre otros principios, que:
a) Para que puede predicarse tal calificación han de ejercitarse poderes inherentes a la titularidad de la empresa que se incluyan en el círculo de decisiones fundamentales o estratégicas, con independencia de que exista un acto formal de apoderamiento (...); que el requisito de que el interesado ejercite poderes inherentes a la titularidad jurídica de la empresa "implica, fundamentalmente, la capacidad de llevar a cabo actos y negocios jurídicos en nombre de tal empresa, y de rea-

lizar actos de disposición patrimonial, teniendo la facultad de obligar a ésta frente a terceros", así como que esos poderes han de afectar a "los "objetivos generales de la compañía", no pudiendo ser calificados como tales los que se refieran a facetas o sectores parciales de la actividad de éstas"(...)

b) Uno de los elementos indiciarios de la relación especial de servicios de los empleados de alta direcciones que las facultades otorgadas "además de afectar a áreas funcionales de indiscutible importancia para la vida de la empresa, han de estar referidas normalmente a la íntegra actividad de la misma o a aspectos trascendentales de sus objetivos, con dimensión territorial plena o referida a zonas o centros de trabajo nucleares para dicha actividad ". Ello es así porque este contrato especial de trabajo se define en el art. 1.2 RD 1382/1985, de un lado por la inexistencia de subordinación en la prestación de servicios (autonomía y plena responsabilidad), y de otro lado por el ejercicio de los poderes que corresponden a decisiones estratégicas para el conjunto de la empresa y no para las distintas unidades que la componen (poderes inherentes a la titularidad jurídica de la empresa y relativos a los objetivos generales de la misma); por lo que no se estará ante una relación especial de alta dirección cuando "Los poderes o facultades atribuidos al actor no alcanzan a los objetivos generales del conjunto empresarial, sino que se limitan al área funcional y territorial que le había sido encomendada". (...)

c) Es exigencia para atribuir a una relación laboral el carácter especial que es propio de las de alta dirección, que la prestación de servicios haya de ejercitarse asumiendo, con autonomía y plena responsabilidad, poderes inherentes a la titularidad jurídica de la empresa y relativa a los objetivos generales de la misma, y que "el alto cargo, en el desarrollo de sus funciones y ejercicio de sus facultades, ha de gozar, además, de autonomía, asumiendo la responsabilidad correspondiente; autonomía que sólo puede quedar limitada por las instrucciones impartidas por quien asume la titularidad de la empresa, por lo que, normalmente, habrá de entenderse excluido del ámbito de aplicación del referido Real Decreto y sometido a la legislación laboral común, aquellos que reciban tales instrucciones de órganos directivos, delegados de quien ostente la titularidad de la empresa, pues los mandos intermedios, aunque ejerzan funciones directivas ordinarias, quedan sometidos al ordenamiento laboral común, ya que la calificación de alto cargo requiere la concurrencia de las circunstancias expuestas, en tanto que definitorios de tal condición, a tenor del repetidamente citado art. 2.1" (...)

d) No cabe confundir el ejercicio de determinadas funciones directivas por algunos trabajadores —fenómeno de delegación de poder siempre presente en las organizaciones dotadas de cierta complejidad y que "lejos de afectar a los objetivos generales de la empresa..., se limitan al ámbito de un servicio técnico claramente instrumental respecto a la finalidad fundamental de ésta"— con la alta dirección que delimita el art. 1.2 RD 1382/1985 en relación con el art. 2.1.a) ET, "en concepto legal, que, en la medida en que lleva la aplicación de un régimen jurídico especial en el que se limita de forma importante la protección que el ordenamiento otorga a los trabajadores, no puede ser objeto de una interpretación extensiva" (...)

e) Destacándose que "lo que caracteriza la relación laboral del personal de alta direcciones la participación en la toma de decisiones en actos fundamentales de gestión de la actividad empresarial "y que "para apreciar la existencia de trabajo de alta direcciones tienen que dar los siguientes presupuestos: el ejercicio de poderes inherentes a la titularidad de la empresa, el carácter general de esos poderes, que se han de referir al conjunto de la actividad de la misma, y la autonomía en su ejercicio, sólo subordinado al órgano rector de la sociedad. Y precisamente como consecuencia de estas consideraciones referentes a la delimitación del concepto de "alto cargo", es por lo que se ha proclamado que este especial concepto ha de ser de interpretación restrictiva y hay que entender, para precisarlo, al ejercicio de funciones de rectoría superior en el marco de la empresa" (...). Con respecto a la relación especial de alta dirección y las Administraciones públicas, la jurisprudencia de esta Sala se ha pronunciado, tanto con anterioridad como con posterioridad a la entrada en vigor del EBEP, señalando, entre otros extremos, que:

a) "No hay un concepto especial de alta dirección para las Administraciones Públicas y si éstas en virtud de las normas de Derecho Administrativo no pueden en principio delegar "poderes inherentes" a la esfera de competencia propia de los órganos administrativos superiores, de ello se derivarán las correspondientes restricciones en la aplicación de este tipo de contratos, pero sin que en ningún caso sea posible dispensar la concurrencia de alguno de los requisitos que delimitan la alta dirección, permitiendo que se otorgue esta calificación a trabajos que no cumplen las exigencias legales" (...).

En cuanto al EBEP (Ley 7/2007, de 12 de abril, del Estatuto Básico del Empleado Público), explica en su Exposición de Motivos que "...el Estatuto Básico define las clases de empleados públicos —funcionarios de carrera e interinos, personal laboral, personal eventual- regulando la nueva figura del personal directivo—. Este último está llamado a constituir en el futuro un factor decisivo de modernización administrativa, puesto que su gestión profesional se somete a criterios de eficacia y eficiencia, responsabilidad y control de resultados en función de los objetivos... conviene avanzar decididamente en el reconocimiento legal de esta clase de personal, como ya sucede en la mayoría de los países vecinos". Por otra parte, en su texto normativo, define como personal laboral "... el que en virtud de contrato de trabajo formalizado por escrito, en cualquiera de las modalidades de contratación de personal previstas en la legislación laboral, presta servicios retribuidos por las

Administraciones Públicas. En función de la duración del contrato éste podrá ser fijo, por tiempo indefinido o temporal" (art. 11.1), especificando que "Las Leyes de Función Pública que se dicten en desarrollo de este Estatuto establecerán los criterios para la determinación de los puestos de trabajo que pueden ser desempeñados por personal laboral, respetando en todo caso lo establecido en el artículo 9.2" (sobre funciones reservadas a los funcionarios públicos) (art. 11.2); y dedicando, separadamente, un subtítulo al "personal directivo", disponiendo que "El Gobierno y los Órganos de Gobierno de las Comunidades Autónomas podrán establecer, en desarrollo de este Estatuto, el régimen jurídico específico del personal directivo así como los criterios para determinar su condición, de acuerdo, entre otros, con los siguientes principios:

1. Es personal directivo el que desarrolla funciones directivas profesionales en las Administraciones Públicas, definidas como tales en las normas específicas de cada Administración.
2. Su designación atenderá a principios de mérito y capacidad y a criterios de idoneidad, y se llevará a cabo mediante procedimientos que garanticen la publicidad y concurrencia.
3. El personal directivo estará sujeto a evaluación con arreglo a los criterios de eficacia y eficiencia, responsabilidad por su gestión y control de resultados en relación con los objetivos que les hayan sido fijados.
4. La determinación de las condiciones de empleo del personal directivo no tendrá la consideración de materia objeto de negociación colectiva a los efectos de esta Ley. Cuando el personal directivo reúna la condición de personal laboral estará sometido a la relación laboral de carácter especial de alta dirección" (art. 13).

2. En interpretación de la normativa del EBEP sobre el personal directivo, la jurisprudencia de esta Sala —en sus SSTS/IV 12-septiembre-2014 (rcud 1158/2013), 12- septiembre-2014 (rcud 2591/2012), 12-septiembre-2014 (rcud 2787/2012) y 15- septiembre- 2014 (rcud 940/2013)—, ha declarado que:

a) "Las sociedades mercantiles, cuyo capital sea de titularidad pública y con la forma de sociedad de capital, constituyen una forma de gestión directa de los servicios públicos locales, las que se regirán íntegramente, cualquiera que sea su forma jurídica, por el ordenamiento jurídico privado, salvo las materias en que les sea de aplicación la normativa presupuestaria, contable, de control financiero, de control de eficacia y contratación (art. 85.1 y 2.d, 85 ter 1 LBRL - Ley 7/1985, de 2 de abril, Reguladora de las Bases del Régimen Local), y conforme destaca la doctrina científica, en interpretación de los referidos preceptos, al no contener referencia alguna al régimen del personal a su servicio debe estarse al régimen de derecho laboral común".

b) "Igualmente debe destacarse que, a pesar de que el EBEP pretende regular de manera unitaria los aspectos básicos de todos los empleados públicos, resulta que las sociedades mercantiles públicas no están bajo su ámbito de aplicación, como se deduce del art. 2 EBEP ("ámbito de aplicación") pues solamente afecta al personal de las Administraciones Públicas —como destaca la doctrina, al personal de toda Administración o entidad que, jurídicamente, tenga carácter público, es decir, personalidad jurídica pública—, entre ellas expresamente "Las Administraciones de las Entidades Locales" y a las "demás Entidades de derecho público con personalidad jurídica propia, vinculadas o dependientes de cualquiera de las Administraciones Públicas" (art. 2.1), carácter que no ostentan las referidas sociedades, pues lo esencial para tal aplicación es que se trate de entes con personificación jurídica de Derecho administrativo no de Derecho civil o mercantil; si bien, siendo configurables tales sociedades como entidades del sector público local, les son de aplicación determinados principios generales sobre los empleados públicos contenidos en el EBEP, ya que, conforme a su DA 1ª, "Los principios contenidos en los artículos 52,53,54,55 y 59 serán de aplicación en las entidades del sector público estatal, autonómico y local, que no estén incluidas en el artículo 2 del presente Estatuto y que estén definidas así en su normativa específica", en concreto los relativos a los "Deberes de los empleados públicos. Código de Conducta" (art. 52), "Principios éticos" (art. 53), "Principios de conducta" (art. 54) y "Principios rectores" del acceso al empleo público, así "Todos los ciudadanos tienen derecho al acceso al empleo público de acuerdo con los principios constitucionales de igualdad, mérito y capacidad, y de acuerdo con lo previsto en el presente Estatuto y en el resto del ordenamiento jurídico..." (art. 55)".

c) Destacando, finalmente, y con carácter general, que "no ha sido objeto de desarrollo normativo a nivel estatal ni a nivel autonómico la previsión que sobre el personal directivo profesional al servicio de las Administraciones públicas incluidas en su ámbito de aplicación se contiene en el art. 13 EBEP antes citado ("El Gobierno y los Órganos de Gobierno de las Comunidades Autónomas podrán establecer, en desarrollo de este Estatuto, el régimen jurídico específico del personal directivo así como los criterios para determinar su condición..."), puesto que se trata de una mera posibilidad y no de un deber de regulación; y sin contemplar ni siquiera el EBEP una legislación específica de desarrollo sobre el personal directivo local; y sin que sea aplicable al presente caso (al haber sido adicionada por la DF 1 RD 451/2012, de 5 de marzo y referirse exclusivamente al sector público estatal —art.2.1 RD 451/2012—), el Real Decreto 451/2012, de 5 de marzo (por el que se regula el régimen retributivo de los máximos responsables y directivos en el sector público empresarial y otras entidades) en relación con la DA 8ª del Real Decreto-ley 3/2012, de 10 de febrero".

3. En el presente supuesto, tal como se declara probado en la sentencia, el actor, como Subdirector de Música del organismo demandado, se encargaba de la formulación de iniciativas y preparación de la programación de los conciertos de la Orquesta, sean en el Palau o en otras

Salas, para someterla al conocimiento de la Junta de Programación, estando subordinado al Director del organismo, y ostentando la Jefatura funcional inmediata de los profesores de la Orquesta. Se encargaba de preparar y elaborar la programación musical del Palau tanto nacional como internacional conjuntamente con el Director, para su aprobación por el Consejo de Administración, y, previa indicación del presidente, podía asistir a las sesiones del Consejo. Estando autorizado para contratar temporalmente músicos de refuerzo y alquilar material de la orquesta, habiendo representado al demandado, en calidad de Subdirector de Música, en actividades de la Orquesta de Valencia a nivel nacional como internacional. No estando sujeto a horario, ni a solicitud de vacaciones.

De lo expuesto, en aplicación de la doctrina citada, se desprende que el actor no formaba parte del órgano de dirección del organismo demandado, pues estaba subordinado al Director —quien si pertenece al Consejo de Administración—, y sujeto a la aprobación del mismo en cuanto a sus funciones de elaboración de la programación musical, por lo que no formaba parte del círculo de decisión del organismo, sin que el hecho de representar al demandado como Subdirector de Música en actividades de la orquesta implique ostentar poderes de decisión inherentes a la titularidad del mismo, ni la autorización para suscribir contratos temporales de músicos o material de orquesta supone ostentar facultades sobre los objetivos trascendentales y nucleares del organismo demandado, por lo que con independencia del contrato formalmente suscrito, lo cierto es que el actor no era personal de alta dirección, lo que conlleva que, siendo su relación laboral de naturaleza ordinaria, el cese consistente en no formalizar la prórroga de la relación laboral el 14-8-2019, deviene un despido improcedente, dado que dicha relación laboral ordinaria debe considerarse indefinida, conforme al art. 55 del ET, con las consecuencias legales previstas en los artículos 56 del ET y 110 LRJS.

VIII. Delimitación entre las figuras directivas afines en el ámbito local: titular de órgano directivo, personal directivo y personal de alta dirección

En conclusión, según lo señalado en los apartados anteriores, conviene distinguir las figuras que ejercen funciones directivas (es decir, sin tener en cuenta aquí a los órganos superiores) en particular en los municipios del título X de la LRBRL: entre los titulares de órganos directivos, el personal directivo profesional, y el personal de alta dirección:

1. Los titulares de órganos directivos se reducen en el ámbito local a los grandes municipios y determinados Cabildos, y pueden ser de dos tipos: los que forman parte del sistema de empleo público, como se ha visto en la clasificación que hace el Tribunal Constitucional y los que no forman parte del sistema de empleo público.

   El personal directivo del artículo 13 del TREBEP puede existir, si la legislación autonómica lo contempla en todo tipo de entidades locales (al igual que en la Administración del Estado donde ya su legislación lo contempla —Real Decreto Ley 6/2023—) y en la Administración de las Comunidades Autónomas, si su legislación lo contemplara).

   El personal con una relación laboral especial de alta dirección se reduce a las entidades que forman parte del sector público (en nuestro caso, el sector público local).

2. Los titulares de órganos directivos de los municipios de gran población (y en los Cabildos que se han indicado) son el elemento personal de verdaderos órganos administrativos, tal

como los configura la LRJSP (y lo hacía antes también la LOFAGE) en su artículo 5 al decir que *tendrán la consideración de órganos las unidades administrativas a las que se les atribuyan funciones que tengan efectos jurídicos frente a terceros, o cuya actuación tenga carácter preceptivo.*

Es evidente que ni al personal directivo profesional, ni al personal de alta dirección se le otorga el carácter ni la naturaleza de órgano administrativo, mientras que a los titulares de órganos directivos sí. Buena prueba de ello, sin perjuicio de lo ya señalado en los apartados anteriores es que, al igual que sucede en el ámbito estatal y autonómico, el Alcalde, así como la Junta de Gobierno Local, en los municipios del título X de la LRBRL, puede delegar determinadas atribuciones que les confiere los artículos 124 y 127, respectivamente, a los titulares de órganos directivos. La posibilidad de delegar atribuciones político-administrativas y, en consecuencia, la posibilidad de dictar actos administrativos, que contempla la ley para los titulares de órganos directivos no está en ningún caso prevista, al menos en la legislación vigente española, para el personal directivo profesional, ni para el personal de alta dirección.

3. A los titulares de los órganos directivos se les aplica la LRBRL y las normas orgánicas, en su caso, de la Administración correspondiente. Se pueden y se deben crear desde la modificación de la LRBRL por la LMMGL de 2003.

   Al personal directivo se le aplica el TREBEP (art. 13) y las normas que en su desarrollo ha dictado el gobierno estatal (Real Decreto Ley 672023) o los autonómicos. Mientras no haya norma estatal o autonómica las entidades locales no podrían crear plazas de personal directivo.

   Al personal de alta dirección en el ámbito local se le aplica la Disposición adicional duodécima de la LRBRL, el Real Decreto 1382/1985, de 1 de agosto, por el que se regula la relación laboral de carácter especial del personal de alta dirección, en aquello que no se oponga al mismo ni al Real Decreto-ley 3/2012, de 10 de febrero, de medidas urgentes para la reforma del mercado laboral.

4. Los titulares de órganos directivos se incluirán o no en la relación de puestos de trabajo en función de si forman parte del sistema de empleo público o no, como ha dicho el Tribunal Constitucional, y hemos clasificado en el apartado IV.5. Los que forman parte del sistema de empleo público en las relaciones de puestos de trabajo ordinarias, como el resto del personal funcionario, laboral o eventual. Los que no forman parte del sistema de empleo público en las relaciones de altos cargos o de órganos superiores y directivos a los efectos de su previsión presupuestaria.

   El personal directivo profesional se incluirá en las relaciones de puestos de trabajo especiales o singulares (Repertorios los califica la legislación estatal y alguna legislación de las Comunidades Autónomas).

   El personal de alta dirección, en función del tipo de entidad y si tienen obligación (por ejemplo, organismos autónomos) o no tienen obligación (por ejemplo, sociedades y fundaciones) de tener relaciones de puestos de trabajo.

5. La selección de los titulares de órganos directivos que no formen parte del sistema de empleo público se llevará a cabo por libre nombramiento por el órgano competente, sin publicidad ni concurrencia.

   Los titulares de órganos directivos que formen parte del sistema de empleo público se provén por concurso o libre designación, conforme a la legislación de los funcionarios de administración local cob jabilitación de carácter nacional.

   El personal directivo se selecciona por procedimientos que garanticen la publicidad y concurrencia, según el artículo 13 del TREBEP y las normas ya dictadas por el Gobierno de España (Real Decreto Ley 6/2023, de 19 de diciembre y Orden TDF/379/2024, de 26 de abril, que lo desarrolla en este aspecto) o por el Gobierno de las Comunidades Autónomas.

   El personal de alta dirección, siempre que reúna los requisitos indicados en el epígrafe correspondiente (muy tasado y restrictivo, según la legislación y la jurisprudencia), se selecciona libremente (de la misma forma que se le extingue la relación laboral especial) atendiendo a que la relación se basa en la recíproca confianza (art. 2 del RD 1382/1985, de 1 de agosto, por el que se regula la relación laboral de carácter especial del personal de alta dirección, en relación con lo dispuesto en el Real Decreto 451/2012, de 5 de marzo, sobre régimen retributivo de los máximos responsables y directivos en el sector público empresarial y otras entidades, aplicable a l sector público estatal).

6. El régimen de incompatibilidades es, en todos los casos, el aplicable al personal al servicio de la Administración, contenido principalmente en la Ley 53/1984, por decisión expresa del legislador, de conformidad con lo establecido en la Disposición adicional decimoquinta de ka LRBRL (Régimen de incompatibilidades y declaraciones de actividades y bienes de los Directivos locales y otro personal al servicio de las Entidades locales).

7. En cuanto a las obligaciones relativas a presentación de la declaración sobre causas de posible incompatibilidad y sobre cualquier actividad que les proporcione o pueda proporcionar ingresos económicos; así como la declaración de sus bienes patrimoniales y de la participación en sociedades de todo tipo, con información de las sociedades por ellas participadas y de las autoliquidaciones de los impuestos sobre la Renta, Patrimonio y, en su caso, Sociedades, a que se refiere el artículo 75.7 de la LRBRL están también obligados todos ellos, tal como establece la citada Disposición adicional decimoquinta, que precisamente lleva por título una referencia a todos los grupos de directivos que estamos aquí estudiando: Régimen de incompatibilidades y declaraciones de actividades y bienes de los Directivos locales y otro personal al servicio de las Entidades locales.

IX. Especial referencia al alto cargo en el ámbito local

Recapitulando: hemos dicho que en el ámbito estatal tenemos órganos superiores, órganos directivos y altos cargos que engloban a todos los órganos superiores y a gran parte de los órganos directivos (no son altos cargos los subdirectores generales y los subdelegados del Gobierno en las comunidades autónomas, que a pesar de ser órganos directivos forman parte del sistema de empleo público, su régimen jurídico es el de los empleados públicos y por lo tanto no son altos cargos). Tenemos también, como se ha dicho, una Ley del ejercicio del alto cargo, que regula el régimen jurídico de los mismos. Su ámbito de aplicación se extiende a los altos cargos y asimilados del sector público estatal de aquellas entidades que se citan, no incluyendo a los miembros de los gabinetes. Su incidencia se limita, por tanto, a ese nivel de gobierno, pero por remisión (aunque no clarificada en la propia Ley) también se debe entender de aplicación a los supuestos que se prevé expresamente en la Ley de Bases de Régimen Local, que reenvía en algunos casos a la regulación de la Ley 5/2006, que esta Ley deroga expresamente. Primer problema[66].

Conviene recordar también que, en la exposición del panorama organizativo de la dirección local, no existe una definición ni una norma, como sucede en el ámbito estatal, que regule la figura del alto cargo local. Sí se recogen para los grandes municipios y cabildos insulares previsiones sobre la clasificación de órganos superiores y directivos, pero no se determina cuál de ellos tiene la consideración de alto cargo. Más huérfanos se encuentran en esta materia los municipios de régimen común.

---

66 JIMÉNEZ ASENSIO, RAFAEL. Una ocasión perdida: la ley reguladora del alto cargo: https://rafaeljimenezasensio.com/2015/04/04/una-ocasion-perdida-la-ley-reguladora-del-alto-cargo/

Como señala el catedrático Rafael Jiménez Asensio[67], el concepto "alto cargo" es ajeno a la realidad normativa local, salvo alguna referencia incidental de remisión o ciertos enunciados un tanto equívocos introducidos en la reforma de 2007 de la Ley de Bases de régimen local[68]. Está huérfano de regulación, dice Carrión García[69].

Esta realidad genera problemas de interpretación y de aplicación de la norma a los distintos casos que se plantean en la vida local y, en consecuencia, provocan inseguridad jurídica.

Así, el artículo 75.8 de la LRBRL dice textualmente:

> 8. Durante los dos años siguientes a la finalización de su mandato, a los representantes locales a que se refiere el apartado primero de este artículo que hayan ostentado responsabilidades ejecutivas en las diferentes áreas en que se organice el gobierno local, les serán de aplicación en el ámbito territorial de su competencia las limitaciones al ejercicio de actividades privadas establecidas en el artículo 15 de la Ley 3/2015, de 30 de marzo, reguladora del ejercicio del alto cargo de la Administración General del Estado.
> A estos efectos, los Ayuntamientos podrán contemplar una compensación económica durante ese periodo para aquéllos que, como consecuencia del régimen de incompatibilidades, no puedan desempeñar su actividad profesional, ni perciban retribuciones económicas por otras actividades.

---

67 JIMÉNEZ ASENSIO, RAFAEL. Buena gobernanza y transparencia municipal Guía para la implantación de la Ley 19/2014, de 29 de diciembre, en los ayuntamientos catalanes. Barcelona, 12 de febrero de 2015 https://www.gobiernolocal.org/historicoBoletines/nueva_web/Guia_Ley_transparencia.pdf

68 Puede consultarse sobre el concepto de alto cargo, como concepto ajeno a la realidad local el artículo publicado por MENÉNDEZ ALONSO, J. M., "¿Es alto cargo el personal directivo municipal?", en El Consultor de los Ayuntamientos y de los Juzgados, nº 2, quincena 30 ene.-14 feb., Ed. La Ley, Madrid (2010), págs. 191 y ss.

69 CARRIÓN GARCÍA, Benedicto. Selección y régimen jurídico de los miembros de los tribunales administrativos de recursos contractuales creados por los municipios de gran población y las diputaciones provinciales. Revista de Estudios Locales (CUNAL-COSITAL) nº 273.

Es decir, parece que a los miembros de las entidades locales que desempeñen sus cargos en régimen de dedicación exclusiva (art. 75.1 LRBRL) les sería de aplicación lo dispuesto en la Ley reguladora del ejercicio del alto cargo. Incluso contempla la posibilidad de indemnización como en el ámbito estatal. Pero la aplicación de la Ley de altos cargos la circunscribe a los miembros de las entidades locales (sin distinción entre municipios de gran población o de régimen común) que hayan ostentado funciones ejecutivas y en régimen de dedicación exclusiva.

Por su parte, la Disposición Adicional Decimoquinta de la LRBRL (que lleva por título: Régimen de incompatibilidades y declaraciones de actividades y bienes de los Directivos locales y otro personal al servicio de las Entidades locales) dispone que:

> 1. Los titulares de los órganos directivos quedan sometidos al régimen de incompatibilidades establecido en la Ley 53/1984, de 26 de diciembre, de Incompatibilidades del Personal al Servicio de las Administraciones Públicas, y en otras normas estatales o autonómicas que resulten de aplicación.
> No obstante, les serán de aplicación las limitaciones al ejercicio de actividades privadas establecidas en el artículo 15 de la Ley 3/2015, de 30 de marzo, reguladora del ejercicio del alto cargo de la Administración General del Estado, en los términos en que establece el artículo 75.8 de esta Ley.
> A estos efectos, tendrán la consideración de personal directivo los titulares de órganos que ejerzan funciones de gestión o ejecución de carácter superior, ajustándose a las directrices generales fijadas por el órgano de gobierno de la Corporación, adoptando al efecto las decisiones oportunas y disponiendo para ello de un margen de autonomía, dentro de esas directrices generales.
> 2. El régimen previsto en el artículo 75.7 de esta Ley será de aplicación al personal directivo local y a los funcionarios de las Corporaciones Locales con habilitación de carácter estatal que, conforme a lo previsto en el artículo 5.2 de la disposición adicional segunda de la Ley 7/2007, de 12 de abril, del Estatuto Básico del Empleado Público, desempeñen en las Entidades locales puestos que hayan sido provistos mediante libre designación en atención al carácter directivo de sus funciones o a la especial responsabilidad que asuman.

Es decir, que por una parte y con carácter general, se aplica a los titulares de órganos directivos el régimen de incompatibilidades de los empleados públicos de la Ley 53/1984 u otras normas estatales o autonómicas de aplicación. Pero, por excepción, a los órganos directivos les será de aplicación las limitaciones al ejercicio de actividades privadas establecidas en la Ley del ejercicio del alto cargo estatal a aquellos titulares de órganos directivos. Por lo tanto, con esa lectura podríamos interpretar que a todos los titulares de órganos directivos les sería de aplicación la limitación estatal al ejercicio de actividades privadas. Sin embargo, el segundo párrafo añade que tendrán a estos efectos el carácter de personal directivo (sí, sí, subrayamos personal directivo, porque esta figura es muy diferente, como se ha dicho a la de los titulares de órganos directivos y puede dar lugar a confusión).

Por otra parte, el apartado 2 de esta Disposición se vuelve a referir al personal directivo (aquí sí que parece que, de forma correcta, aunque en función de la legislación autonómica existirá o no en las entidades locales), ya que junto a los habilitados nacionales que ocupen puestos por libre designación se le atribuyen una serie de obligaciones en cuanto a declaración de bienes, etc., contempladas en el artículo 75.7 de la LRBRL.

Parece que complementando ambas disposiciones podríamos concluir que:

- A los miembros de las entidades locales con funciones ejecutivas y con dedicación exclusiva se les aplicaría la Ley del ejercicio del alto cargo del Estado, pero solo en cuanto a incompatibilidades para el ejercicio de actividades privadas posteriores a su cese y a la posible incompatibilidad.
- Por otra parte, a los órganos directivos se les somete al régimen de incompatibilidades de los empleados públicos y al régimen de limitaciones del ejercicio privado, solo a los que se les aplique el artículo 75.8 (es decir, miembros de las entidades locales, con dedicación exclusiva).
- Al resto de titulares de órganos directivos, que forman parte del sistema de empleo público, lógicamente, no se les podría aplicar el régimen de la Ley del ejercicio del alto cargo estatal y, por lo tanto, se les aplicaría únicamente el régimen de incompatibilidades de los empleados públicos.

Por otra parte, hay jurisprudencia contradictoria sobre la extensión del complemento retributivo de altos cargos locales (no electos) tras su cese. Así, la sentencia nº 313/2020 del Tribunal Superior de Justicia de Asturias (Roj: STSJ AS 1309/2020 - ECLI:ES:TSJAS:2020:1309 Id Cendoj: 33044330012020100306) de fecha 23 de junio de 2020 (Nº de Recurso: 783/2019), en su fundamento de derecho tercero dijo:

> Pues bien, la sentencia de apelación de esta Sala nº 142/2009, de 15 de mayo, reconoció el complemento de alto cargo a un profesor titular universitario que había desempeñado el cargo de Director Económico Financiero, precisamente en el Ayuntamiento de Gijón, admitiendo la equiparación entre estos puestos o cargos directivos de la estructura municipal con el de alto cargo a los efectos de la aplicación del complemento retributivo controvertido. Así se razona: "El artículo 130 de la Ley 7/1985 establece como órgano directivo a los directores generales y como ya dijimos en nuestra sentencia de 30 de junio de 2008, este personal directivo no tiene que constar en al RPT, ni sus funciones o condiciones de trabajo han de ser objeto de negociación colectiva, que desempeñan funciones de asesoramiento y confianza, pudiendo ser nombrados sin necesidad de convocatoria pública y cesados libremente por la Junta de gobierno local, lo que es lógica consecuencia de su configuración como una suerte de altos cargos".
>
> Ciertamente, no se trata de una doctrina unánime, pues existen sentencias de otros Tribunales Superiores de Justicia que interpretan que la equivalencia sostenida no se produce en los cargos de las Corporaciones Locales, así STSJ Castilla y León (Valladolid) de 31-1-2006; STSJ Comunidad Valenciana de 7-3- 2001, ambas citadas por la Abogacía del Estado en su escrito de contestación a la demanda. No obstante, por congruencia y unidad de doctrina hemos de estar a la sostenida por esta Sala con la consecuente estimación del recurso y reconocimiento del derecho solicitado.

Aunque, una vez admitido a trámite el recurso de casación ante el Tribunal Supremo mediante Auto de la Sección primera de la Sala de lo Contencioso del Tribunal Supremo de fecha 10 de febrero de 2022 (nº de procedimiento 7104/2020), el Tribunal Supremo la anuló (STS nº 1004/2022, de 14 de julio de 2022), aunque el fondo no descalifica la afirmación del TSJ de Asturias en cuanto al concepto de órgano directivo y a la "suerte de alto cargo", sino en cuanto a la procedencia de la indemnización por aplicación de la normativa estatal a un funcionario de la AEAT que fue director general en un municipio de gran población como era el caso de Gijón, ya que la Ley circunscribe el complemento retributivo en el ámbito de la Administración local a los alcaldes retribuidos y con dedicación exclusiva.

En análogo sentido, la sentencia de la Sala de lo Contencioso del Tribunal Supremo de fecha 21 de septiembre de 2022 (nº de procedimiento 6897/2020), señaló que "...es menester recordar que las funciones directivas por sí solas no son definitorias de la condición de alto cargo..." y rechaza la pretensión de un director general (gerente de un consorcio en Gran Canaria) de que se le reconozca la situación administrativa de servicios especiales en la carrera militar de la que provenía.

La confusión está servida.

Por otra parte, la legislación sobre transparencia, tanto estatal, como de las comunidades autónomas utilizan el concepto de alto cargo local y le atribuyen responsabilidades derivadas del incumplimiento de estas leyes. Lo vemos a continuación.

IX.1. LEGISLACIÓN DE TRANSPARENCIA ESTATAL Y ALTO CARGO LOCAL

En efecto, la Ley 19/2013, de 9 de diciembre, de transparencia, acceso a la información pública y buen gobierno, se refiere al alto cargo en distintos preceptos[70]:

Así en el ámbito subjetivo de aplicación del título I, relativo a la "transparencia de la actividad pública", el artículo 2.1, dispone que las disposiciones de este título se aplicarán a:

70 Incluso su preámbulo se refiere a ello, al decir que "El título II otorga rango de Ley a los principios éticos y de actuación que deben regir la labor de los miembros del Gobierno y **altos cargos y asimilados** de la Administración del Estado, de las Comunidades Autónomas y **de las Entidades Locales**. Igualmente, se clarifica y refuerza el régimen sancionador que les resulta de aplicación, en consonancia con la responsabilidad a la que están sujetos".

> a) La Administración General del Estado, las Administraciones de las Comunidades Autónomas y de las Ciudades de Ceuta y Melilla y las entidades que integran la Administración Local.

En el artículo 6 (Información institucional, organizativa y de planificación), se dispone que "Los sujetos comprendidos en el ámbito de aplicación de este título publicarán información relativa a las funciones que desarrollan, la normativa que le sea de aplicación, así como a su estructura organizativa. A estos efectos, incluirán un organigrama actualizado que identifique a los responsables de los diferentes órganos y su perfil y trayectoria profesional".

Por su parte, el artículo 8 (Información económica, presupuestaria y estadística), al referirse a la información relativa a los sujetos incluidos en el ámbito de aplicación de este título (por lo tanto, también las entidades locales) establece que deberán hacer pública, entre otras la información relativa a:

> f) Las retribuciones percibidas anualmente por los altos cargos y máximos responsables de las entidades incluidas en el ámbito de la aplicación de este título. Igualmente, se harán públicas las indemnizaciones percibidas, en su caso, con ocasión del abandono del cargo.
> g) Las resoluciones de autorización o reconocimiento de compatibilidad que afecten a los empleados públicos, así como las que autoricen el ejercicio de actividad privada al cese de los altos cargos de la Administración General del Estado o asimilados según la normativa autonómica o local.

Por otra parte, el artículo 25, relativo al ámbito de aplicación del Buen Gobierno (título II), dispone que:

> 1. En el ámbito de la Administración General del Estado las disposiciones de este título se aplicarán a los miembros del Gobierno, a los Secretarios de Estado y al resto de los altos cargos de la Administración General del Estado y de las entidades del sector público estatal, de Derecho público o privado, vinculadas o dependientes de aquella. A estos efectos, se considerarán altos cargos los que tengan tal consideración en aplicación de la normativa en materia de conflictos de intereses.
> 2. Este título será de aplicación a los altos cargos o asimilados que, de acuerdo con la normativa autonómica o local que sea de aplicación, tengan tal consideración, incluidos los miembros de las Juntas de Gobierno de las Entidades Locales.

> 3. La aplicación a los sujetos mencionados en los apartados anteriores de las disposiciones contenidas en este título no afectará, en ningún caso, a la condición de cargo electo que pudieran ostentar.

Y no hay una norma para el ámbito local, a diferencia del ámbito estatal en la Ley del ejercicio de altos cargos (antes ley de conflicto de intereses), que determine qué se entiende por alto cargo, aunque sea sólo a estos efectos. Solo en algunas comunidades autónomas (como el caso de Cataluña, que luego veremos) se ha delimitado qué se entiende por alto cargo en el ámbito autonómico propio y en el ámbito local de su comunidad (aunque con algunas indefiniciones, como también veremos).

El artículo 27, relativo a las infracciones y sanciones en materia de conflicto de intereses, señala que "el incumplimiento de las normas de incompatibilidades o de las que regulan las declaraciones que han de realizar las personas comprendidas en el ámbito de este título será sancionado de conformidad con lo dispuesto en la normativa en materia de conflictos de intereses de la Administración General del Estado y para el resto de Administraciones de acuerdo con su propia normativa que resulte de aplicación".

Por último, el artículo 31.4, al referirse al órgano competente y al procedimiento sancionador en materia de buen gobierno, y en concreto, al tratar de la competencia para la imposición de sanciones dispone que en su apartado c) que cuando el procedimiento se dirija contra altos cargos de las Comunidades Autónomas o Entidades Locales, los órganos que tengan atribuidas estas funciones en aplicación del régimen disciplinario propio de Administraciones en las que presten servicios los cargos contra los que se dirige el procedimiento o, en su caso, el Consejo de Gobierno de la Comunidad Autónoma o el Pleno de la Junta de Gobierno de la Entidad Local de que se trate.

También, como se ha dicho, la legislación de las comunidades autónomas en materia de transparencia y buen gobierno se refieren al alto cargo en el ámbito local. Nos referiremos a continuación, a título de ejemplo, a las leyes valenciana y catalana.

IX.2. LEGISLACIÓN DE TRANSPARENCIA DE LAS CCAA Y ALTO CARGO LOCAL

La legislación valenciana

La primera Ley de transparencia en la Comunidad Valenciana fue la Ley 2/2015, de 2 de abril, de Transparencia, Buen Gobierno y Participación Ciudadana de la *Comunitat Valenciana*, que era de aplicación a las entidades integrantes de la Administración Local de la Comunidad Valenciana, según su ámbito subjetivo de aplicación, previsto en su artículo 2.

Disponía en su artículo 8.4 que las entidades que forman la Administración local de la *Comunitat Valenciana* sujetarán sus obligaciones de publicidad activa a lo establecido en los artículos 6, 7 y 8 de la Ley 19/2013, y a las normas y ordenanzas que ellas mismas aprueben en uso de su autonomía (por lo tanto, como también se ha visto, información sobre sus altos cargos). Además, el artículo 9 (Difusión de la información) obligaba a las organizaciones comprendidas en el artículo 2 (se incluyen las entidades locales) a publicar, como mínimo, en sus páginas web, actualizada y estructurada, la siguiente información:

> 1. Información económica, presupuestaria y estadística Los sujetos relacionados en el artículo 2, en el ámbito de sus competencias, harán pública la información relativa a la actividad pública que se detalla a continuación.
> g) Las retribuciones íntegras anuales, incluidas las indemnizaciones percibidas con ocasión del cese o despido, o por residencia o análoga, por las personas comprendidas en el artículo 25, y por los altos cargos y máximos responsables del resto de entidades incluidas en el artículo 2 de esta ley.

En el Reglamento de desarrollo de la Ley valenciana, aprobado por Decreto 105/2017, de 28 de julio, del Consell, de desarrollo de la Ley 2/2015, de 2 de abril, de la Generalitat, en materia de transparencia y de regulación del Consejo de Transparencia, Acceso a la Información Pública y Buen Gobierno, también se refiere a los altos cargos y asimilados en las entidades locales (artículo 34, Funciones y trayectoria de los altos cargos y asimilados y artículo 72, Competencias sancionadoras en materia de transparencia y acceso a la información, entre otros).

Pero, ni la ley estatal define ni delimita (como se ha visto) ni la ley valenciana de 2015 (definía o delimitaba) el concepto de alto cargo en el ámbito local.

La reciente Ley 1/2022, de 13 de abril, de Transparencia y Buen Gobierno de la Comunitat Valenciana, por primera vez hace una aproximación al problema, identificando en su artículo 6 qué se entiende por "alto cargo".

Así, el citado artículo 6 dispone:

> Artículo 6. Consideración de alto cargo.
>
> A efectos de lo establecido en esta ley, se consideran altos cargos:
>
> 1. En el ámbito de la administración de la Generalitat y su sector público instrumental:
>
> a) Las personas integrantes del Consell.
>
> b) Las personas titulares de las secretarías autonómicas, las subsecretarías, las direcciones generales y los órganos o centros directivos cuyo nombramiento sea competencia del Consell.
>
> c) Las personas que ocupen cargos directivos como la presidencia, la dirección general, la gerencia, el cargo de consejero delegado o consejera delegada y otros cargos directivos asimilables que ejerzan funciones ejecutivas de máximo nivel con sujeción directa al órgano de gobierno en las entidades del sector público instrumental de la Generalitat a que se refiere el artículo 3.1.b de esta ley.
>
> d) Cualquier persona que haya suscrito un contrato laboral especial de alta dirección.
>
> e) Las personas que tengan la consideración de alto cargo de acuerdo con las leyes.
>
> 2. En el ámbito de la administración local, las personas integrantes de las corporaciones locales, las titulares de los órganos superiores y directivos y el personal directivo de su sector público vinculado o dependiente, de acuerdo con lo dispuesto en la normativa reguladora de las entidades de régimen local.
>
> 3. En el resto de entidades y de organismos incluidos en el artículo 3, las personas que tienen la titularidad o forman parte de órganos de gobierno y quienes ejerzan cargos directivos, como por ejemplo la presidencia, las direcciones generales, las gerencias, los consejeros delegados y las consejeras delegadas, y funciones ejecutivas asimilables en las entidades de su sector público vinculadas o dependientes

En el apartado 2, como se ha visto, se refiere expresamente al ámbito local, y formula un concepto de la figura en términos similares a la legislación catalana.

Nada que objetar a que se incluya en este concepto en el ámbito de la administración local a las personas integrantes de las corporaciones locales, y a las titulares de los órganos superiores, pero es más discutible que se incluyan en este concepto a todas las titulares de órganos directivos, porque como ya hemos visto anteriormente en este grupo (órganos directivos) encontramos en el ámbito local personas que no forman parte del sistema de empleo público, como los coordinadores y directores generales, pero también otras que sí forman parte del sistema de empleo público, como el secretario general del Pleno, el titular del órgano de apoyo a la Junta de Gobierno Local y el Interventor general, que no deberían tener la condición de alto cargo, como tampoco lo tienen en la Administración General del Estado los órganos directivos que sí forman parte del sistema de empleo público, como los subdirectores generales y los subdelegados del gobierno en las comunidades autónomas. También es discutible que se incluya a todo el personal directivo de su sector público vinculado o dependiente. Aunque todo ello, se añade, de acuerdo con lo dispuesto en la normativa reguladora de las entidades de régimen local, que es, dicho sea con el máximo respeto, como no decir nada, porque ahora al menos la legislación local no dice nada al respecto.

La legislación catalana

Por otra parte, la Ley de Transparencia de Cataluña, Ley 19/2014, de 29 de diciembre, de transparencia, acceso a la información pública y buen gobierno, se refiere también en numerosos preceptos a los altos cargos en general y a los altos cargos en el ámbito de las entidades locales. Sin embrago, la Ley catalana sí que opta por concretar el concepto de alto cargo, aunque puede que de su concreción se generen más confusiones.

Así en el artículo 1 se delimita el objeto de la Ley, al decir:

> 1. La presente ley tiene por objeto:
> a) Regular y garantizar la transparencia de la actividad pública.
> b) Regular y garantizar el derecho de acceso de las personas a la información y documentación públicas.
> c) Establecer los principios y obligaciones de buen gobierno de acuerdo con los que deben actuar los altos cargos, el personal al servicio de la Administración y las demás personas a las que es de aplicación esta ley.
> d) Aplicar el gobierno abierto y fomentar la participación y colaboración ciudadanas.
> e) Regular el régimen de garantías y responsabilidades por el incumplimiento de los deberes y obligaciones establecidos por esta ley.

Y el artículo 4, relativo a los responsables de la aplicación de la ley, dispone que:

> 1. Los responsables del cumplimiento de los deberes y obligaciones establecidos por la presente ley son los altos cargos al servicio de la Generalidad y de la Administración local de Cataluña y el personal al servicio de la Administración pública, en el ámbito general, así como las personas que determina la presente ley con relación a ámbitos específicos.

Y en ese esfuerzo de concretar el concepto de alto cargo, el apartado 2 del artículo 4, establece que:

> A los efectos de la presente ley, tienen la condición de altos cargos:
> a) Al servicio de la Generalidad, los que establece la ley reguladora del régimen de incompatibilidades de los altos cargos al servicio de la Generalidad.
> b) Al servicio de la Administración local, los representantes locales y los titulares de los órganos superiores y directivos, de acuerdo con lo establecido por la legislación de régimen local.
> c) Al servicio de los demás organismos públicos a los que se refiere el artículo 3, los titulares o miembros de los órganos de gobierno y los cargos directivos de dichos organismos.

De idéntica manera se refiere la Ley a los responsables de la aplicación de las disposiciones relativas al buen gobierno en el artículo 54, remitiendo al artículo 4.2 en cuanto a la concreción del alto cargo.

Sin embargo, la definición que hace el artículo 4.2 de la Ley catalana tampoco nos soluciona la indefinición, porque dice que a los efectos de dicha Ley tienen la consideración de alto cargo al servicio de la Administración Local:

- Los representantes locales. Esta expresión, en nuestra opinión, supondría la concreción del carácter de alto cargo en los alcaldes, concejales, diputados diputadas, y otros cargos políticos de representación y por lo tanto de elección.
- Los órganos superiores y directivos, de acuerdo con lo establecido por la legislación de régimen local. El inciso final "de acuerdo con lo establecido en la legislación de régimen local, puede querer decir que todos los órganos superiores y directivos señalados en la legislación de régimen local serán altos cargos a los efectos de esta Ley, o bien que de éstos órganos serán altos cargos los que determine la legislación de régimen local. Nos inclinaríamos por entender que debe querer decir la primera de las interpretaciones posibles, aunque esto supondría aplicar el régimen de altos cargos de la Ley de transparencia, catalana, a órganos directivos que forman parte del sistema de empleo público, como el secretario general del pleno, el titular del órgano de apoyo a la Junta de Gobierno y al Concejal secretario, y el interventor general.

A juicio de Jiménez Asensio[71] no parece muy congruente esta opción con las funciones que desarrollan esos funcionarios con habilitación de carácter nacional y sobre todo si las comparamos con la del resto de altos cargos que se prevén en la citada Ley de Transparencia de Cataluña (donde la designación por "libre nombramiento" parece ser un sello distintivo de tales titulares de órganos directivos, como es el caso de los Coordinadores Generales o los Directores Generales de los municipios de gran población).

---

[71] JIMÉNEZ ASENSIO, RAFAEL Buena gobernanza y transparencia municipal Guía para la implantación de la Ley 19/2014, de 29 de diciembre, en los ayuntamientos catalanes. Barcelona, 12 de febrero de 2015 https://www.gobiernolocal.org/historicoBoletines/nueva_web/Guia_Ley_transparencia.pdf

Además, esta postura, añadimos nosotros, colocaría a estos funcionarios en una posición más restrictiva que a los funcionarios del Estado que son titulares de órganos directivos, pero que no son altos cargos (precisamente por formar parte del sistema de empleo público, como son los subdirectores generales y subdelegados de gobierno). Y provocaría contradicciones evidentes en la aplicación de su régimen jurídico (funcionarial en contraposición con el de confianza política y libre nombramiento, que no libre designación).

En resumen, no es posible concretar la definición de alto cargo en el ámbito local, a pesar de las referencias al mismo en las leyes estatales o autonómicas, o al menos plantea serias dudas concretar quién ostenta la condición de alto cargo o asimilado en la administración local[72].

---

[72] Puede consultarse la Circular informativa relativa a la Ley 19/2013, de 9 de diciembre, de transparencia, acceso a la información pública y buen gobierno, de la Asesoría Jurídica de la Diputación de Huesca, donde se señala que "Plantea serias dudas concretar quién ostenta la condición de alto cargo o asimilado en la administración local, pues en el ámbito de aplicación de este título se remite a la normativa local, incluyendo los miembros de las Juntas de Gobierno. En el ámbito local no existe normativa que defina qué debe entenderse por alto cargo o asimilado, por lo que resulta difícil concretar el ámbito de aplicación de este título. Existe alguna referencia en la legislación básica a los directivos profesionales o a los órganos directivos, pero no podemos identificar este término con el concepto de "altos cargos o asimilados" —artículo 13 del Estatuto Básico del Empleado Público, Ley de Bases de Régimen Local apartados 7 y 8 del artículo 75, que traen causa de la DA 9ª del Real decreto Legislativo 2/2008 o en el régimen de municipios de gran población—. Plantea también interrogantes la aplicación de este régimen sancionador, tanto por no estar determinado el concepto de alto cargo o asimilado como por contemplar sanciones como la destitución del cargo, la cual no afectará en ningún caso a la condición de cargo electo que se pudieran ostentar por expresa previsión del artículo 25.3". http://www.dphuesca.es/documents/11916/bf076bba-22f8-4e71-8564-09fdb5f333a4

X. Para finalizar: una propuesta para delimitar la figura del alto cargo en el ámbito local

Llegados a este punto, y ante la indefinición de la figura del alto cargo en el ámbito local, proponemos formular una clasificación de órganos en dicho ámbito a modo de sugerencia para el debate y por qué no, modestamente, para su posible incorporación en la legislación local, estatal o autonómica.

Sería deseable que el legislador estatal o autonómico, cada uno en el ámbito de sus competencias (legislación básica legislación de desarrollo[73]) definieran que se entiende por órgano superior y por órgano directivo en el ámbito local (y no solo para los municipios del título X) como hace la LRBRL para los municipios de gran población, y sería muy deseable también que concretara qué se entiende por alto cargo en el ámbito local, de modo análogo a como lo hace la Ley 3/2015, de 30 de marzo, reguladora del ejercicio del

---

[73] Recordemos que la STC 103/2013, referida a la LMMGL, reconoce la constitucionalidad de la clasificación entre órganos superiores y órganos directivos, aunque sin eliminar la posibilidad de que las CCAA puedan ampliar el listado. Dice el TC en el fundamento jurídico 5.j) último párrafo (página 252 del BOE núm. 123, de 23 de mayo de 2013 Sec. TC) lo siguiente: "Así pues, aun respondiendo la regulación de una serie de órganos directivos a los objetivos de interés general que justifican su regulación con carácter común para todos los municipios, el establecimiento de una enumeración cerrada de los mismos eliminaría la competencia de desarrollo legislativo de las Comunidades Autónomas sin que, por lo hasta aquí expuesto, exista justificación para ello. No obstante, el precepto impugnado admite una interpretación conforme con lo hasta aquí afirmado pues, en la medida en que se limita a relacionar, dentro de los órganos directivos, los titulares de órganos que pertenecen a la organización básica de los municipios de gran población, no impiden a las leyes autonómicas que completen, dentro de su competencia para regular la organización complementaria, este elenco de órganos directivos".
https://www.boe.es/boe/dias/2013/05/23/pdfs/BOE-A-2013-5446.pdf

alto cargo de la Administración General del Estado, para el ámbito estatal.

Recordemos que la legislación del Estado entiende para la Administración General del Estado que "un alto cargo, por la responsabilidad que conlleva y la relevancia de las funciones que desempeña, sólo puede ser ejercido por personas que, constatada su competencia personal y profesional, respeten el marco jurídico que regule el desarrollo de su actividad". Sería recomendable, pues, que en el ámbito local se tuviera una idea legal clara de qué se entiende por alto cargo en este ámbito, ya que luego las propias leyes los citan para el cumplimiento de responsabilidades (por ejemplo, en las leyes de transparencia estatal y autonómicas, como se ha visto).

Sería necesario, en consecuencia, que se aclarara por ley el marco jurídico con vistas a garantizar que el ejercicio del alto cargo en el ámbito local se realice con las máximas condiciones de transparencia, legalidad y ausencia de conflictos entre sus intereses privados y los inherentes a sus funciones públicas. La propuesta que formulamos ha de tener en cuenta el diferente esquema organizativo de las entidades locales que, a fecha de hoy, existe en las mismas por efecto de la LRBRL, teniendo en cuenta también el análisis de la referencia a los órganos directivos y a los altos cargos que hace la STC 103/2013, de 25 de abril, a la que nos hemos referido y haciéndola extensiva, *mutatis mutandi*, a todas las entidades locales.

Para ello, formulo la siguiente propuesta:

A. *En los municipios del Título X*

- Órganos superiores (art. 130 LRBRL):
    - o Alcaldes,
    - o Miembros de la Junta de Gobierno Local
- Órganos directivos (art. 130 LRBRL):
    - o *que no forman parte del sistema de empleo público*:

- Coordinadores generales de cada área o concejalía,
- Directores generales u órganos similares que culminen la organización administrativa dentro de cada una de las grandes áreas o concejalías
- Titular de la asesoría jurídica
- Titular del órgano de gestión tributaria, en su caso y
- Titulares de los máximos órganos de dirección de los organismos autónomos y de las entidades públicas empresariales locales
- Si la legislación autonómica lo permite pueden existir otros órganos directivos, como reconoce la sentencia del Tribunal Constitucional nº 103/2013, de 25 de abril de 2013
- Concejales delegados. Se podría aprovechar esta propuesta para incluir en este grupo a los concejales delegados que no forman parte de la Junta de Gobierno local, ya que, como se ha dicho, quedan en tierra de nadie, porque no son citados ni como órganos superiores ni como órganos directivos. Los tenientes de alcalde en cuanto deben ser nombrados de entre los miembros de la Junta de Gobierno Local (art.125 LRBRL), no haría falta citarlos expresamente porque ya se incluyen en el apartado de órganos superiores

o *que forman parte del sistema de empleo público*:

- Titular del órgano de apoyo a la Junta de Gobierno Local y al concejal-secretario de la misma
- Secretario general del Pleno e
- Interventor general municipal.

– Altos cargos:

o Órganos superiores y

- Órganos directivos que no formen parte del sistema de empleo público[74].

B. *En los municipios de régimen común*[75]

- Órganos superiores:
  - Alcaldes,
  - Miembros de la Junta de Gobierno Local (Los tenientes de alcalde, en cuanto deben ser nombrados de entre los miembros de la Junta de Gobierno Local (art. 23 LRBRL), no haría falta citarlos expresamente porque ya se incluyen en este apartado).
- Órganos directivos:
  - *Que no forman parte del sistema de empleo público.*
    - Concejales delegados que no formen parte de la Junta de Gobierno Local (art. 43 y 44 del Reglamento de Organización, Funcionamiento y Régimen Jurídico de las Entidades Locales de 1986).
    - Directores, gerentes u órganos similares en la propia organización o en los organismos autónomos y entidades públicas empresariales, en función de los estatutos de la entidad y con todos los matices.
  - *Que forman parte del sistema de empleo público.*
    - El secretario
    - El interventor

---

74 De esta forma el esquema sería análogo al de la Administración General del Estado, donde los subdirectores generales y los subdelegados del gobierno son órganos directivos, forman parte del sistema de empleo público, pero no son altos cargos (art. 55 LRJSP).

75 No hay razón que justifique por qué la legislación básica ha clasificado entre órganos superiores y directivos en los municipios de gran población y no en el resto.

- El tesorero
- El secretario-interventor.

Dado que tanto el secretario, como el interventor, como el tesorero o el secretario-interventor, en nuestra opinión, tienen la consideración de órgano, conforme establece ahora el artículo 5 de la LRJSP[76] y todos ellos ejercen funciones directivas, no solo por la naturaleza de sus funciones, sino porque así lo reconoce el artículo 2.2 del Real Decreto 128/2018, por el que se regula el régimen jurídico de los funcionarios de administración local con habilitación de carácter nacional, consideramos que en este apartado se puede incluir al secretario general, al interventor municipal, o al secretario-interventor. Además, no hay razón, en cuanto a funciones directivas que ejercen, para considerarlos órganos directivos en los municipios de gran población y no en los municipios de régimen común.

– Altos cargos:
  - o Órganos superiores y
  - o Órganos directivos que no formen parte del sistema de empleo público[77].

---

76 Artículo 5 (LRJSP). Órganos administrativos. Apartado 1: "Tendrán la consideración de órganos administrativos las unidades administrativas a las que se les atribuyan funciones que tengan efectos jurídicos frente a terceros, o cuya actuación tenga carácter preceptivo". Y es evidente que a estos funcionarios se les atribuyen funciones con efectos jurídicos frente a terceros y su intervención o actuación tiene carácter preceptivo.

77 De igual forma que en los grandes municipios el esquema sería análogo al de la Administración General del Estado, donde los subdirectores generales y los subdelegados del gobierno son órganos directivos, forman parte del sistema de empleo público, pero no son altos cargos (art. 55 LRJSP).

C. En los Cabildos Insulares Canarios (de gran población)

El esquema sería análogo al propuesto para los municipios de gran población, con las adaptaciones necesarias a la denominación de sus órganos.

D. En las Diputaciones, Cabildos, Consejos Insulares y otras entidades locales

El régimen de las Diputaciones, de los Cabildos, Consejos Insulares y de otras entidades locales es similar al de los municipios de régimen común, sin perjuicio de las peculiaridades organizativas de cada una de ellas.

En consecuencia, el modelo sería análogo al propuesto para los municipios de régimen común, con las adaptaciones de la denominación de los órganos (diputados provinciales, etc.) que sea propia de estas entidades.

Habría una especialidad a partir de la LRSAL, ya que hemos adelantado que pueden contar con personal directivo en las Diputaciones, Cabildos y Consejos Insulares (art. 32 bis de la LRBRL), aunque también hemos dicho que en este precepto induce a confusión en sus propios términos. Debería aclararse este precepto porque a juicio de la sentencia del caso del reglamento de personal directivo de la Diputación de Cáceres, que antes hemos comentado, este personal directivo debe ser regulado por norma estatal o autonómica. Y en función de si se trata de órganos podrían tener la consideración de alto cargo.

Anexo sobre el tratamiento de la figura del personal directivo profesional en la legislación de las CCAA

INTRODUCCIÓN

La previsión del TREBEP

Las únicas reglas básicas que ofrece el TREBEP sobre su régimen jurídico se contienen en el mencionado artículo 13:

> **Artículo 13. Personal directivo profesional.**
> El Gobierno y los órganos de gobierno de las comunidades autónomas podrán establecer, en desarrollo de este Estatuto, el régimen jurídico específico del personal directivo, así como los criterios para determinar su condición, de acuerdo, entre otros, con los siguientes principios:
> 1. Es personal directivo el que desarrolla funciones directivas profesionales en las Administraciones Públicas, definidas como tales en las normas específicas de cada Administración.
> 2. Su designación atenderá a principios de mérito y capacidad y a criterios de idoneidad, y se llevará a cabo mediante procedimientos que garanticen la publicidad y concurrencia.
> 3. El personal directivo estará sujeto a evaluación con arreglo a los criterios de eficacia y eficiencia, responsabilidad por su gestión y control de resultados en relación con los objetivos que les hayan sido fijados.
> 4. La determinación de las condiciones de empleo del personal directivo no tendrá la consideración de materia objeto de negociación colectiva a los efectos de esta ley. Cuando el personal directivo reúna la condición de personal laboral estará sometido a la relación laboral de carácter especial de alta dirección.

El proyecto de Ley de la Función Pública de la Administración el Estado y el Real Decreto Ley 6/2023, de 19 de diciembre

El Gobierno nacional aprobó el proyecto de Ley de la Función Pública de la Administración el Estado donde se contempla el desarrollo del citado artículo 13 del TREBEP. Actualmente se encontraba tramitando en las Cortes Generales, pero la disolución de las mismas decretada por el Presidente del Gobierno el día 29 de mayo de 2023 vuelve a generar incertidumbre sobre la futura regulación legal.

El 16 de marzo de 2023, el Consejo de ministros aprobó el Proyecto de Ley de la Función Pública de la Administración del Estado, remitiéndolo a Las Cortes Generales para su aprobación. El 22 de marzo de 2023, la Mesa del Congreso de los Diputados acordó en comendar su aprobación con competencia legislativa plena y por el procedimiento de urgencia, conforme a los artículos 148 y 93 del Reglamento, a la Comisión de Hacienda y Función Pública Proyecto de Ley de la Función Pública de la Administración del Estado.

Pero mientras se tramitaba en el Parlamento el mencionado proyecto, el Gobierno, a propuesta de su Presidente disolvió las Cortes generales y convocó elecciones, quedando sin tramitar dicho proyecto de Ley.

Unos meses más tarde, se ha aprobado el Real Decreto-ley 6/2023, de 19 de diciembre, por el que se aprueban medidas urgentes para la ejecución del Plan de Recuperación, Transformación y Resiliencia en materia de servicio público de justicia, función pública, régimen local y mecenazgo.

La justificación de la urgente necesidad de dictar una norma del Gobierno con fuerza de Ley, como es el Real Decreto Ley, viene avalada, según la exposición de motivos de la norma porque quedaron precipitadamente inconclusos los procedimientos legislativos correspondientes a algunas de las reformas integradas como hitos del cuarto desembolso (de las ayudas europeas del Plan de Recuperación y Resiliencia). Así ocurrió, entre otros, con el Proyecto de Ley 121/000149, de la Función Pública de la Administración del Estado (BOCG de 24 de marzo de 2023).

Por este motivo, y al objeto de no dilatar el cumplimiento de hitos y objetivos necesarios para obtener el cuarto desembolso fijado para el último semestre de 2023, resultaba imprescindible implementar las reformas legislativas contenidas en el citado Real Decreto-Ley, que en lo que se refiere al personal directivo profesional se contienen en el Título IV del Libro II, artículos 123 y siguientes.

No obstante, hay que llamar la atención de que este real Decreto Ley se convalidó y se decidió que se tramitara como un proyecto de Ley por el procedimiento de urgencia, por lo que la redacción que ahora exponemos podría variar en un futuro próximo.

LEGISLACIÓN DE LAS COMUNIDADES AUTÓNOMAS

Son varias las comunidades autónomas que han dictado leyes de empleo público posteriores al EBEP, ocupándose, en consecuencia, del personal directivo y ayudando a clarificar su régimen jurídico en cada comunidad autónoma.

Salvo error u omisión son:

- Ley 7/2005, de 24 de mayo, de Función Pública de Castilla y León
- Ley 3/2007, de 27 de marzo, de la Función Pública de Baleares
- Ley 4/2011, de 10 de marzo, del Empleo Público de Castilla-La Mancha
    - Decreto 215/2019, de 30 de julio, del Estatuto de la Dirección Pública Profesional de la Administración de la Junta de Comunidades de Castilla-La Mancha, modificado por Decreto 24/2022, de 12 de abril.
- Ley 13/2015, de 8 de abril, de Función Pública de Extremadura
- Ley 2/2015, de 29 de abril, del empleo público de Galicia
- Ley 2/2016, de 7 de abril, de Instituciones Locales de Euskadi
- Ley 1/2017, de 8 de febrero, de Aragón
- La Ley 4/2021, de 16 de abril, de la Función Pública Valenciana
- Ley 11/2022, de 1 de diciembre, de Empleo Público Vasco

- Ley del Principado de Asturias 2/2023, de 15 de marzo, de Empleo Público
- Ley 9/2023, de 5 de mayo, de Función Pública de La Rioja
- Ley 5/2023, de 7 de junio, de la Función Pública de Andalucía

Castilla y León

- **Ley 7/2005, de 24 de mayo, de Función Pública de Castilla y León.**

Esta ley es anterior a la entrada en vigor del EBEP y contempla los puestos de trabajo de carácter directivo. Su configuración se aborda desde el punto de vista de su cometido funcional y orgánico. Se establece que sus tareas esenciales consistirán en la función general de dirección, programación, coordinación y evaluación administrativa (art. 25.1), quedando adscritos dichos puestos al Grupo Superior en que se clasifican los Cuerpos, Escalas o categorías del personal al servicio de esa Administración (art. 25.2).

> **Artículo 2. Ámbito de aplicación.**
> 1. El ámbito de aplicación de esta Ley se extiende a todo el personal al servicio de la Administración General de la Comunidad Autónoma de Castilla y León y de sus Organismos Autónomos que perciba sus retribuciones con cargo a las correspondientes consignaciones presupuestarias.
> ...
> 6. Las disposiciones de la presente Ley serán de aplicación a los funcionarios de la Administración Local en el ámbito de la Comunidad Autónoma de Castilla y León, en los supuestos en que así lo establece la legislación en materia de régimen local, según lo dispuesto en el artículo 149.1.18.ª de la Constitución y en el Estatuto de Autonomía de Castilla y León y con respeto a la autonomía organizativa de las Corporaciones Locales.
>
> **Artículo 25. Puestos de carácter directivo.**
> 1. Las relaciones de puestos de trabajo podrán determinar el carácter directivo de aquellos puestos de trabajo cuyas tareas esenciales se correspondan con la función general de dirección, programación, coordinación y evaluación de la actuación administrativa, en los distintos ámbitos de prestación del servicio público.
> 2. Los puestos de trabajo de carácter directivo se adscribirán, en todo caso, al Grupo superior en que se clasifican los Cuerpos, Escalas o categorías del personal al servicio de la Administración de Castilla y León.

3. El desempeño de los puestos de trabajo de carácter directivo estará sometido al sistema de evaluación previsto en el artículo 70.

Baleares

– Ley 3/2007, de 27 de marzo, de la Función Pública de les Illes Balears.

Se trata de una regulación muy escasa de la figura, ya que solo se hace referencia a la naturaleza directiva de algunos de los puestos y su forma de provisión y en su artículo 35 se cita la naturaleza de algunos puestos de este tipo.

Artículo 3. Ámbito de aplicación.
1. La presente ley es de aplicación al personal al servicio de la Administración de la Comunidad Autónoma de las Illes Balears y de las entidades autónomas dependientes de la misma, con las limitaciones que establecen los siguientes apartados:
...
2. La presente ley también es de aplicación, con las especificidades derivadas de su propia organización, al siguiente personal:
a) Personal de los consejos insulares y de las entidades locales radicadas en la comunidad autónoma de las Illes Balears en las materias no reservadas a la legislación básica del Estado, en los términos que resultan de la disposición adicional primera de la presente ley y del artículo 190 de la Ley 20/2006, de 15 de diciembre, Municipal y de Régimen Local.
...

Artículo 35. Naturaleza directiva de determinados puestos de trabajo.
1. Las relaciones de puestos de trabajo pueden determinar la naturaleza directiva de los puestos de trabajo entre cuyas funciones se establezca la dirección, la programación, la coordinación, el impulso y la evaluación de la actuación administrativa o técnica, en los distintos ámbitos de la Administración.
2. En todo caso, tienen naturaleza directiva los puestos de trabajo clasificados en el nivel 30, los que implican jefatura de departamento y los que implican jefatura de servicio cuando tienen dependencia directa del órgano superior o directivo al cual están adscritos.
3. Los puestos de trabajo de naturaleza directiva requieren para su ocupación el diploma de personal directivo expedido por la Escuela Balear de Administración Pública u otro homologado por ésta, estando sujetos los titulares de dicho diploma a los sistemas de evaluación del cumplimiento regulados en este título.

Castilla-La Mancha

– **Ley 4/2011, de 10 de marzo, del Empleo Público de Castilla-La Mancha.**

En cuya exposición de motivos se indica que se regula el personal directivo profesional, añadiendo (de una forma algo pomposa, como hizo en si día el preámbulo del EBEP) que es una figura que deberá ser clave en el impulso y liderazgo del proceso de modernización de la función pública de Castilla-La Mancha y que se sustenta especialmente en el aprovechamiento de las capacidades directivas del personal funcionario del grupo superior de la Administración para profesionalizar la gerencia de las políticas públicas o programas desarrollados por estos puestos de trabajo, que se ejercerán con un alto nivel de autonomía y responsabilidad del cumplimiento de los objetivos asignados a los mismos.

Le dedica los artículos 13 a 15 de la Ley, conceptuando como personal directivo profesional a quien, bajo la dependencia de los órganos que se determinen reglamentariamente por la respectiva Administración, asume, con un alto nivel de autonomía, la gerencia profesional de programas o políticas públicas y la responsabilidad del cumplimiento de sus objetivos (art. 13). Añadiendo que La función directiva profesional incluye la dirección, coordinación, evaluación y mejora de los servicios, recursos o programas presupuestarios asignados, así como la rendición periódica de cuentas. Las Administraciones públicas o entidades que implanten la dirección pública profesional deben determinar en las correspondientes relaciones de puestos de trabajo qué puestos de trabajo están reservados al personal directivo profesional. La designación y cese se regulan en el artículo 14 y su régimen jurídico en el artículo 15.

Artículo 2. Ámbito de aplicación.

1. Esta Ley se aplica al personal funcionario y, en lo que proceda, al personal laboral y al personal eventual al servicio de alguna de las siguientes Administraciones públicas, entidades, organismos o instituciones:

a) La Administración de la Junta de Comunidades de Castilla-La Mancha.

b) Las Administraciones de las entidades locales de Castilla-La Mancha.

...

Artículo 13. Concepto de personal directivo profesional.

1. Es personal directivo profesional quien, bajo la dependencia de los órganos que se determinen reglamentariamente por la respectiva Administración, asume, con un alto nivel de autonomía, la gerencia profesional de programas o políticas públicas y la responsabilidad del cumplimiento de sus objetivos.

La función directiva profesional incluye la dirección, coordinación, evaluación y mejora de los servicios, recursos o programas presupuestarios asignados, así como la rendición periódica de cuentas.

2. Las Administraciones públicas o entidades que implanten la dirección pública profesional deben determinar en las correspondientes relaciones de puestos de trabajo qué puestos de trabajo están reservados al personal directivo profesional.

Artículo 14. Designación y cese del personal directivo profesional.

1. Para ser designado personal directivo profesional es necesario tener la condición de personal funcionario de carrera del grupo A de cualquier Administración pública y acreditar capacidades directivas en la forma que se determine reglamentariamente.

Excepcionalmente y siempre que el puesto directivo no implique la participación directa o indirecta en el ejercicio de las potestades públicas o en la salvaguardia de los intereses generales, pueden ser designadas personal directivo profesional personas que no tengan la condición de personal funcionario, siempre que así se prevea en la correspondiente relación de puestos de trabajo, se reúnan los requisitos exigidos para el desempeño del puesto directivo y se acrediten capacidades directivas en la forma que se determine reglamentariamente.

2. La designación del personal directivo profesional será discrecional, atenderá a principios de mérito y capacidad y a criterios de idoneidad y se llevará a cabo mediante procedimientos que garanticen la publicidad y concurrencia.

3. El personal directivo profesional está sujeto a evaluación con arreglo a los criterios de eficacia y eficiencia, responsabilidad por su gestión y control de resultados en relación con los objetivos que les hayan sido fijados. Dicha evaluación debe ser periódica y, como mínimo, anual.

4. El cese del personal directivo profesional se produce, además de por las causas previstas en el régimen aplicable al personal funcionario, por decisión discrecional del órgano competente para su designación o por una evaluación negativa de su gestión.

Artículo 15. Régimen jurídico del personal directivo profesional.

1. Al personal directivo profesional le es aplicable, en lo que sea adecuado a la naturaleza de su condición, el régimen general del personal funcionario de carrera. En todo caso, le son de aplicación las normas sobre jornada, horario, permisos, reducciones de jornada, vacaciones y régimen disciplinario aplicables al personal funcionario de carrera.

2. Cuando concurran las circunstancias que para el personal funcionario de carrera dan lugar al pase a la situación de excedencia por

cuidado de familiares, excedencia por violencia de género o suspensión de funciones, en estos dos últimos casos durante el periodo en que el personal funcionario de carrera tendría derecho a la reserva de la plaza, el personal directivo tiene derecho a la suspensión de su nombramiento con reserva de la plaza.

- **Decreto 215/2019, de 30 de julio, del Estatuto de la Dirección Pública Profesional de la Administración de la Junta de Comunidades de Castilla-La Mancha.**

  https://docm.jccm.es/portaldocm/descargarArchivo.do?ruta=2019/08/07/pdf/2019_7405.pdf&tipo=rutaDocm

- **Decreto 24/2022, de 12 de abril, por el que se modifica el Decreto 215/2019, de 30 de julio, del Estatuto de la Dirección Pública Profesional de la Administración de la Junta de Comunidades de Castilla-La Mancha.**

  https://www.castillalamancha.es/gobierno/haciendayaapp/estructura/dgpfp/actuaciones/decreto-242022-de-12-de-abril-por-el-que-se-modifica-el-decreto-2152019-de-30-de-julio-del-estatuto

Desarrolla la regulación del personal directivo profesional contenida en la Ley 4/2011, de 10 de marzo, ya que se considera conveniente establecer el marco normativo necesario que permita su implantación.

Se limita su ámbito de aplicación, según su artículo 2, a los puestos directivos de la Administración de la Junta de Comunidades de Castilla-La Mancha y de los organismos autónomos dependientes de la misma a los que se refiere el artículo 4, así como a las personas que ocupen los mismos.

Lo que se entiende por puestos directivos viene recogido en el artículo 4, al decir que son puestos directivos los que figuran con este carácter en la correspondiente relación de puestos de trabajo. Y pueden calificarse en la relación de puestos de trabajo como puestos directivos aquellos que reúnan las siguientes condiciones:

a) Que dependan directa e inmediatamente de las personas titulares de las Consejerías, de los órganos directivos o de apoyo previstos en la Ley 11/2003, de 25 de septiembre, del Gobierno y del Consejo Consultivo de Castilla-La Mancha, o de los órganos de los organismos autónomos dependientes o vinculados a la Administración de la Junta de Comunidades de Castilla-La Mancha que estén asimilados en su rango administrativo a cualquiera de los anteriores.

b) Que tengan un alto nivel de autonomía funcional, únicamente limitada por los criterios e instrucciones directas emanadas de sus superiores jerárquicos.

c) Y que tengan atribuidas la gerencia profesional de programas públicos o proyectos y la responsabilidad del cumplimiento de sus objetivos.

Es decir, de nuevo se supeditan los puestos de directivos profesionales respecto de los cargos u órganos directivos: Que dependan directa e inmediatamente de las personas titulares de las Consejerías, de los órganos directivos, dice la letra a). Por lo tanto, una prueba más para distinguir entre personal directivo profesional y titulares de órganos directivos en el ámbito de los municipios del título X.

– **Decreto 215/2019, de 30 de julio, del Estatuto de la Dirección Pública Profesional de la Administración de la Junta de Comunidades de Castilla-La Mancha, con las modificaciones efectuadas por el Decreto 24/2022, de 12 de abril.**

La Ley 7/2007, de 12 de abril, del Estatuto Básico del Empleado Público, reguló la figura del personal directivo con la finalidad de que dicha figura constituyera un factor decisivo de modernización administrativa, puesto que su gestión profesional se sometía a criterios de eficacia, eficiencia, responsabilidad y control de resultados en función de unos objetivos previamente fijados. De esta manera se establecía un marco normativo que reconocía legalmente un espacio de dirección pública existente de facto pero inadecuadamente regulado, sentándose así las bases para que las Administraciones públicas instaurasen esta clase de personal, como ya sucede en la mayoría de los países vecinos.

La regulación estatal deja un amplio margen a las Comunidades Autónomas para establecer el régimen jurídico de este personal, así como los criterios para determinar su condición. De acuerdo con lo anterior, la Ley 4/2011, de 10 de marzo, del Empleo Público de Castilla-La Mancha, con la finalidad también de impulsar el proceso de modernización de la función pública de esta Comunidad Autónoma, reguló la figura del personal directivo profesional, concretando y desarrollando algunos aspectos de las bases contenidas en el Estatuto Básico del Empleado Público.

La regulación del personal directivo profesional contenida en la Ley 4/2011, de 10 de marzo, requiere, para la efectiva implantación de este personal en la Administración de la Junta de Comunidades de Castilla-La Mancha, que la misma sea completada mediante el pertinente desarrollo reglamentario. Por ello, transcurridos varios años desde la entrada en vigor de la Ley 4/2011, de 10 de marzo, se considera conveniente establecer el marco normativo necesario que permita dicha implantación.

El presente decreto consta de veinte artículos ordenados en cuatro capítulos, dos disposiciones transitorias y una disposición final.

En el capítulo I se regulan las disposiciones generales del decreto: su objeto, el ámbito de aplicación y los principios que informan la actuación del personal directivo.

En el capítulo II se concretan, en primer lugar, los criterios para determinar los puestos que tienen la consideración de puestos directivos. La Ley 4/2011, de 10 de marzo, no identificó directamente ningún puesto o cargo de la Administración como puesto directivo, sino que facultó a esta para que, a través de la correspondiente relación de puestos de trabajo, determinase qué puestos tienen ese carácter. De acuerdo con lo anterior, en el presente decreto se establecen los requisitos que deben cumplirse para que un puesto de trabajo pueda ser calificado como personal directivo; así como el procedimiento para la aprobación y modificación de las relaciones de puestos de trabajo de personal directivo, siguiéndose en este último aspecto criterios análogos a los de las relaciones de puestos de trabajo reservados al personal funcionario.

En segundo lugar, en el capítulo II también se contienen los requisitos necesarios para poder desempeñar los puestos directivos. La Ley 4/2011, de 10 de marzo, prevé la regla general de que los puestos directivos deben ser desempeñados por personal funcionario de los subgrupos A1 o A2 de cualquier Administración pública, pues es dicho personal el que posee los conocimientos, la capacitación y la experiencia profesional necesarios para desempeñar esa función directiva.

En efecto, el personal directivo ha de contribuir a la definición de las estrategias del departamento y, fundamentalmente, asume la responsabilidad superior de ejecución de los programas, para lo que ha de contar con las competencias propias del sector público relativas a la organización, a la gestión presupuestaria y al personal.

No obstante, la Ley 4/2011, de 10 de marzo, no reserva en exclusiva al personal funcionario el desempeño de puestos directivos, pues prevé la posibilidad excepcional de que estos puestos puedan ser desempeñados también por personas que no tengan esa condición. Pueden existir determinados ámbitos en los que la dirección pública pueda ser ejercida también por personas procedentes de otros sectores de actividad con niveles de cualificación y experiencia adecuados; ámbitos en los que los conocimientos, la capacitación y la experiencia profesional de los que deban disponer los titulares de los puestos directivos no sean privativos del personal funcionario.

Como requisito ineludible para desempeñar los puestos directivos, la Ley 4/2011, de 10 de marzo, exige acreditar competencias directivas, habilitando al desarrollo reglamentario para determinar cuándo deben entenderse acreditadas dichas competencias. De acuerdo con lo anterior, el presente decreto regula las formas en que se tienen por acreditadas esas competencias directivas, previéndose básicamente dos formas: a través de la formación específica sobre dirección pública —ya sean cursos de formación organizados por Administraciones públicas o títulos oficiales de Máster o postgrado— y a través de la experiencia profesional por el desempeño de puestos directivos o pre-directivos.

El capítulo III se dedica a la regulación de la provisión de los puestos directivos. Así, en dicho capítulo se contienen las normas por las que ha de regirse el procedimiento para proveer dichos puestos, desde la convocatoria pública hasta la resolución de la misma y la toma de posesión de la persona candidata designada, garantizándose, de acuerdo con lo previsto tanto en el Estatuto Básico del Empleado Público como en la Ley 4/2011, de 10 de marzo, que la designación de este personal atienda a los principios de mérito y capacidad y a criterios de idoneidad y que se lleve a cabo por procedimientos que garanticen la publicidad y la concurrencia. El capítulo III prevé también los casos y condiciones en que un puesto directivo puede ser provisto de manera provisional o temporal.

En el capítulo IV se contienen los preceptos que regulan el régimen jurídico del personal directivo. Una de las notas características del personal directivo, prevista tanto en el Estatuto Básico del Empleado Público como en la Ley 4/2011, de 10 de marzo, es la responsabilidad del cumplimiento de los objetivos asignados. De acuerdo con lo anterior, el presente decreto prevé la forma en que se determinan esos objetivos, contemplándose la figura de un programa de gestión anual, en el que no solo deben establecerse los objetivos a alcanzar, sino también los recursos asignados para su obtención y los indicadores que permitan evaluar su cumplimiento.

Se prevé también la obligación de evaluar anualmente la gestión del personal directivo en relación con el cumplimiento de los objetivos fijados previamente, así como las consecuencias de esa evaluación. Por la propia naturaleza de las funciones directivas, el grado de cumplimiento de los objetivos fijados es un criterio determinante tanto a nivel retributivo como para la propia permanencia en el puesto directivo. Por lo que se refiere al nivel retributivo, el decreto desarrolla las previsiones de la Ley 4/2011, de 10 de marzo, en relación con el incentivo por objetivos, vinculando así parte de las retribuciones del personal directivo al cumplimiento de determinados objetivos. Este incentivo se configura así en el decreto como un concepto retributivo ligado al cumplimiento de los objetivos previamente fijados en el programa anual de gestión, cuyas cuantías deben establecerse en dicho programa, previa autorización del órgano competente en materia presupuestaria y sin que las mismas puedan sobrepasar el límite máximo fijado en el propio decreto. En cuanto a la permanencia en el puesto directivo, el decreto prevé que, además de por las causas previstas en el régimen aplicable al personal funcionario y por decisión discrecional, el personal directivo cesa también por una evaluación insatisfactoria de su gestión.

El presente decreto se dicta al amparo de las competencias atribuidas al Consejo de Gobierno por el artículo 10.1 de la Ley 3/1988, de 13 de diciembre, de Ordenación de la Función Pública de Castilla-

La Mancha, y en ejercicio de la competencia atribuida por el artículo 31.1.1.º del Estatuto de Autonomía de Castilla-La Mancha, aprobado por la Ley Orgánica 9/1982, de 10 de agosto.

En su virtud, a propuesta de la Consejería de Hacienda y Administraciones Públicas, de acuerdo con el Consejo Consultivo de Castilla-La Mancha y previa deliberación del Consejo de Gobierno en su reunión del día 30 de julio de 2019, Dispongo

Capítulo I
DISPOSICIONES GENERALES

Artículo 1. Objeto.
Este decreto tiene por objeto establecer la ordenación de la dirección pública profesional de la Administración de la Junta de Comunidades de Castilla-La Mancha y de los organismos autónomos dependientes de la misma, el procedimiento de provisión de los puestos directivos, así como la regulación del régimen jurídico aplicable a las personas que desempeñen dichos puestos.

Artículo 2. Ámbito de aplicación.
1. Este decreto se aplica a los puestos directivos de la Administración de la Junta de Comunidades de Castilla-La Mancha y de los organismos autónomos dependientes de la misma a los que se refiere el artículo 4, así como a las personas que ocupen los mismos.
2. Quedan excluidos del ámbito de aplicación de este decreto los siguientes puestos, así como las personas que los ocupen:
a) Los puestos de personal directivo de las instituciones sanitarias del Servicio de Salud de Castilla-La Mancha.
b) Los puestos que tengan atribuida la función directiva en los centros docentes públicos no universitarios de la Comunidad Autónoma de Castilla-La Mancha.
c) Los puestos de personal directivo de las entidades del sector público regional a que se refieren los apartados c) y d) del artículo 4.1 del texto refundido de la Ley de Hacienda de Castilla-La Mancha, aprobado por el Decreto Legislativo 1/2002, de 19 de noviembre.

Artículo 3. Principios de actuación.
La dirección pública profesional debe ejercerse de acuerdo con los siguientes principios:
a) Servicio a la ciudadanía y a los intereses generales.
b) Objetividad, profesionalidad e imparcialidad en el ejercicio de las responsabilidades.
c) Economía, eficacia, eficiencia, transparencia y austeridad en la gestión de los recursos públicos.
d) Sometimiento pleno al ordenamiento jurídico.
e) Evaluación de la gestión y responsabilidad por los resultados.

Capítulo II
ORDENACIÓN DE LA DIRECCIÓN PÚBLICA PROFESIONAL

Artículo 4. Puestos directivos.

1. Son puestos directivos los que figuran con este carácter en la correspondiente relación de puestos de trabajo.

2. Pueden calificarse en la relación de puestos de trabajo como puestos directivos aquellos que reúnan las siguientes condiciones:

a) Que dependan directa e inmediatamente de las personas titulares de las Consejerías, de los órganos directivos o de apoyo previstos en la Ley 11/2003, de 25 de septiembre, del Gobierno y del Consejo Consultivo de Castilla-La Mancha, o de los órganos de los organismos autónomos dependientes o vinculados a la Administración de la Junta de Comunidades de Castilla-La Mancha que estén asimilados en su rango administrativo a cualquiera de los anteriores.

b) Que tengan un alto nivel de autonomía funcional, únicamente limitada por los criterios e instrucciones directas emanadas de sus superiores jerárquicos.

c) Y que tengan atribuidas la gerencia profesional de programas públicos o proyectos y la responsabilidad del cumplimiento de sus objetivos.

3. La aprobación y modificación de las relaciones de puestos de trabajo de personal directivo corresponde al Consejo de Gobierno, a propuesta de la persona titular de la Consejería competente en materia de función pública y previo informe de la Dirección General competente en materia de presupuestos, excepto en los supuestos en los que, mediante orden de la Consejería competente en materia de hacienda, se establezca que no es preciso el citado informe.

4. El procedimiento para la aprobación o modificación de las relaciones de puestos de trabajo de personal directivo se iniciará por la Secretaría General o Secretaría General Técnica de la Consejería correspondiente o por el órgano competente del respectivo organismo autónomo, que remitirá a la Dirección General competente en materia de función pública la propuesta de aprobación o modificación, acompañada de los estudios económicos, funcionales y de organización que la justifiquen.

~~(5). De acuerdo con lo previsto en el artículo 13.4 del texto refundido de la Ley del Estatuto Básico del Empleado Público, aprobado por el Real Decreto Legislativo 5/2015, de 30 de octubre, y en el artículo 151.2.c) de la Ley 4/2011, de 10 de marzo, del Empleo Público de Castilla-La Mancha, las relaciones de puestos de trabajo de personal directivo no serán objeto de negociación colectiva.~~

5. La determinación de las condiciones de empleo del personal directivo no tendrá la consideración de materia objeto de negociación colectiva conforme a lo previsto en los artículos 13.4 y 37.2.c) del texto refundido de la Ley del Estatuto Básico del Empleado Público, aprobado por el Real Decreto Legislativo 5/2015, de 30 de octubre, y en el artículo 151.2.c) de la Ley 4/2011, de 10 de marzo, del Empleo Público de Castilla-La Mancha.

Apartado 5 según redacción dada por Decreto 24/2022, de 12 de abril, por el que se modifica el Decreto 215/2019, de 30 de julio, del Estatuto de la Dirección Pública Profesional de la Administración de la Junta de Comunidades de Castilla-La Mancha.

Artículo 5. Funciones.
1. Corresponden a los puestos directivos las siguientes funciones:
a) La participación en la formulación de programas públicos o proyectos.
b) La planificación, dirección, coordinación, supervisión y evaluación de las actividades que se lleven a cabo para la ejecución de los programas públicos o proyectos que se le asignen o para la consecución de los objetivos que se establezcan.
c) La dirección, coordinación y supervisión de las personas de los centros o unidades que estén bajo su dependencia, así como de los servicios, medios materiales, recursos o programas presupuestarios que se le asignen.
d) La propuesta y, si procede, la implementación de medidas de innovación y mejora en relación con los servicios y actividades de su ámbito competencial.
e) La rendición periódica de cuentas.
2. En los términos que se establezcan en las normas organizativas y sobre procedimiento administrativo, podrá atribuirse a los puestos directivos el ejercicio de competencias propias o delegadas.

Artículo 6. Requisitos.
1. Para desempeñar un puesto directivo es necesario tener la condición de personal funcionario de carrera, incluida la de personal estatutario fijo de los servicios de salud y la de personal funcionario de carrera docente, del subgrupo A1 o A2 de cualquier Administración pública. A efectos de lo previsto en el presente decreto se entiende por personal funcionario de carrera cualquier persona que, en virtud de un nombramiento legal, esté vinculado a una Administración pública por una relación estatutaria regulada por el Derecho Administrativo para el desempeño de servicios profesionales retribuidos de carácter permanente.
Excepcionalmente y siempre que el puesto directivo no implique la participación directa o indirecta en el ejercicio de las potestades públicas o en la salvaguardia de los intereses generales, pueden desempeñar un puesto directivo personas que no tengan la condición de personal funcionario de carrera, siempre que así se prevea en la relación de puestos de trabajo y se reúnan los requisitos exigidos para el desempeño del puesto directivo.
2. En cualquier caso, para desempeñar un puesto directivo será necesario acreditar competencias directivas. A los efectos de lo previsto en el presente decreto se entenderá que se poseen competencias directivas en cualquiera de los siguientes supuestos:

a) Estar en posesión de la certificación acreditativa de haber superado un curso de formación sobre el desarrollo de la función directiva impartido por la Escuela de Administración Regional o por cualquier Administración pública.
b) Estar en posesión de un Máster o título de posgrado, ambos de carácter oficial, sobre dirección pública.
c) Haber desempeñado puestos directivos durante, al menos, dos años continuados.
d) Haber desempeñado como funcionario de carrera en cualquier Administración pública durante, al menos, dos años continuados puestos de dirección, coordinación o supervisión de una o varias unidades administrativas. Se entenderán incluidos, entre otros, los puestos de jefatura de área o de servicio, los puestos de coordinador o coordinadora, director o directora provincial, los puestos de dirección de centros o cualquier otro con funciones similares.
3. A los efectos previstos en el apartado 2.c), se consideran puestos directivos:
a) Los puestos que las normas específicas de cada Administración reserven al personal directivo de acuerdo con lo previsto en el artículo 13 del texto refundido de la Ley del Estatuto Básico del Empleado Público, aprobado por el Real Decreto Legislativo 5/2015, de 30 de octubre, o en la Ley 7/1985, de 2 de abril, Reguladora de las Bases del Régimen Local.
b) Los puestos de personal directivo de las instituciones sanitarias de los servicios públicos de salud.
c) Los puestos que tengan atribuida la función directiva en los centros docentes públicos no universitarios.
d) Los puestos o cargos que tengan atribuidas las funciones de máximo responsable de entidades del sector público institucional de cualquier Administración pública.
A los efectos de lo previsto en el presente párrafo, se entenderá por máximo responsable: el presidente ejecutivo, el consejero delegado de los consejos de administración o de los órganos superiores de gobierno o administración con funciones ejecutivas o, en su defecto, el director general o equivalente. En las sociedades mercantiles en las que la administración no se confíe a un consejo de administración será máximo responsable quien sea administrador.
e) Los puestos o cargos de presidente ejecutivo, consejero delegado o cualquier otro en los que se ejerzan funciones ejecutivas en sociedades mercantiles o fundaciones del sector privado mediante un contrato mercantil.
f) Los puestos o cargos desempeñados mediante una relación laboral de carácter especial del personal de alta dirección, ya sea en entidades del sector público institucional de cualquier Administración pública o en sociedades mercantiles o fundaciones del sector privado.
4. En las relaciones de puestos de trabajo podrán incluirse requisitos específicos para el desempeño de los puestos directivos, como titu-

laciones, experiencia, idiomas u otros que se consideren imprescindibles.

Capítulo III
PROVISIÓN DE LOS PUESTOS DIRECTIVOS

Artículo 7. Procedimiento de provisión.
1. La provisión de los puestos directivos se realizará previa convocatoria pública específica para la cobertura del puesto, que se ajustará a lo dispuesto en este decreto y en las normas específicas que resulten aplicables.
2. La inclusión de los puestos en la respectiva convocatoria requerirá el previo informe favorable de la dirección general competente en materia de presupuestos respecto de la suficiencia de dotación presupuestaria.

Artículo 8. Convocatorias.
1. La competencia para convocar los procedimientos de provisión de puestos directivos corresponde a las personas titulares de las Consejerías o de los órganos competentes de los organismos autónomos a los que estén adscritos los puestos convocados.
2. Las convocatorias deberán contener, al menos, los siguientes datos:
a) Indicación de las personas que pueden participar.
b) Plazo para efectuar la solicitud, el cual no podrá ser inferior a quince días hábiles contados a partir del siguiente al de la publicación de la convocatoria en el Diario Oficial de Castilla-La Mancha, y órgano al que debe dirigirse.
c) Número o código del puesto, denominación, nivel, tipo de jornada, complemento de puesto, localización del puesto y centro de trabajo.
d) Requisitos exigidos en la relación de puestos de trabajo para su desempeño.
e) Funciones del puesto.
f) Documentos que deban presentarse junto con la solicitud.
3. Las convocatorias para la provisión de puestos directivos se publicarán en el Diario Oficial de Castilla-La Mancha.

Artículo 9. Requisitos y condiciones de participación.
1. Podrá participar en los procedimientos de provisión de puestos directivos el personal funcionario de carrera, incluido el personal estatutario fijo de los servicios de salud y el personal funcionario de carrera docente, de los subgrupos A1 y A2 de cualquier Administración pública, cualquiera que sea su situación administrativa, siempre que cumpla además los siguientes requisitos:
a) Acredite competencias directivas de acuerdo con lo previsto en el artículo 6.2.
b) No se encuentre en la situación administrativa de suspensión de funciones.

c) Haya cumplido, en su caso, los plazos mínimos establecidos en las diferentes situaciones administrativas.
d) Reúna los requisitos exigidos en la relación de puestos de trabajo.
2. En los casos en los que, conforme a lo previsto en el artículo 6.1, la relación de puestos de trabajo permita que el puesto directivo pueda ser desempeñado por personas que no tengan la condición de personal funcionario de carrera, podrá participar también cualquier persona que reúna los siguientes requisitos:
a) Acreditar competencias directivas de acuerdo con lo previsto en el artículo 6.2.
b) Estar en posesión de una titulación universitaria de carácter oficial.
c) Cumplir los requisitos generales previstos en el artículo 56.1 del texto refundido de la Ley del Estatuto Básico del Empleado Público, aprobado por el Real Decreto Legislativo 5/2015, de 30 de octubre, para poder participar en los procesos selectivos.
d) Cumplir los requisitos exigidos en la relación de puestos de trabajo.
3. Los requisitos para poder participar en un procedimiento de provisión de puestos directivos deben poseerse en el día de publicación de la convocatoria en el Diario Oficial de Castilla-La Mancha y mantenerse hasta la toma de posesión.

Artículo 10. Desarrollo del procedimiento.
1. Finalizado el plazo de presentación de solicitudes, el órgano al que esté adscrito el puesto convocado procederá a evaluar la idoneidad del perfil profesional de los participantes de acuerdo con los méritos alegados por los mismos.
La convocatoria podrá establecer la obligación de que los participantes presenten junto con la solicitud de participación un proyecto de gestión, el cual deberá ser valorado también por el órgano al que esté adscrito el puesto convocado.
2. Finalizadas las actuaciones previstas en el apartado 1, el órgano al que esté adscrito el puesto convocado propondrá al órgano convocante la persona seleccionada para desempeñar el puesto directivo convocado o que declare desierto el mismo por considerar que en ninguno de los participantes concurren las condiciones de idoneidad para su desempeño.
3. La propuesta irá acompañada de un informe en el que conste el resultado de la evaluación realizada, con indicación de las condiciones apreciadas en la persona integrante de la misma que fundamenten su superior idoneidad para desempeñar el puesto convocado respecto a los demás no incluidos en ella o, en su caso, de las razones por las que se considera que en ninguno de los participantes concurren las condiciones de idoneidad para su desempeño.
4. Recibida la propuesta, el órgano convocante nombrará al participante propuesto para desempeñar el puesto directivo convocado o declarará desierto el procedimiento.

5. La resolución que ponga fin al procedimiento se publicará en el Diario Oficial de Castilla-La Mancha.
6. Cuando sea nombrado una persona que no tenga la condición de personal funcionario de carrera se formalizará un contrato laboral de alta dirección.

Artículo 11. Toma de posesión.
1. La persona que haya sido designada para desempeñar un puesto directivo deberá tomar posesión del mismo el día siguiente al del cese en su puesto de trabajo anterior, que deberá efectuarse dentro de los tres días hábiles siguientes a la publicación de la resolución de la convocatoria.
Cuando la toma de posesión determine el reingreso al servicio activo o el designado sea una persona que no tenga la condición de funcionario de carrera, el plazo de toma de posesión será de un mes desde la publicación de la resolución de la convocatoria.
2. El órgano competente del departamento u organismo donde preste sus servicios el personal funcionario de carrera que ha obtenido un puesto directivo puede diferir su cese, por necesidades del servicio, hasta el plazo de un mes desde la publicación de la resolución de la convocatoria, debiéndoselo comunicar al órgano del que dependa el puesto directivo si fuesen distintos.
3. La persona que no tome posesión del puesto directivo adjudicado dentro del plazo establecido, salvo causas de fuerza mayor u otras circunstancias graves debidamente justificadas, será declarado decaído en los derechos que le pudieran corresponder.
En el supuesto de que la persona que no tome posesión del puesto directivo adjudicado sea personal funcionario de carrera de alguna Administración pública de Castilla-La Mancha, será declarado de oficio además en la situación de excedencia voluntaria por interés particular.

Artículo 12. Cobertura provisional.
1. En los casos en que un puesto directivo se encuentre vacante o no esté siendo desempeñado transitoriamente por su titular por alguna causa que dé lugar a la reserva de puesto, y se considere necesaria su provisión, podrá cubrirse provisionalmente en comisión de servicios por un funcionario de carrera del subgrupo A1 o A2 de cualquier Administración pública que acredite competencias directivas de acuerdo con lo previsto en el artículo 6.2 y reúna los requisitos exigidos en la relación de puestos de trabajo.
2. Cuando la cobertura provisional tenga su origen en que el puesto directivo haya quedado vacante, deberá publicarse en el Diario Oficial de Castilla-La Mancha la convocatoria para la provisión de dicho puesto en el plazo máximo de un año desde la fecha de la toma de posesión en comisión de servicios.
3. La persona que desempeñe en comisión de servicios un puesto directivo cesará, además de por las causas previstas en el artículo 74.6 de la Ley 4/2011, de 10 de marzo, del Empleo Público de Castilla-

La Mancha, por una evaluación insatisfactoria del programa anual de gestión.

Capítulo IV
EJERCICIO DE LA DIRECCIÓN PÚBLICA PROFESIONAL

Artículo 13. Programa de gestión y rendición de cuentas.
1. Después de la toma de posesión y con anterioridad a cada ejercicio presupuestario, la persona titular del órgano del que dependa entregará al personal directivo un programa de gestión de vigencia anual o, en su caso, por la fracción que reste hasta la finalización del ejercicio presupuestario, en el que se contemplen las directrices de actuación, los objetivos a alcanzar, los recursos asignados para su obtención y los indicadores que permitan evaluar su cumplimiento.
El programa de gestión deberá ser suscrito por el personal directivo.
2. El personal directivo deberá dar cuenta a la persona titular del órgano del que dependa, con carácter semestral, del nivel de ejecución del grado de cumplimiento de los objetivos señalados en el programa de gestión y, en su caso, de las desviaciones producidas.
En el caso de que se produzcan desviaciones, en el informe semestral se deberán concretar las medidas que vayan a adoptarse para su corrección.

Artículo 14. Evaluación de la gestión.
1. El cumplimiento del programa de gestión deberá ser evaluado por la persona titular del órgano del que dependa en el plazo de tres meses desde la finalización del ejercicio presupuestario a que corresponda. Dicha evaluación consistirá en la valoración del grado de cumplimiento de los objetivos fijados en el programa de gestión.
2. La evaluación de la gestión se medirá de acuerdo con una escala de cuatro niveles: insatisfactorio, satisfactorio, bueno y excelente.
En el programa de gestión deberá establecerse el grado de cumplimiento de los objetivos que permita evaluar la gestión de acuerdo con cada uno de los niveles anteriores.
3. La asignación del nivel correspondiente al grado de cumplimiento de los objetivos fijados determina el porcentaje del incentivo por objetivos a percibir, excepto la evaluación insatisfactoria, que conllevará el cese en el puesto.

Artículo 15. Dedicación exclusiva.
El personal directivo desempeñará su actividad con dedicación exclusiva y estará sometido al régimen de incompatibilidades que resulte de aplicación al personal funcionario de la Administración de la Junta de Comunidades de Castilla-La Mancha.

Artículo 16. Régimen retributivo.
1. El personal directivo solo puede ser remunerado por los conceptos retributivos que se establecen en este decreto.

2. Las retribuciones del personal directivo se clasifican en básicas y complementarias.
3. Las pagas extraordinarias del personal directivo son dos al año, cada una por el importe del sueldo y de trienios que se fije en la Ley de Presupuestos Generales del Estado y de una mensualidad del complemento de carrera, en su caso, y del complemento de puesto de trabajo asignado al puesto directivo que se desempeñe.
4. Durante las situaciones de incapacidad temporal, riesgo durante el embarazo, riesgo durante la lactancia natural, maternidad, paternidad, y adopción o acogimiento, el personal directivo tendrá derecho a un complemento en los términos reconocidos a los empleados públicos en la disposición adicional séptima de la Ley 4/2011, de 10 de marzo, del Empleo Público de Castilla-La Mancha.
5. El personal directivo tiene derecho a percibir indemnizaciones por razón del servicio en los supuestos y con las condiciones y límites que se prevean para el personal funcionario de la Administración de la Junta de Comunidades de Castilla-La Mancha.

Artículo 17. Retribuciones básicas.
1. Las retribuciones básicas están integradas única y exclusivamente por el sueldo y los trienios, incluidos los componentes de ambos conceptos de las pagas extraordinarias.
La cuantía de las retribuciones básicas serán las que se fijen en la Ley de Presupuestos Generales del Estado para el personal funcionario.
2. El personal directivo percibirá el sueldo correspondiente al subgrupo de clasificación profesional al que la relación de puestos de trabajo asimile las funciones del puesto que desempeñe.
3. Los trienios consisten en una cantidad, que es igual para cada subgrupo, o grupo de clasificación profesional en el supuesto de que éste no tenga subgrupos, por cada tres años de servicio.
Al personal directivo le son de aplicación las normas sobre perfeccionamiento y devengo de trienios aplicables al personal funcionario de carrera.

Artículo 18. Retribuciones complementarias.
1. Las retribuciones complementarias están integradas única y exclusivamente por el complemento de puesto de trabajo y el incentivo por objetivos, sin perjuicio de lo dispuesto en el apartado 4.
2. El personal directivo percibirá el complemento de puesto asignado al puesto que desempeñe en la relación de puestos de trabajo.
El complemento de puesto de trabajo retribuye las características particulares del puesto directivo como la especial dificultad técnica, el nivel de responsabilidad o la estructura organizativa dependiente del puesto.
3. El incentivo por objetivos retribuye el cumplimiento de los objetivos previamente fijados en el programa anual de gestión.
Las cuantías del incentivo por objetivos deberán establecerse en el programa anual de gestión y ser autorizadas previamente por la Direc-

ción General competente en materia de presupuestos. En ningún caso, la cuantía máxima a percibir en los casos de una evaluación de la gestión excelente podrá superar el 10% de la suma en cómputo anual del sueldo y el complemento de puesto, sin incluir los componentes de ambos conceptos de las pagas extraordinarias.
4. En el caso de que el personal directivo sea personal funcionario de carrera de la Administración de la Junta de Comunidades de Castilla-La Mancha percibirá además, el complemento de carrera correspondiente al tramo que tenga reconocido. En el caso de que sea personal funcionario de carrera de otra Administración obtendrá el recono- cimiento profesional de los progresos alcanzados en el sistema de carrera profesional vigente en la Administración de origen en los términos previstos en el artículo 116.5 de la Ley 4/2011, de 10 de marzo, del Empleo Público de Castilla-La Mancha.
El personal funcionario de carrera, incluido el personal estatutario fijo de los servicios de salud y el personal funcionario de carrera docente, que tuviera reconocido algún complemento de carrera profesional o concepto equivalente al que no le sea de aplicación lo dispuesto en el artículo 17 del texto refundido de la Ley del Estatuto Básico del Empleado Público, aprobado por el Real Decreto Legislativo 5/2015, de 30 de octubre, tendrá derecho a percibir el citado complemento.

Artículo 19. Cese.
El cese del personal directivo profesional se produce, además de por las causas previstas en el régimen aplicable al personal funcionario, por decisión discrecional del órgano competente para su designación o por una evaluación insatisfactoria de su gestión.

Artículo 20. Régimen jurídico.
1. Al personal directivo profesional le es aplicable, en lo que sea adecuado a la naturaleza de su condición, el régimen general del personal funcionario de carrera. En todo caso, le son de aplicación las normas sobre jornada, horario, permisos, reducciones de jornada, vacaciones y régimen disciplinario aplicables al personal funcionario de carrera.
2. Cuando concurran las circunstancias que para el personal funcionario de carrera dan lugar al pase a la situación de excedencia por cuidado de familiares, excedencia por violencia de género o suspensión de funciones, el personal directivo tiene derecho a la suspensión de su nombramiento con reserva de la plaza, en los dos últimos casos durante el periodo en que el personal funcionario de carrera tendría derecho a la reserva de la plaza.

Disposición transitoria primera. Personal funcionario de carrera que ocupe puestos de trabajo clasificados como propios del personal directivo profesional.
1. El personal funcionario de carrera que ocupe puestos que, de acuerdo con lo previsto en el artículo 4, se reserven al personal directivo profesional puede seguir desempeñándolos hasta que se resuelva la

convocatoria para la provisión de los mismos de acuerdo con lo previsto en este decreto o hasta que cesen en dichos puestos por alguna de las causas que correspondan a la forma de provisión en virtud de la cual ocupan el puesto.

~~(2) Este personal no tendrá la condición de personal directivo profesional y seguirá rigiéndose por la normativa aplicable al personal funcionario de carrera. No obstante, percibirá las retribuciones asignadas al puesto directivo que desempeñe, excepto el incentivo por objetivos.~~

2. Este personal no tendrá la condición de personal directivo profesional y seguirá rigiéndose por la normativa aplicable al personal funcionario de carrera.

Apartado 2 según redacción dada por Decreto 24/2022, de 12 de abril, por el que se modifica el Decreto 215/2019, de 30 de julio, del Estatuto de la Dirección Pública Profesional de la Administración de la Junta de Comunidades de Castilla-La Mancha.

Disposición transitoria segunda. Régimen transitorio de retribuciones complementarias.

1. Hasta que en la Administración de la Junta de Comunidades de Castilla-La Mancha se proceda a la implantación de la carrera profesional horizontal, el personal directivo no percibirá el complemento de puesto de trabajo previsto en el artículo 18. En su lugar, seguirá percibiendo los siguientes conceptos retributivos:

a) El complemento de destino correspondiente al nivel del puesto directivo que se desempeñe.

b) El complemento específico destinado a retribuir las condiciones particulares de algunos puestos de trabajo en atención a su especial dificultad técnica, dedicación, responsabilidad, incompatibilidad, peligrosidad o penosidad. En ningún caso podrá asignarse más de un complemento específico a cada puesto de trabajo.

Estos conceptos retributivos seguirán teniendo la consideración de retribuciones complementarias.

2. No obstante lo previsto en el apartado 1.a), el personal funcionario de carrera tendrá derecho, cualquiera que sea el puesto de trabajo que desempeñe, a percibir al menos el complemento de destino de los puestos del nivel correspondiente a su grado personal.

3. Durante el tiempo en que el personal directivo siga percibiendo los conceptos retributivos previstos en el apartado 1, las referencias al complemento de puesto de trabajo que se hacen en los artículos 8.2, 16.3 y 18 se entenderán

hechas al complemento específico y al complemento de destino, teniendo en cuenta, en su caso, lo previsto en el apartado 2.

Disposición final única. Entrada en vigor.

El presente decreto entrará en vigor al mes de su publicación en el Diario Oficial de Castilla-La Mancha.

Extremadura

– Ley 13/2015, de 8 de abril, de Función Pública de Extremadura

En cuanto al personal directivo profesional, cuya regulación ya se avanzaba en el Estatuto de Cargos Públicos, se ha optado por un modelo de puestos de carácter directivo que se contendrán en la correspondiente relación de puestos de trabajo específica. Estos puestos, que deberán ser ocupados por personal funcionario de carrera del grupo A, también podrán ser ocupados por personal laboral, si la naturaleza de las funciones o del proyecto a ejecutar lo permiten.

Su regulación se contiene en los artículos 20 y siguientes, en los que se contiene una confusión, en mi opinión llamando personal directivo a los titulares de órganos directivos de los municipios del título X LRBRL. Dice el artículo 20.4: "4. Las especificaciones de la presente Ley en cuanto al personal directivo profesional se aplicarán a las Administraciones Públicas de Extremadura, sin perjuicio de las normas previstas en los artículos 32 bis y 130 y concordantes de la Ley 7/1985, reguladora de las bases del régimen local, para el personal directivo de las administraciones locales" (cuando las previsiones de al menos el artículo 130 de la LRBRL, se refieren a los órganos superiores y directivos, subrayamos órganos, por la diferencia evidente con el personal directivo, subrayamos el concepto personal, es decir no órganos o titulares de órganos).

Artículo 3. Ámbito de aplicación.
1. La presente Ley se aplica al personal funcionario y, en lo que proceda, al personal laboral y al personal eventual de las siguientes Administraciones Públicas, Entidades, Organismos o Instituciones:
a) La Administración de la Comunidad Autónoma de Extremadura, sus organismos públicos, agencias y demás entidades de derecho público con personalidad jurídica propia, vinculadas o dependientes de la misma.
b) Las Administraciones de las Entidades locales de Extremadura, así como los organismos públicos, agencias y demás entidades de derecho público con personalidad jurídica propia, vinculadas o dependientes de las mismas, en aquellos aspectos no reservados a la legislación del Estado.
...

Artículo 20. Concepto de personal directivo profesional.
1. Es personal directivo profesional el que, ocupando puestos de carácter directivo en la Administraciones Públicas de Extremadura, des-

empeña funciones directivas profesionales retribuidas de carácter ejecutivo, de conformidad con lo establecido en la Ley 1/2014, de 18 de febrero, de regulación del estatuto de los cargos públicos del Gobierno y la Administración de la Comunidad Autónoma de Extremadura.
2. Los puestos de trabajo que conforman a la dirección pública profesional se sitúan bajo los órganos que asuman la dirección política de cada nivel de gobierno y tendrán atribuidas las funciones que se detallan en sus correspondientes instrumentos de ordenación de personal. Se considerarán en todo caso funciones directivas profesionales de carácter ejecutivo las referidas a la dirección, coordinación, evaluación y mejora de los servicios, recursos o programas presupuestarios asignados, así como la rendición periódica de cuentas sobre los mismos.
3. El personal directivo desempeñará su actividad con dedicación plena y exclusiva, no pudiendo ejercer durante la vigencia de su nombramiento o contrato actividades profesionales, estando sometido a los regímenes de conflictos de intereses y responsabilidades previstos en la normativa correspondiente a los cargos públicos del gobierno y de la administración de la Comunidad Autónoma de Extremadura.
4. Las especificaciones de la presente Ley en cuanto al personal directivo profesional se aplicarán a las Administraciones Públicas de Extremadura, sin perjuicio de las normas previstas en los artículos 32 bis y 130 y concordantes de la Ley 7/1985, reguladora de las bases del régimen local, para el personal directivo de las administraciones locales.

Artículo 21. Puestos de trabajo de personal directivo profesional.
1. Los puestos de trabajo de personal directivo profesional se fijarán en las correspondientes relaciones de puestos de trabajo de dicho personal, donde se determinará los puestos reservados a personal funcionario y aquellos de naturaleza laboral.
2. Los puestos de carácter directivo reservados a personal funcionario serán ocupados en virtud de nombramiento por personal funcionario de carrera del grupo A, subgrupos A1 y A2 de cualquier Administración Pública en la forma que se determine y, en todo caso, cuando las funciones a desempeñar impliquen la participación directa o indirecta en el ejercicio de las potestades públicas o en la salvaguardia de los intereses generales.
3. Cuando la naturaleza del proyecto a ejecutar o del programa a desarrollar así lo exija, el puesto de trabajo de carácter directivo será de naturaleza laboral.
4. Las relaciones de puestos de trabajo de personal directivo no serán objeto de negociación colectiva.

Artículo 22. Designación y cese del personal directivo profesional.
1. El personal directivo deberá ser nombrado y cesado de forma directa, mediante acuerdo de Consejo de Gobierno, en aquellos casos en que así se determine expresamente, o bien dando cuenta al Consejo de Gobierno, en los demás supuestos.

2. La designación del personal directivo profesional, que será discrecional, atenderá a principios de mérito y capacidad y a criterios de idoneidad, y se llevará a cabo mediante procedimientos que garanticen la publicidad y concurrencia.
3. La cobertura de cada puesto directivo profesional irá precedida de una convocatoria pública en la que se fijen los requisitos exigidos para el desempeño del puesto, las funciones inherentes al mismo, así como una descripción detallada de los méritos que debe reunir la persona seleccionada para el desempeño del puesto. A tal fin se establecerá la elaboración de memorias que versarán sobre las tareas y funciones del puesto, que deberán especificarse necesariamente en la convocatoria.
4. (**Suprimido** por el art. 34.1 de la Ley 5/2022, de 25 de noviembre).
5. El cese del personal directivo profesional se producirá por la finalización de la duración del mandato directivo, por decisión discrecional del órgano competente para su designación o por una evaluación negativa de su gestión.

Artículo 23. Régimen jurídico aplicable al personal directivo profesional.
1. Al personal directivo que ocupe puestos reservados a funcionarios de carrera le será de aplicación el régimen general aplicable a este personal según la presente ley.
En el caso de que el personal directivo ocupe puestos de naturaleza laboral, estará sometido a la relación laboral de carácter especial de alta dirección.
2. Cuando el personal directivo sea personal funcionario de carrera de la Administración de la Comunidad Autónoma de Extremadura pasará a la situación administrativa de servicios especiales.
Cuando el personal directivo sea personal funcionario de carrera de otra Administración pública o entidad, pasará a la situación administrativa que corresponda de acuerdo con la legislación que le sea aplicable.
Cuando el personal directivo sea personal laboral, la relación laboral de origen quedará en la situación que prevea la legislación laboral aplicable.
3. La condición de personal directivo de carrera no constituye mérito para el acceso al empleo público.
4. El desempeño de un puesto directivo comportará los derechos que cada Administración Pública pueda establecer reglamentariamente conforme al sistema de carrera profesional.

Artículo 24. Responsabilidad por la gestión: evaluación de resultados.
1. El personal directivo profesional está sujeto a evaluación periódica al menos con carácter anual, con arreglo a los criterios de eficacia y eficiencia, responsabilidad por su gestión y control de resultados en relación con las metas y los objetivos que les hayan sido fijados. En todo caso, esas metas y objetivos podrán ser redefinidos en función de las políticas públicas que se impulsen en cada momento.

2. La evaluación de sus resultados podrá ser llevada a cabo por la persona superior en la jerarquía y por aquellas personas que, por su posibilidad de observación y constatación, cumplan con los criterios de fiabilidad, objetividad, imparcialidad y evidencia en sus evaluaciones. En la evaluación de resultados se tendrán en cuenta especialmente los siguientes criterios:
a) Establecimiento y evaluación de objetivos.
b) Diseño, planificación y gestión de proyectos.
c) Dirección de personas.
d) Gestión de recursos materiales, financieros, tecnológicos o personales.

Artículo 25. Retribuciones e indemnizaciones.
1. Se podrá fijar un porcentaje de las retribuciones del personal directivo que esté vinculado a los resultados de la evaluación prevista en el artículo anterior. En todo caso, las retribuciones vinculadas a los resultados de la evaluación no podrán ser de cuantía fija ni superar el quince por ciento del total de las retribuciones del puesto.
2. El establecimiento de las retribuciones propias del personal directivo requerirá la aprobación del Consejo de Gobierno de la Junta de Extremadura, sin que en ningún caso estas retribuciones puedan tener carácter consolidable.
3. En todo caso se respetarán los requisitos y límites sobre retribuciones e indemnizaciones previstos en el estatuto de los cargos públicos del gobierno y de la administración de la Comunidad Autónoma de Extremadura.

Galicia

– Ley 2/2015, de 29 de abril, del empleo público de Galicia

Se califica en su preámbulo de novedad fundamental de la ley el establecimiento del régimen jurídico esencial del personal directivo profesional, que tendrá que ser completado mediante el pertinente desarrollo reglamentario. Se sientan así las bases para que en las administraciones públicas incluidas en el ámbito de aplicación de la presente ley se introduzca una figura bien conocida en muchos países de nuestro entorno, cuya finalidad es profesionalizar las tareas directivas y gerenciales.

Para la correcta interpretación de esta nueva figura hay que partir de que la ley pretende configurar una verdadera carrera directiva profesional, abierta al personal funcionario de carrera y al personal laboral fijo de las administraciones públicas. A tal fin, se garantiza el acceso y la permanencia en esa carrera conforme a criterios objetivos, así como la posibilidad de promocionar dentro de ella. Por la propia naturaleza de las funciones directivas, el grado de cumplimiento de los objetivos fijados debe ser un criterio determinante tanto para la promoción profesional y, en su caso, el nivel retributivo como para la propia permanencia en la carrera directiva. Solo en el caso de las entidades públicas instrumentales, excluidos los organismos autónomos de la Comunidad Autónoma, se admite por excepción que puedan acceder a los puestos directivos personas que no tengan la condición de personal directivo profesional, pero que sean seleccionadas de acuerdo con los mismos principios de mérito y capacidad y reúnan análogas condiciones de idoneidad para el desempeño de estas funciones.

En tanto no se desarrolle reglamentariamente el nuevo régimen jurídico del personal directivo profesional, la disposición transitoria tercera atribuye la consideración de puestos directivos en la Administración general de la Comunidad Autónoma de Galicia a las vicesecretarías generales, subdirecciones generales, secretarías territoriales y jefaturas territoriales. Cuando estos puestos queden vacantes después de la entrada en vigor de la ley, serán provistos por el procedimiento de libre designación con convocatoria pública entre personal funcionario de carrera, el cual se mantendrá en la situación de servicio activo, con reserva del puesto de trabajo que haya ocupado con carácter definitivo en el momento del nombramiento, si el mismo se hubiera obtenido por concurso.

Se regula en los artículos 33 y siguientes, en los que de nuevo, de forma genérica, se dice que es personal directivo quien desarrolla funciones directivas (art. 33.1), identificadas éstas como tareas gerenciales o de dirección o coordinación de unidades administrativas integradas por un número de efectivos, con arreglo a la identificación de los puestos directivos contenida en la pertinente relación (art 33.2). Mientras que el carácter profesional hace referencia a la configuración de una carrera directiva a la que se ingresa con sujeción al mérito, capacidad e idoneidad y cuya permanencia, progresión y, en su caso, parte de la retribución queda vinculada a la evaluación periódica (art. 33.3). La configuración del régimen jurídico del personal directivo se remite a norma reglamentaria.

Artículo 4. Ámbito de aplicación.
1. La presente ley se aplica al personal funcionario y, en lo que proceda, al personal laboral al servicio de las siguientes administraciones públicas:
a) La Administración general de la Comunidad Autónoma de Galicia.
b) Las entidades locales gallegas.
...

Artículo 33. Concepto.
1. Tienen la condición de personal directivo las personas que desarrollan funciones directivas profesionales en las administraciones públicas incluidas en el ámbito de aplicación de la presente ley.
2. Se entiende por funciones directivas las tareas gerenciales o de dirección o coordinación de unidades administrativas integradas por el número mínimo de efectivos de personal que se determine reglamentariamente. Los puestos que serán cubiertos por esta clase de personal se contemplarán en una relación de puestos directivos de contenido análogo al de la relación de puestos de trabajo.
3. El carácter profesional de las funciones ejercidas por esta clase de personal viene determinado por la configuración de una carrera directiva, en la que se ingresa en atención a principios de mérito y capacidad y a criterios de idoneidad, y en la cual la permanencia, progresión y, en su caso, parte de las retribuciones dependen de una evaluación periódica de conformidad con criterios de eficacia y eficiencia, responsabilidad por la gestión realizada y control de resultados en relación a los objetivos fijados.
4. El régimen jurídico específico del personal directivo incluido en el ámbito de aplicación de la presente ley será establecido por decreto del Consello de la Xunta en desarrollo de los principios contenidos en este capítulo.
5. La determinación de las condiciones de empleo del personal directivo no tendrá la consideración de materia objeto de negociación colectiva a efectos de esta ley.
6. Las administraciones públicas incluidas en el ámbito de aplicación de la presente ley dispondrán de registros del personal directivo a su servicio y del personal directivo al servicio de las entidades públicas instrumentales vinculadas o dependientes de las mismas.
7. Mediante orden de la consejería competente en materia de función pública se regularán las características y funcionamiento del Registro de personal directivo de la Administración general de la Comunidad Autónoma de Galicia y del Registro de personal directivo de la Administración instrumental.
Los contratos de alta dirección ajustados a las condiciones retributivas derivadas de la aplicación del Decreto 119/2012, de 3 de mayo, por el que se regulan las retribuciones y percepciones económicas aplicables a los órganos de gobierno o dirección y al personal directivo de las entidades del sector público autonómico, o norma que lo sustituya, se

depositarán en el Registro de personal directivo de la Administración instrumental.

Artículo 34. Adquisición de la condición de personal directivo y carrera directiva.

1. La adquisición de la condición de personal directivo se basará en los principios de mérito y capacidad y en criterios de idoneidad, y se llevará a cabo mediante procedimientos que garanticen la publicidad y concurrencia entre el personal funcionario de carrera y el personal laboral fijo al servicio de las administraciones públicas.

2. Para el personal directivo previsto en el apartado anterior se configurará una carrera directiva profesional basada en la progresión en los grados de especialización que se establezcan, los cuales determinarán los concretos puestos directivos a los que podrá acceder esta clase de personal según lo dispuesto en la correspondiente relación de puestos directivos.

3. La provisión de los puestos directivos se llevará a cabo por procedimientos objetivos que garanticen la publicidad y concurrencia entre las personas que tengan la condición de personal directivo y reúnan los demás requisitos previstos en la correspondiente relación de puestos directivos.

En las entidades públicas instrumentales a las que se refieren la letra c), excluidos los organismos autónomos, y la letra d) del apartado primero del artículo 4 de la presente ley estos puestos también se podrán proveer excepcionalmente con personas que no tengan la condición de personal directivo, respetando los principios enunciados en el apartado primero.

En todo caso, la prestación de servicios como personal directivo no constituirá mérito alguno para el acceso al empleo público.

4. El personal funcionario de carrera que tenga reconocida la condición de personal directivo y sea nombrado para desempeñar un puesto calificado como directivo en la correspondiente relación de puestos directivos mantendrá la situación de servicio activo en el cuerpo o escala al que pertenezca. El personal laboral fijo será declarado en la situación que corresponda según la legislación laboral y el convenio colectivo de aplicación.

5. Los contratos laborales de alta dirección del personal directivo incluirán un pacto de permanencia y no competencia poscontractual por los dos años siguientes a la extinción del contrato.

6. El cese en los puestos directivos se producirá por causas objetivas vinculadas a una evaluación negativa del desempeño, a la pérdida de la confianza o a graves y continuadas dificultades de integración en el equipo directivo, apreciadas por el órgano superior jerárquico de aquel del cual la persona directiva dependa directamente. Al personal removido se le reconocerán análogas garantías a las previstas en esta ley para el personal funcionario que cesa en puestos de trabajo provistos por el procedimiento de libre designación.

En el caso del personal directivo con contrato laboral de alta dirección, serán de aplicación las reglas específicas de la extinción de este tipo de contrato.

Artículo 35. Retribuciones y evaluación.
1. Las retribuciones del personal directivo constarán de una parte fija, que vendrá determinada, en los términos establecidos por el artículo 143 de la presente ley, por la titulación académica, la progresión alcanzada en la carrera directiva y las características del puesto directivo desempeñado, y, en su caso, de una parte variable, que estará vinculada a la consecución de los objetivos fijados.
2. El personal directivo estará sujeto a evaluación periódica conforme a los criterios de eficacia y eficiencia, responsabilidad por su gestión y control de resultados con relación a los objetivos que le hayan sido fijados. El resultado de esta evaluación determinará:
a) La continuidad en el puesto que se desempeñe y, en su caso, en la condición de personal directivo.
b) La progresión en la carrera directiva profesional.
c) En su caso, la cuantía de la parte variable de la retribución del personal directivo.

Artículo 36. Régimen disciplinario y de incompatibilidades.
1. El personal directivo estará sometido al régimen disciplinario previsto en la presente ley para el personal funcionario, excepto en los casos en los que accedió a su puesto en virtud de contrato laboral de alta dirección, en los cuales le será de aplicación el régimen disciplinario previsto para el personal laboral.
2. El personal directivo estará sometido a la normativa de incompatibilidades.

País Vasco

– Ley 2/2016, de 7 de abril, de Instituciones Locales de Euskadi

En cuyos artículos 36 y siguientes se regula el personal directivo de las entidades locales.

Concretamente el artículo 42, plantea también una confusión en su denominación donde se habla de personal directivo (Personal directivo de los municipios de gran población), aunque se arregla en el texto del artículo al distinguir los titulares de órganos directivos. Dice así:

1. Lo dispuesto en el presente capítulo se entiende sin perjuicio de la aplicación de las previsiones recogidas en la legislación básica de régimen local aplicable a los municipios de gran

población en materia de órganos directivos, en lo que afecta tanto a los puestos que deben considerarse en todo caso como puestos directivos, como a los requisitos formales para el nombramiento y cese de sus titulares, y las competencias de los órganos superiores en relación con tales puestos y sus titulares.

2. De acuerdo con el principio de autoorganización, y estableciendo las equivalencias que procedan con respecto a las especificaciones de la legislación básica de régimen local, los municipios de gran población podrán determinar estructuras directivas con denominaciones distintas a las recogidas en la legislación básica estatal, y asimismo podrán agrupar órganos directivos con el fin de que puedan desempeñarse por la misma persona.

3. Por medio del reglamento orgánico municipal, se podrán determinar las características específicas de las funciones de los órganos directivos que no deban ser cubiertos entre el personal funcionario de carrera, en los términos previstos en la legislación básica estatal.

Artículo 1. Objeto y finalidad de la ley.
1. Es objeto de la presente ley el desarrollo de la autonomía local en las entidades locales de la Comunidad Autónoma de Euskadi, de acuerdo con los principios recogidos en la Carta Europea de Autonomía Local. A través de las previsiones de esta ley, se pretende especialmente salvaguardar y garantizar el pleno ejercicio de la autonomía local por parte de los ayuntamientos vascos y del resto de entidades locales.
...

– **Ley 11/2022, de 1 de diciembre, de Empleo Público Vasco**

Como señala su preámbulo, se incorpora en el título III de la Ley un elemento novedoso en el marco legal del empleo público vasco, si bien ya había sido objeto de regulación en el ámbito de la Comunidad Autónoma.

La «dirección pública profesional» se define como aquel conjunto de puestos de trabajo que cada administración pública determina de tal naturaleza en uso de sus potestades de autoorganización. Priman, por tanto, en esta regulación, por un lado, la dimensión organizativa y, por otro, la voluntad de cada nivel de gobierno a la hora de delimitar las estructuras de la dirección pública profesional.

El título III (artículo 31 y siguientes) ordena con detalle la dirección pública profesional en las administraciones públicas vascas, definiendo un conjunto de reglas a las que deberá sujetarse toda administración pública que inserte en su seno la dirección pública profesional.

Si bien no con una regulación acabada como la que presenta esta ley, la figura del personal directivo público profesional ya se encontraba implantada en el ámbito de la Administración de la Comunidad Autónoma de Euskadi, tal y como se deduce de la lectura de la Ley 14/1988, de 28 de octubre, de retribuciones de altos cargos, donde se distingue nítidamente el régimen de los altos cargos de la Administración y el de los puestos directivos de las sociedades públicas y entes públicos de derecho privado de la Comunidad Autónoma.

El título III, en primer lugar, define quiénes tendrán la consideración de personal directivo público profesional, añadiendo a continuación una descripción de las funciones que permiten a la Administración identificar, en el marco de su capacidad de autoorganización, la naturaleza directiva de los puestos y los requisitos para su desempeño. En el supuesto de las entidades locales, la regulación de la dirección pública profesional se regirá por la Ley 2/2016, de 7 de abril, de Instituciones Locales de Euskadi y, supletoriamente, por lo dispuesto en esta ley.

Una atención especial se prevé en la ley para el desarrollo del procedimiento de designación del personal directivo público profesional, basado en los principios de mérito, capacidad e idoneidad, publicidad y concurrencia, derivando a un posterior desarrollo reglamentario el resto de los aspectos que deben definir esta nueva figura administrativa.

Artículo 3. Ámbito de aplicación.
1. Las disposiciones de esta ley se aplicarán al personal funcionario y, en lo que proceda, al personal laboral al servicio del sector público vasco.
2. A los efectos de esta ley, componen el sector público vasco:

a) La Administración general de la Comunidad Autónoma de Euskadi, su administración institucional y los demás entes instrumentales con personalidad jurídica propia, dependientes de aquella.
b) Las administraciones forales de los territorios históricos, su respectiva administración institucional y los demás entes instrumentales con personalidad jurídica propia, dependientes de cualquiera de las administraciones públicas antes citadas.
c) Las administraciones locales, su respectiva administración institucional y los demás entes instrumentales con personalidad jurídica propia, dependientes de cualquiera de las administraciones públicas antes citadas.
d) La Universidad del País Vasco y sus entes instrumentales, en relación exclusivamente con su personal de administración y servicios.
e) La Comisión Jurídica Asesora de Euskadi, el Consejo Económico y Social Vasco, el Consejo de Relaciones Laborales, el Consejo Superior de Cooperativas de Euskadi, la Agencia Vasca de Protección de Datos y el Órgano Administrativo de Recursos Contractuales de la Comunidad Autónoma de Euskadi, así como cualquier otro órgano de naturaleza participativa, consultiva, de asesoramiento o de control dependiente de las anteriores administraciones y dotado de independencia en el desarrollo de sus funciones por su ley de creación.
3. Las referencias de esta ley al sector público vasco se entenderán siempre hechas a las administraciones, instituciones y órganos comprendidos en el apartado anterior.
4. El personal docente no universitario y el personal estatutario de Osakidetza-Servicio Vasco de Salud se regirá por lo dispuesto en esta ley, aplicándose con carácter preferente a dicho personal su normativa específica en relación con la carrera profesional, la promoción interna, la selección de personal y la provisión de puestos de trabajo, la cuantía y estructura de las retribuciones complementarias, la movilidad voluntaria entre administraciones públicas y la regulación del personal directivo público profesional.
Cada vez que esta ley haga mención al personal funcionario de carrera se entenderá comprendido el personal estatutario de Osakidetza-Servicio Vasco de Salud.
5. Esta ley tendrá carácter supletorio para todo el personal de las administraciones públicas vascas, instituciones públicas u organismos públicos no incluidos en su ámbito de aplicación.

Artículo 4. Personal de las administraciones foral y local.
1. Al personal al servicio de las administraciones forales, de las administraciones locales vascas y de las entidades de ellas dependientes se le aplicarán las previsiones recogidas en la normativa básica correspondiente y en esta ley, sin perjuicio del respeto a la autonomía foral y local y a las potestades de autoorganización inherentes a la misma.
2. Siempre que así lo disponga la legislación en materia de policía de la Comunidad Autónoma de Euskadi, al personal de las policías

locales se le aplicarán las previsiones de esta ley, sin perjuicio de su carácter supletorio cuando así proceda.
3. Al personal funcionario con habilitación nacional se le aplicará su normativa específica, sin perjuicio de la aplicación supletoria de esta ley cuando así proceda.
4. Al personal de los servicios de prevención y de extinción de incendios y de salvamento se le aplicará esta ley, sin perjuicio de las peculiaridades que se establecen en su legislación específica.

TÍTULO III
LA FUNCIÓN DIRECTIVA Y EL ESTATUTO DEL PERSONAL DIRECTIVO PROFESIONAL EN LAS ADMINISTRACIONES PÚBLICAS VASCAS

Capítulo I
DIRECCIÓN PÚBLICA PROFESIONAL. ORDENACIÓN

Artículo 31. Dirección pública profesional.
1. La dirección pública profesional está formada por el conjunto de puestos de trabajo que cada administración pública, en uso de sus potestades de organización, defina como de naturaleza directiva en los correspondientes instrumentos de ordenación o en sus respectivas normas organizativas, de acuerdo con lo dispuesto en esta ley. La dirección pública profesional de las entidades locales se regirá por la Ley 2/2016, de 7 de abril, de Instituciones Locales de Euskadi y, supletoriamente, por lo dispuesto en esta ley.
2. Los puestos de trabajo que conforman la dirección pública profesional dependerán directamente de los órganos que asuman la dirección política de cada nivel de gobierno y tendrán atribuidas las funciones que se detallan en este título.
3. Salvo que una norma de rango legal así lo prevea, no podrán existir puestos de la dirección pública profesional dependientes o situados bajo otros puestos de dicha naturaleza, a excepción de los entes públicos de derecho privado y las entidades instrumentales adscritas al sector público.

Artículo 32. Personal directivo público profesional.
1. Tendrán la consideración de personal directivo público profesional las personas titulares de los puestos de trabajo de naturaleza directiva señalados en el anterior artículo 31, de conformidad con lo establecido en esta ley.
2. No formarán parte de la dirección pública profesional los puestos de naturaleza directiva a cuyos titulares les resulte de aplicación el Estatuto Jurídico del Personal Alto Cargo.

Artículo 33. Funciones de los puestos de trabajo de naturaleza directiva.
1. Serán puestos de trabajo de la dirección pública profesional en las distintas administraciones públicas vascas, los que así vengan defi-

nidos en sus respectivos instrumentos de ordenación de puestos de trabajo de naturaleza directiva.

2. En concreto, podrán tener carácter directivo los puestos de trabajo en los que, de modo preferente, se desempeñen todas o algunas de las siguientes funciones:

a) El establecimiento y la evaluación de objetivos.

b) La participación en la formulación y la ejecución de los programas y de las políticas públicas adoptadas por los niveles de dirección política.

c) La planificación, la coordinación, la evaluación, la innovación y la mejora de los servicios y los proyectos de su ámbito competencial, bajo la inmediata supervisión de los órganos de la dirección política.

d) La dirección de las personas, la gestión de los recursos y la ejecución del presupuesto en el ámbito de sus competencias.

e) La asunción de un alto nivel de autonomía y de responsabilidad en el cumplimiento de sus objetivos, ajustándose a las directrices generales establecidas por los órganos de gobierno de las respectivas administraciones públicas vascas.

f) La contribución esencial a la puesta en marcha y desarrollo de las políticas públicas.

3. En todo caso, la inclusión de determinados puestos de trabajo dentro de la dirección pública profesional dependerá, en exclusiva, de la voluntad de los órganos de gobierno de las administraciones públicas vascas, en función de los criterios de autoorganización y oportunidad que estimen pertinentes.

Artículo 34. Requisitos de los puestos de trabajo de naturaleza directiva.

1. El desempeño de los puestos de naturaleza directiva requiere encontrarse en posesión de titulación universitaria de grado o titulación equivalente a los efectos de acceso al empleo público.

2. Los puestos de trabajo que integran la dirección pública profesional de las administraciones públicas vascas podrán ser provistos bien por su propio personal funcionario o laboral, bien por personal ajeno a ellas, circunstancia esta que deberá concretarse en los respectivos instrumentos de ordenación de los puestos de trabajo de naturaleza directiva.

Artículo 35. Monografías de puestos directivos.

1. Las administraciones públicas vascas y sus entidades instrumentales deberán elaborar una monografía por cada puesto de naturaleza directiva que exista en la estructura. La monografía deberá determinar las funciones asignadas al puesto de trabajo, así como, en su caso, las competencias profesionales específicas requeridas para el correcto desempeño de sus tareas.

2. Las competencias profesionales requeridas para el desempeño del puesto de trabajo se estructurarán, al menos, en los siguientes apartados:
a) Conocimientos mínimos exigidos.
b) Experiencia profesional mínima en puestos de trabajo del mismo o similar ámbito funcional, así como, en su caso, los programas de formación que serán valorados en el proceso de provisión del puesto directivo.
c) Otras competencias vinculadas con el correcto desempeño del puesto de trabajo.

Artículo 36. Instrumentos de ordenación de puestos de trabajo de naturaleza directiva.
1. Los puestos de trabajo de naturaleza directiva se incluirán en un instrumento de ordenación de puestos de trabajo de naturaleza directiva que, de acuerdo con lo previsto en la legislación básica de empleo público, no será objeto de negociación colectiva.
2. A tal efecto, en el citado instrumento de ordenación se dejará constancia expresa, al menos, de los siguientes datos:
a) Denominación del puesto de trabajo.
b) Los requisitos generales para la provisión del puesto, entre los que deberá especificarse si se reserva a personal funcionario de carrera o laboral fijo de la administración de la que dependa dicho puesto, si se encuentra abierto a personal de otras administraciones o, incluso, a quienes no tienen la condición de empleados públicos.
c) Los requisitos específicos del puesto, relacionados con las competencias profesionales requeridas para su desempeño.
d) En los casos en que tales puestos de naturaleza directiva se encuadren dentro del sistema de funcionarios públicos, grado o grados de desarrollo profesional requeridos para su cobertura, en los supuestos en que se haya implantado un sistema de carrera profesional o, en su caso, el grado personal consolidado requerido asimismo para su cobertura.
e) El perfil lingüístico del puesto de trabajo y, en su caso, la fecha de preceptividad del perfil lingüístico.
f) Las retribuciones del puesto, las retribuciones complementarias y el porcentaje máximo de las retribuciones variables que se podrán percibir en el caso de superar o alcanzar los objetivos previstos, de acuerdo con lo que se determine en los presupuestos de la entidad correspondiente con las limitaciones porcentuales previstas en esta ley.
g) El período de desempeño del puesto que no podrá ser inferior a 5 años.
3. El citado instrumento de ordenación será aprobado por el órgano competente de cada administración pública vasca. Tendrá carácter público, y será publicado en el boletín oficial correspondiente.

Capítulo II
PROCEDIMIENTO DE DESIGNACIÓN Y RÉGIMEN JURÍDICO DEL PERSONAL DIRECTIVO PÚBLICO PROFESIONAL

Artículo 37. Procedimiento de designación del personal directivo público profesional.

1. Los procedimientos de designación del personal directivo público profesional atenderán a los principios de mérito, capacidad y objetividad, así como a la idoneidad de las personas aspirantes a los puestos a cubrir, mediante el sistema de acreditación de competencias profesionales previsto en este artículo.

2. Los puestos de trabajo reservados al procedimiento de designación de personal directivo público profesional serán objeto de convocatoria pública, especificándose en la misma las características y competencias profesionales exigidas para su provisión, conforme a lo establecido en los instrumentos de ordenación previstos en el artículo 36 de esta ley.

3. Se procederá a la publicación de la convocatoria en el boletín oficial correspondiente y, asimismo, en su caso, a través de cualquier medio que garantice la publicidad y la concurrencia de diferentes aspirantes. Las convocatorias de provisión de puestos directivos se difundirán, asimismo, en las sedes electrónicas de las respectivas administraciones públicas.

4. El Gobierno establecerá mediante decreto la normativa por la que se regule el procedimiento de acreditación de competencias profesionales, la evaluación de las mismas, los criterios de designación y nombramiento del personal directivo público profesional y las circunstancias de su cese, con respeto, en todo caso, al principio de autonomía foral, local y universitaria en relación con dicho ámbito.

Artículo 38. Responsabilidad por la gestión: evaluación de los resultados.

1. La gestión de las personas titulares de los puestos directivos se evaluará con arreglo a criterios de eficacia y eficiencia, responsabilidad y control de resultados, en relación con los objetivos que les hayan fijado. En todo caso, esos objetivos podrán ser redefinidos en función de las políticas públicas que se impulsen en cada momento.

2. Los resultados en la gestión se evaluarán por la persona superior en la jerarquía, o por aquellas personas que, por su posibilidad de observación y constatación, cumplan con los criterios de fiabilidad, objetividad, imparcialidad y evidencia en sus evaluaciones, o por el órgano de gobierno correspondiente. En la evaluación de los resultados se tendrán en cuenta especialmente los siguientes criterios:

a) Establecimiento y evaluación de objetivos.
b) Diseño, planificación y gestión de proyectos.
c) Dirección y gestión de personas.
d) Gestión de recursos materiales, financieros o tecnológicos.

3. En el acuerdo de nombramiento y en el contrato de alta dirección se podrá establecer un sistema de incentivos por los resultados obtenidos en la gestión, mediante la incorporación de un sistema de retribuciones variables a través de un complemento de cumplimiento de objetivos, que oscilará en su cuantía en función de los resultados. Dicho complemento no podrá, en ningún caso, ser de cuantía fija, ni ser inferior al cinco ni superar el quince por ciento del total de retribuciones del puesto de trabajo, excluidos, en su caso, el complemento de carrera profesional del personal funcionario y la antigüedad.
4. El Consejo de Gobierno aprobará, mediante decreto y respecto de su propio marco competencial, tanto el régimen general de aprobación y establecimiento de incentivos del personal directivo de la Administración de la Comunidad Autónoma de Euskadi como el sistema de evaluación que permita su abono.
El resto de las administraciones públicas vascas podrán adoptar, asimismo, las medidas necesarias para el establecimiento de un régimen de incentivos del personal directivo y del sistema de evaluación de dicho personal, que haga posible su abono, tomando como referencia a dicho efecto los criterios y orientaciones generales dictados por la Comisión de Coordinación del Empleo Público de Euskadi y el propio Gobierno Vasco.

Artículo 39. Régimen jurídico aplicable al personal directivo público profesional.
1. La determinación de las condiciones de empleo del personal directivo público profesional no tendrá la consideración de materia objeto de negociación colectiva, fijándose unilateralmente por los órganos de gobierno competentes de las respectivas administraciones públicas.
2. El personal funcionario de carrera que desempeñe puestos directivos correspondientes al sector público de las administraciones públicas vascas formalizara su relación de servicios conforme a los siguientes criterios:
a) Si se trata de la designación de un puesto directivo perteneciente tanto a la Administración general de la Comunidad Autónoma de Euskadi, a la Administración foral, a la Administración local o a la Universidad del País Vasco, como a los organismos autónomos y entes públicos de derecho privado dependientes de dichas administraciones, se procederá a la provisión del puesto mediante un nombramiento de carácter administrativo.

1. El personal funcionario de carrera se mantendrá en situación de servicio activo, con reserva del puesto de trabajo cuya titularidad ostente, cuando se trate de la designación en puestos directivos correspondientes a su propia administración pública u organismos autónomos y entes públicos de derecho privado pertenecientes a la misma.
2. El personal funcionario de carrera pasará a la situación de servicios como personal directivo público profesional con reserva del

puesto de trabajo cuya titularidad ostente, conforme a lo previsto en el título X de esta ley, cuando se trate de la designación en puestos directivos correspondientes a otra administración pública o a organismos autónomos y entes públicos de derecho privado de otra administración pública distinta a la propia.

b) Si se trata de la designación de un puesto directivo perteneciente al sector público de las administraciones públicas vascas, se formalizará un contrato laboral de alta dirección. El personal funcionario de carrera pasará a la situación de servicios como personal directivo público profesional en el sector público, con reserva del puesto de trabajo cuya titularidad ostente, conforme a lo previsto en el título X de esta ley.

3. El personal laboral fijo que desempeñe puestos directivos correspondientes al sector público de las administraciones públicas vascas formalizara su relación de servicios conforme a los siguientes criterios:

a) Si se trata de la designación de un puesto directivo perteneciente a la Administración general de la Comunidad Autónoma de Euskadi, a la Administración foral, a la Administración local o a la Universidad del País Vasco, se procederá a la provisión del puesto mediante un nombramiento de carácter administrativo. El personal laboral fijo pasará a la situación de excedencia forzosa, con reserva del puesto de trabajo cuya titularidad ostente, en su caso.

b) Si se trata de la designación de un puesto directivo perteneciente al sector público de cualquier administración pública, se procederá a la provisión del puesto mediante la formalización de un contrato laboral de alta dirección. El personal laboral fijo pasará a la situación de excedencia forzosa, con reserva del puesto de trabajo cuya titularidad ostente, en su caso.

4. El personal designado para desempeñar un puesto de naturaleza directiva que no reúna la condición de funcionario de carrera o laboral fijo de las administraciones públicas vascas formalizará la vinculación a dicho puesto directivo a través de un contrato laboral de alta dirección.

5. El personal directivo público profesional se someterá al régimen de incompatibilidades de los cargos públicos del Gobierno Vasco, a salvo de las especificidades que respecto del personal directivo público profesional de la Administración local se prevea en la legislación básica de régimen local sobre incompatibilidades y conflictos de intereses.

6. La condición de personal directivo público profesional no podrá constituir mérito para el acceso a la condición de personal funcionario ni de personal laboral, si bien podrá ser objeto de valoración en la carrera profesional y en la provisión.

7. En todo caso, la provisión de los puestos de naturaleza directiva del ente público de derecho privado Osakidetza-Servicio Vasco de Salud se llevará a efecto conforme a lo previsto en su propia normativa.

8. La actuación del personal directivo público profesional de la Administración de la Comunidad Autónoma de Euskadi, de las administra-

> ciones forales y locales y de la Universidad del País Vasco se encontrará sometida a los criterios y previsiones contenidos en sus respectivos códigos de conducta de los cargos públicos.
> 9. La mención señalada en este artículo a la reserva del puesto ha de entenderse referida al puesto del que el personal empleado público resulta ser titular, bien por concurso, bien mediante asignación de destino, tras el correspondiente proceso de acceso a la condición de personal empleado público.

Aragón

- **Ley 1/2017, de 8 de febrero, por la que se establecen medidas de racionalización del régimen retributivo y de clasificación profesional del personal directivo y del resto del personal al servicio de los entes del sector público institucional de la Comunidad Autónoma de Aragón**

Se regula la figura del directivo publico profesional pero únicamente para las entidades del sector público.

La finalidad de la ley es desarrollar lo previsto en los artículos 20.5 y 29.2 de la citada Ley 1/2016, de 28 de enero, de Presupuestos de la Comunidad Autónoma de Aragón para el ejercicio 2016, regulando el personal directivo y el resto del personal que desempeñan sus funciones en el sector público institucional de la Comunidad Autónoma de Aragón, mediante el establecimiento de criterios claros, uniformes y objetivos para la determinación de sus retribuciones y de su clasificación profesional que proporcione un marco jurídico adecuado para establecer la homologación de sus retribuciones.

> **Artículo 1. Objeto y ámbito de aplicación.**
> Esta ley tiene por objeto la regulación del régimen retributivo y de clasificación profesional del personal directivo y del resto del personal al servicio de las siguientes entidades del sector público institucional de la Comunidad Autónoma de Aragón:
> a) Entidades de derecho público.
> b) Sociedades mercantiles autonómicas.
> c) Fundaciones del sector público autonómico.
> d) Consorcios dotados de personalidad jurídica propia en los que participe mayoritariamente la Administración de la Comunidad Autónoma.
> e) Aquellos otros entes no incluidos en los apartados anteriores que determine el departamento competente en materia de hacienda, de

acuerdo con los criterios establecidos en el Sistema Europeo de Cuentas Nacionales y Regionales.

Cataluña

- **Ley 5/2020, de 29 de abril, de Cataluña, de medidas fiscales, financieras, administrativas y del sector público y de creación del impuesto sobre las instalaciones que inciden en el medio ambiente, que modifica el Texto Refundido de la Ley municipal y de régimen local de Cataluña**

La regulación de los directivos públicos profesionales en las entidades locales se contempla en la legislación de régimen local de Cataluña.

Por medio del artículo 102.2 de la Ley 5/2020 ("de acompañamiento" a los presupuestos generales de la Comunidad Autónoma), se estableció, como clara respuesta a la doctrina jurisprudencial de la sentencia del Tribunal Supremo de 17 de diciembre de 2019, sobre el Reglamento Orgánico de la Diputación de Cáceres y su regulación del personal directivo, una regulación por medio de la cual se modificaba el artículo 306 del texto refundido de la Ley municipal y de régimen local de Cataluña, incorporando un nuevo marco normativo de la figura del personal directivo en las entidades locales, que abría el paso a unas posibilidades efectivas (siempre que así se reconociera por la normativa local correspondiente) de profesionalización (mayor o menor, según los casos; en función del alcance de cada regulación) de la dirección pública local.

Artículo 306. Personal directivo. Texto refundido de la Ley municipal y de régimen local de Cataluña, aprobado por Decreto Legislativo 2/2003, de 28 de abril:

1. El nombramiento de personal directivo de entidades locales y la formalización del correspondiente contrato laboral de alta dirección, de acuerdo con lo establecido en esta ley, son competencia de la presidencia de la entidad, que debe dar cuenta de ello al pleno en la primera sesión que tenga.
2. La denominación y determinación de los puestos directivos debe llevarse a cabo mediante un instrumento de ordenación diferenciado del de la relación de puestos de trabajo, cuya aprobación corresponde al pleno, a propuesta de la presidencia de la entidad local, excepto en

los municipios de gran población, que es competencia de la junta de gobierno local.
3. Los miembros de la corporación no pueden ser nombrados personal directivo. El personal directivo está sujeto a las causas de incapacidad e incompatibilidad establecidas para los miembros de la corporación.
4. Los procedimientos de selección y provisión de personal directivo deben exigir en todos los casos una formación específica de grado o de posgrado, deben regirse por los principios de mérito, capacidad, publicidad y libre concurrencia y deben asegurar la idoneidad de los aspirantes en relación con los puestos objeto de la convocatoria. En los procedimientos debe acreditarse y verificarse que los aspirantes están en posesión de las competencias profesionales exigidas.
5. El personal directivo nombrado tiene derecho a la inamovibilidad en el puesto de trabajo, siempre que los resultados de la evaluación de la gestión llevada a cabo sean satisfactorios, y a permanecer en el cargo hasta que, una vez finalizado el mandato en que haya sido nombrado, cese el presidente o presidenta de la corporación que lo había nombrado. El nuevo presidente o presidenta de la entidad local puede, discrecionalmente, prorrogar el período de ejercicio de las funciones directivas para otro mandato, o bien convocar un nuevo procedimiento de selección y provisión del puesto de trabajo.

Comunidad Valenciana

– Ley 4/2021, de 16 de abril, de la Función Pública Valenciana

Nos detendremos con más detalle sobre esta Ley por el esfuerzo clarificador que hace, a nuestro juicio, sobre la figura del personal directivo.

Su preámbulo indica y delimita la regulación que va a hacer la Ley, al decir que se regula con un capítulo específico el régimen jurídico de la dirección pública profesional, si bien referido particularmente al personal directivo que tenga la condición de personal funcionario de carrera, dejando al desarrollo reglamentario la regulación del régimen jurídico concreto del personal directivo que no tenga esa condición, sin perjuicio de la aplicación a estos últimos de los principios contenidos en el referido capítulo que sean susceptibles de ello.

Le dedica los artículos 21 y siguientes.

El artículo 21 ofrece el concepto de personal directivo público profesional, al decir que es personal directivo público profesional quien desarrolla funciones directivas profesionales de conformidad con lo establecido en el presente capítulo (es decir, utiliza una definición tautológica de directivo público similar a la de TREBEP).

Respecto al ámbito local dispone que se regirá por su normativa específica, siéndoles de aplicación supletoria las disposiciones contenidas en la Ley. Pero en ningún caso, formarán parte de la dirección pública profesional los puestos de nivel directivo que tengan la consideración de alto cargo. A estos efectos, se entenderá por alto cargo, quien haya sido nombrado como tal por decreto del Consell. Por lo que respecto del ámbito local se ratifica que no es de aplicación a los órganos directivos del artículo 130 de la LRBRL, distinguiendo una vez más entre personal directivo y órgano directivo.

El artículo 22 señala los puestos de trabajo que integran la Dirección Pública Profesional, al concretar que se sitúan bajo los órganos que asuman la dirección política de cada nivel de gobierno y tendrán atribuidas las funciones que se detallan en el correspondiente instrumento de ordenación de personal.

Y se considerarán funciones directivas públicas profesionales de carácter ejecutivo susceptibles de ser desempeñadas por personal **directivo** público profesional, las siguientes:

a) Las referidas al establecimiento y evaluación de objetivos.

b) La participación en la formulación y ejecución de programas y de políticas públicas adoptadas por los niveles de dirección política.

c) La planificación, coordinación, evaluación, innovación y mejora de los servicios y proyectos de su ámbito competencial.

d) La dirección de personas, gestión de recursos y ejecución del presupuesto en el ámbito de sus competencias.

e) La asunción de un alto nivel de autonomía y de responsabilidad en el cumplimiento de sus objetivos.

El apartado 2 del artículo 22 dispone que no podrán existir puestos de la dirección pública profesional dependientes o situados bajo otros puestos de dicha naturaleza: una prueba más de la distinción entre personal directivo profesional y titular de órgano directivo, ya que en el ámbito de los órganos directivos, tanto en el nivel estatal, como autonómico o local (para los municipios del titulo X) existen y pueden existir órganos directivos dependientes de otros órganos directivos (por ejemplo: una subdirección general depende de una dirección general; o una dirección general en el ámbito local puede depender de una coordinación general).

El artículo 23 establece los requisitos de los puestos de trabajo que integran la Dirección Pública Profesional, exigiéndose estar en posesión de titulación universitaria de grado o titulación equivalente, así como la acreditación de la experiencia y conocimientos necesarios (nueva prueba de distinción con los órganos directivos en determinados supuestos de excepción por el reglamento orgánico en el ámbito estatal o en los reglamentos de organización en otros niveles de la Administración del Estado).

Hay que hacer notar que en todo momento se habla en la Ley de "puestos de trabajo" que integran la Dirección Pública Profesional de las administraciones públicas, es decir son titulares de puestos, no de órganos. Que se integran en una relación de puestos de trabajo específica diferenciada (subrayo relación de puestos, porque los órganos directivos y sus titulares no se relacionan en la relación de puestos de trabajo, porque no son empleados públicos, salvo los titulares de órganos directivos que sí forman parte del sistema de empleo público) de la relación que incluya la totalidad de puestos de trabajo de naturaleza funcionarial, laboral y eventual, y que de acuerdo con lo previsto en la legislación básica de empleo público, no será materia obligatoria de negociación colectiva (art. 24).

Respecto al procedimiento de designación del personal directivo público profesional (art. 25), la Ley dispone que atenderá a los principios de publicidad, mérito y capacidad, así como al de transparencia y a criterios de idoneidad de las personas aspirantes a los puestos a cubrir (nueva prueba de la diferencia con los titulares de órganos directivos que en el ámbito del título X de la LRBRL, como en el ámbito estatal o autonómico, se nombran libremente (como ya se ha dicho, una cosa es la libre designación, para determinados puestos de funcionarios; otra los procedimientos que deben seguir los principios de mérito, capacidad y publicidad, para la designación de los puestos de directivos profesionales; y otra el libre nombramiento para los titulares de los órganos directivos, que no exige ningún tipo de publicidad).

En todo caso deberá ser motivado, justificando que la persona nombrada reúne los requisitos de idoneidad específicos contemplados en la convocatoria y que es la candidata adecuada para el puesto por sus conocimientos y experiencia.

El personal que integra la dirección pública profesional en la Generalitat Valenciana está sujeto a responsabilidad por la gestión: evaluación de los resultados (art. 26).

Por último, las disposiciones sobre su régimen jurídico se regulan en el artículo 27 de la Ley:

1. La determinación de las condiciones de empleo del personal directivo público profesional será fijada por el Consell, no teniendo la consideración de materia obligatoria objeto de negociación colectiva.

2. Las retribuciones del personal que desempeñe puestos que integran la Dirección Pública Profesional tendrán una parte fija, en los mismos términos y condiciones que las previstas para el personal funcionario de carrera, y una parte variable vinculada a la consecución de los objetivos fijados. En el supuesto de existir retribuciones variables no será posible la percepción del complemento de actividad profesional establecido en el artículo 87.2.c. de la Ley.

3. El personal funcionario de carrera que desempeñe puestos que integran la Dirección Pública Profesional formalizará su relación de servicios mediante el correspondiente nombramiento y se mantendrá en situación de servicio activo.

4. En la Administración de la Generalitat el régimen de incompatibilidades del personal directivo público profesional será el establecido para los altos cargos de la administración de la Generalitat, sin que ello suponga su consideración como alto cargo (nueva prueba de diferencias entre órganos directivos y personal directivo profesional, aunque ya sabemos que en todos los ámbitos de la Administración hay órganos directivos que son y otros que no son altos cargos: en este último caso, los

órganos directivos que sí forman parte del sistema de empleo público, como hemos visto).

5. El cese en los puestos que integran la dirección pública profesional tendrá carácter discrecional, y no dará derecho a indemnización alguna, si bien podrá producirse, asimismo, por renuncia del propio personal. Al personal funcionario cesado se le reconocerán análogas garantías a las previstas en esta ley para el personal funcionario que cesa en puestos de trabajo provistos por el procedimiento de libre designación (otra prueba de distinción).

6. Para terminar, y como ya se ha dicho que esta Ley solo recoge la regulación de los puestos de dirección profesional, se indica en el apartado 6 del artículo 27 que, sin perjuicio de la aplicación de los principios contenidos en el capítulo que los regula y que sean susceptibles de ello, el régimen jurídico específico del personal directivo que no tenga la condición de funcionario de carrera será establecido por Decreto del Consell.

Artículo 3. Ámbito subjetivo de aplicación.
1. Requisitos.
...

Artículo 21. Concepto de personal directivo público profesional.
1. En el ámbito de la presidencia de la Generalitat, las consellerias y sus organismos autónomos y consorcios, es personal directivo público profesional quien desarrolla funciones directivas profesionales de conformidad con lo establecido en el presente capítulo.
2. Se regirán por su normativa específica, siéndoles de aplicación supletoria las disposiciones contenidas en este capítulo, el personal y los puestos de carácter directivo de:
a) Los centros e instituciones sanitarias del servicio valenciano de salud.
b) Los centros docentes no universitarios y los servicios educativos de la Comunitat Valenciana.
c) El sector público instrumental de la Generalitat integrado por los entes del artículo 2.3 de la Ley 1/2015, de 6 de febrero, de la Generalitat, de Hacienda Pública, del Sector Público Instrumental y de Subvenciones, excepto sus organismos autónomos y consorcios.
d) Las Instituciones de la Generalitat, mencionadas en el artículo 20.3 del Estatut d'Autonomia de la Comunitat Valenciana.
e) Las entidades locales de la Comunitat Valenciana.
f) Las universidades públicas de la Comunitat Valenciana.

3. No formarán parte de la dirección pública profesional los puestos de nivel directivo que tengan la consideración de alto cargo. A estos efectos, se entenderá por alto cargo, quien haya sido nombrado como tal por decreto del Consell.
4. El régimen jurídico específico del personal directivo público profesional, su nombramiento y el de los puestos de trabajo será establecido por decreto del Consell en desarrollo de lo dispuesto en el presente capítulo. Este decreto regulará asimismo la organización, contenido y funcionamiento del Registro de Personal directivo público profesional previsto en el artículo 24.

Artículo 22. Puestos de trabajo que integran la Dirección Pública Profesional.
1. Los puestos de trabajo que conforman la dirección pública profesional se sitúan bajo los órganos que asuman la dirección política de cada nivel de gobierno y tendrán atribuidas las funciones que se detallan en el correspondiente instrumento de ordenación de personal. Se considerarán funciones directivas públicas profesionales de carácter ejecutivo susceptibles de ser desempeñadas por personal directivo público profesional, las siguientes:
a) Las referidas al establecimiento y evaluación de objetivos.
b) La participación en la formulación y ejecución de programas y de políticas públicas adoptadas por los niveles de dirección política.
c) La planificación, coordinación, evaluación, innovación y mejora de los servicios y proyectos de su ámbito competencial.
d) La dirección de personas, gestión de recursos y ejecución del presupuesto en el ámbito de sus competencias.
e) La asunción de un alto nivel de autonomía y de responsabilidad en el cumplimiento de sus objetivos.
2. No podrán existir puestos de la dirección pública profesional dependientes o situados bajo otros puestos de dicha naturaleza.

Artículo 23. Requisitos de los puestos de trabajo que integran la Dirección Pública Profesional.
1. El desempeño de los puestos que integran la Dirección Pública Profesional requiere encontrarse en posesión de titulación universitaria de grado o titulación equivalente, así como la acreditación de la experiencia y conocimientos necesarios.
2. Los puestos de trabajo que integran la Dirección Pública Profesional de las administraciones públicas incluidas en el ámbito de aplicación de esta ley podrán ser provistos bien por su propio personal funcionario de carrera o laboral fijo, bien por personal ajeno a las mismas, debiendo definirse tal circunstancia en los respectivos instrumentos de ordenación de los puestos de trabajo de naturaleza directiva.
3. En la Administración de la Generalitat únicamente podrán acceder a puestos de la Dirección Pública Profesional reservados a personal funcionario de carrera, quienes pertenezcan a cuerpos o escalas del

grupo A, subgrupo A1, y tengan reconocido, al menos, un nivel competencial 24 y el grado de desarrollo profesional II.
Cuando se trate de personal funcionario de carrera no perteneciente a la Administración de la Generalitat, deberán pertenecer a cuerpos o escalas del grupo A, subgrupo A1, y tener reconocido, al menos, el 24 como nivel competencial o equivalente y una antigüedad de 10 años en dicho grupo o subgrupo.

Artículo 24. Instrumento de ordenación de la Dirección Pública Profesional.
1. Los puestos de trabajo que integran la Dirección Pública Profesional deberán estar expresamente establecidos en la norma organizativa de la presidencia de la Generalitat, conselleria u organismo a la que estén adscritos y se incluirán en una relación de puestos de trabajo específica, diferenciada de la relación que incluya la totalidad de puestos de trabajo de naturaleza funcionarial, laboral y eventual, y que de acuerdo con lo previsto en la legislación básica de empleo público, no será materia obligatoria de negociación colectiva.
2. A tal efecto, en la citada relación de puestos de trabajo que integran la Dirección Pública Profesional se dejará constancia expresa, al menos, de los siguientes datos:
a) Denominación del puesto de trabajo.
b) Adscripción orgánica.
c) Los requisitos generales para la provisión del puesto.
d) Los requisitos específicos del puesto, relacionados con las competencias profesionales requeridas para el desempeño del mismo.
e) Las retribuciones asignadas al puesto.
f) Funciones.
3. La relación de puestos de trabajo tendrá carácter público y será publicada en el «Diari Oficial de la Generalitat Valenciana».
4. En la conselleria competente en materia de función pública existirá un Registro de Personal directivo público profesional en el que figurará inscrito todo el personal que ejerza o haya ejercido este tipo de puestos o funciones, con su currículum y demás datos de interés profesional. Dicho Registro será gestionado por la citada conselleria.

Artículo 25. Procedimiento de designación del personal directivo público profesional.
1. El procedimiento de nombramiento del personal directivo público profesional atenderá a los principios de publicidad, mérito y capacidad, así como al de transparencia y a criterios de idoneidad de las personas aspirantes a los puestos a cubrir.
2. Los puestos de trabajo reservados al procedimiento de nombramiento de personal directivo público profesional serán objeto de convocatoria pública, especificándose en la misma las características y competencias profesionales exigidas para su provisión, conforme a lo establecido en la relación de puestos de trabajo prevista en el artículo

24 de esta ley, así como los criterios de idoneidad en función de los cuales se realizará la selección de la persona adecuada.
El nombramiento corresponderá a la persona que ostente la titularidad de la presidencia de la Generalitat o conselleria a la cual esté adscrito el puesto de trabajo, bien directamente o bien en virtud de sus organismos dependientes. La misma resolverá, bien su adjudicación a la persona que considere que cumple mejor los criterios de idoneidad para el puesto, bien que se declare desierto, aun existiendo personal que reúna los requisitos exigidos, si considerara que ninguno cumple los criterios de idoneidad para su desempeño.
En todo caso deberá ser motivado, justificando que la persona nombrada reúne los requisitos de idoneidad específicos contemplados en la convocatoria y que es la candidata adecuada para el puesto por sus conocimientos y experiencia.
3. Se procederá a la publicación de la convocatoria y de la resolución de la misma, en su caso con el nombramiento, en el «Diari Oficial de la Generalitat Valenciana» y, asimismo, en su caso, a través de cualquier medio que garantice la publicidad y la concurrencia de diferentes aspirantes.
Las convocatorias de provisión de puestos que integran la Dirección Pública Profesional se difundirán, asimismo, en la sede electrónica de la Generalitat.

Artículo 26. Responsabilidad por la gestión: evaluación de los resultados.
1. Quienes sean titulares de los puestos que integran la Dirección Pública Profesional estarán sujetos a evaluación periódica con arreglo a los criterios de eficacia y eficiencia, responsabilidad por su gestión y control de resultados en relación con las metas y objetivos que les hayan sido fijados, que podrán ser redefinidos en función de las políticas públicas que se impulsen en cada momento.
2. En el sistema para la evaluación de sus resultados, que se determinará, asimismo, reglamentariamente, se tendrán en cuenta, en todo caso, los siguientes criterios:
a) Establecimiento y evaluación de objetivos.
b) Diseño, planificación y gestión de proyectos.
c) Dirección y gestión de personas.
d) Gestión de recursos materiales, financieros o tecnológicos.
3. En el acuerdo de nombramiento se podrá establecer un sistema de incentivos por los resultados obtenidos en la gestión, mediante la incorporación de un sistema de retribuciones variables.
4. Asimismo, anejo al acuerdo de nombramiento, se concretará un acuerdo- programa en el que se fijarán los objetivos, los recursos y las facultades que se asignan o reconocen al personal directivo público profesional.

5. Tanto el acuerdo de nombramiento, como el acuerdo-programa deberán ser objeto de difusión a través de cualquier medio que garantice su publicidad.

Artículo 27. Régimen jurídico aplicable al personal directivo público profesional.
1. La determinación de las condiciones de empleo del personal directivo público profesional será fijada por el Consell, no teniendo la consideración de materia obligatoria objeto de negociación colectiva.
2. Las retribuciones del personal que desempeñe puestos que integran la Dirección Pública Profesional tendrán una parte fija, en los mismos términos y condiciones que las previstas para el personal funcionario de carrera, y una parte variable de conformidad con lo dispuesto en el apartado 3 del artículo anterior que estará vinculada a la consecución de los objetivos fijados. En el supuesto de existir retribuciones variables no será posible la percepción del complemento de actividad profesional establecido en el artículo 87.2.c.
3. El personal funcionario de carrera que desempeñe puestos que integran la Dirección Pública Profesional formalizará su relación de servicios mediante el correspondiente nombramiento y se mantendrá en situación de servicio activo.
4. En la administración de la Generalitat el régimen de incompatibilidades del personal directivo público profesional será el establecido para los altos cargos de la administración de la Generalitat, sin que ello suponga su consideración como alto cargo.
5. El cese en los puestos que integran la dirección pública profesional tendrá carácter discrecional, y no dará derecho a indemnización alguna, si bien podrá producirse, asimismo, por renuncia del propio personal. Al personal funcionario cesado se le reconocerán análogas garantías a las previstas en esta ley para el personal funcionario que cesa en puestos de trabajo provistos por el procedimiento de libre designación.
6. Sin perjuicio de la aplicación de los principios contenidos en este capítulo que sean susceptibles de ello, el régimen jurídico específico del personal directivo que no tenga la condición de funcionario de carrera será establecido por Decreto del Consell.

Asturias

- **Ley 2/2023, de 15 de marzo, de Empleo Público del Principado de Asturias**

Cabe destacar en el título II la más completa regulación del personal directivo profesional, figura introducida para la Administración del Principado de Asturias en 2014. La ley se centra en el personal directivo profesional de la Administración del Principado de Asturias, del que, con carácter general, se requiere que sea personal funcionario de carrera del grupo A, subgrupo A1, sin perjuicio de que excepcionalmente y en los términos que detalla el articulado pueda ser personal laboral con contrato de alta dirección. Este personal, limitado en número y en la duración de su nombramiento, que tendrá rango de Subdirección General y en cuya provisión habrán de respetarse el mérito y la capacidad, la publicidad y la concurrencia, se concibe para una mejor promoción, desarrollo y ejecución de las políticas públicas, bajo los principios de responsabilidad, discrecionalidad y confianza.

Artículo 2. Ámbito de aplicación.
1. En el marco de la legislación básica, la presente ley se aplica directamente al personal funcionario y, en lo que proceda, al personal laboral de las siguientes Administraciones públicas:
a) La Administración del Principado de Asturias.
b) Los organismos públicos, entes públicos, sin perjuicio de lo previsto para las fundaciones del sector público del Principado de Asturias en la disposición adicional primera, y demás entidades de derecho público dotadas de personalidad jurídica propia, vinculadas o dependientes de la Administración del Principado de Asturias.
c) Los consorcios adscritos a la Administración del Principado de Asturias.
d) La Universidad de Oviedo, sin perjuicio de lo dispuesto en su legislación específica.
e) Las entidades locales, sin perjuicio de lo dispuesto en su legislación específica.

Artículo 10. Personal directivo profesional.
1. En la Administración del Principado de Asturias y en el marco de la legislación básica, es personal directivo profesional el funcionario de carrera del grupo A, subgrupo A1, que desarrolle funciones directivas profesionales mediante el desempeño del puesto de trabajo correspondiente a una Subdirección General, en atención a la necesaria autonomía en el ejercicio de sus funciones y por la especial responsabilidad en su gestión, al estar sujeta a rendición de cuentas y control de resultados con arreglo a parámetros y criterios objetivos. El personal funcionario de carrera que sea nombrado como personal directivo profesional mantendrá la situación administrativa de servicio activo en el cuerpo o escala al que pertenezca.
2. Será posible el nombramiento de personal directivo profesional que no sea personal funcionario de carrera del grupo A, subgrupo A1, sometido a una relación laboral de carácter especial de alta dirección, de acuerdo con los siguientes requisitos:

a) Para la cobertura de las Subdirecciones Generales directamente dependientes de los Consejeros y Viceconsejeros creadas con carácter excepcional de acuerdo con lo previsto en la legislación de organización de la Administración del Principado de Asturias.
b) En el Decreto de estructura orgánica en el que se cree la Subdirección General, deberá acreditarse que sus funciones no entran en el ámbito reservado al personal funcionario y las razones objetivas de cualificación y especialización por las que se considera de interés la exención del requisito de ostentar la condición de personal funcionario de carrera del grupo A, subgrupo A1.
c) Tener la titulación específica que exija la convocatoria, que, en todo caso, será equivalente a la que habilita para el acceso al grupo A.
3. De conformidad con la legislación básica, el nombramiento atenderá a principios de mérito y capacidad, criterios de idoneidad, y se llevará a cabo mediante procedimientos que garanticen la publicidad y concurrencia, y tendrá carácter temporal, en los términos que expresamente establezca la legislación vigente en materia de organización de la Administración del Principado de Asturias.
4. De conformidad con la legislación básica, el personal directivo profesional estará sujeto a evaluación con arreglo a los criterios de eficacia y eficiencia, responsabilidad por su gestión y control de resultados en relación con los objetivos que le hayan sido fijados. Su desempeño se ajustará a los siguientes principios:
a) Autonomía funcional en el desempeño de su ejercicio profesional, únicamente limitada por los criterios e instrucciones directas emanados de los altos cargos que sean sus superiores jerárquicos.
b) Sujeción al programa anual de objetivos, que será establecido por el órgano competente para su nombramiento y sujeto a los principios de evaluación y de rendición de cuentas y que será objeto de publicidad activa en el portal de transparencia.
5. El personal directivo profesional desarrollará las funciones directivas profesionales que se correspondan con el ámbito material de la Subdirección General para la que haya sido nombrado, al objeto de ejecutar aquellos planes, proyectos, objetivos o actividades que le sean asignados, impulsar decisiones adoptadas por los órganos superiores y proponer nuevas actividades de mejora o innovación.
Son funciones directivas la promoción, el desarrollo y ejecución de las políticas públicas que se impulsan mediante planes y proyectos aprobados por el órgano correspondiente. Las funciones directivas se desarrollan bajo los principios de responsabilidad, discrecionalidad y confianza. Corresponde al personal directivo la fijación de los objetivos de los puestos de trabajo de su ámbito de aplicación.
6. Corresponderá a los decretos de estructura orgánica determinar las Subdirecciones Generales de la Administración del Principado de Asturias, con arreglo a los límites y determinaciones establecidos en la legislación vigente en materia de organización de la Administración del Principado de Asturias.

Los puestos de trabajo correspondientes a las Subdirecciones Generales figurarán en el instrumento de ordenación de los puestos de trabajo que corresponda, con la indicación expresa de su carácter directivo, y se proveerán por el sistema de libre designación.
7. Reglamentariamente se determinarán el estatuto del personal directivo profesional, los criterios que deben conformar el programa anual de objetivos, el principio de rendición de cuentas, la formación específica obligatoria para el desempeño de los puestos directivos, así como todos aquellos aspectos que sean necesarios para dar cumplimiento a lo dispuesto en este precepto. La determinación de las condiciones de empleo del personal directivo profesional no tendrá la consideración de materia objeto de negociación colectiva a los efectos de esta ley.
8. El personal directivo profesional de las entidades locales se regirá por los requisitos, procedimiento de nombramiento, criterios de evaluación y realización de funciones de acuerdo con la regulación prevista en este artículo. La determinación de los puestos de naturaleza directiva se hará en el marco de los instrumentos de ordenación de puestos de trabajo de cada entidad local. Con carácter excepcional, siempre que el contenido del puesto directivo no conlleve la realización de funciones reservadas a personal funcionario, será posible el nombramiento de personal directivo profesional que no sea personal funcionario de carrera del grupo A, subgrupo A1, debiendo motivarse las razones objetivas de cualificación y especialización por las que se considera de interés la exención del citado requisito.
Lo previsto en este artículo se entiende sin perjuicio de lo establecido en la legislación de régimen local respecto de los órganos directivos de los municipios de gran población.
9. El personal directivo profesional de la Universidad de Oviedo se regirá por los requisitos, procedimiento de nombramiento, criterios de evaluación y realización de funciones de acuerdo con la regulación prevista en este artículo. La determinación de los puestos de naturaleza directiva se hará en el marco de su instrumento de ordenación de los puestos de trabajo.

La Rioja

– Ley 9/2023, de 5 de mayo, de función pública de la Comunidad Autónoma de La Rioja

En el capítulo II del título II de la Ley (artículo 9 y siguientes), se regula la Dirección Pública Profesional, determinando el concepto, el procedimiento de designación, la evaluación de resultados periódica a la que estará sometida y el régimen jurídico aplicable.

Es personal directivo público profesional (art. 9) el que desarrolla funciones directivas profesionales de conformidad con lo establecido en el dicho capítulo. Y no formarán parte de la Dirección Pública Profesional los puestos de nivel directivo que tengan la consideración de alto cargo (según lo dispuesto en la disposición adicional segunda de la Ley 8/2003, de 28 de octubre, del Gobierno e Incompatibilidades de sus miembros).

El artículo 10 regula el procedimiento de designación del personal directivo público profesional atendiendo a los principios de igualdad, mérito y capacidad, así como a criterios de idoneidad, competencia profesional y experiencia, y se llevará a cabo mediante procedimientos que garanticen la publicidad y concurrencia.

> **Artículo 3. Ámbito de aplicación.**
> 1. La presente ley es de aplicación al personal funcionario, así como al personal laboral, en los términos previstos por el Estatuto Básico del Empleado Público y por esta ley, y al personal eventual, en lo que sea compatible con la naturaleza de su relación jurídica, que presten servicios en las administraciones públicas de la Comunidad Autónoma de La Rioja.
> 2. Se entiende a los efectos de esta ley por administraciones públicas de la Comunidad Autónoma de La Rioja:
> a) La Administración general de la Comunidad Autónoma de La Rioja.
> b) Los organismos públicos y demás entidades públicas con personalidad jurídica propia vinculados o dependientes de la Administración general de la Comunidad Autónoma de La Rioja, así como los consorcios adscritos a ella.
> c) Las entidades locales de la Comunidad Autónoma de La Rioja, sin perjuicio del respeto a la autonomía local, a la legislación básica del régimen local y a las potestades normativas y de organización inherentes a la misma, así como lo que disponga la ley autonómica en materia de Administración local, con las especificidades previstas en la disposición adicional sexta de esta ley.
> ...
>
> **Artículo 9. Concepto de personal directivo público profesional.**
> 1. Es personal directivo público profesional el que desarrolla funciones directivas profesionales de conformidad con lo establecido en el presente capítulo.
> 2. Se regirán por su normativa específica, siéndoles de aplicación las disposiciones contenidas en este capítulo, el personal y los puestos de carácter directivo de:
> a) Las sociedades públicas, fundaciones públicas y consorcios de la Comunidad Autónoma de La Rioja.

b) Las entidades locales de la Comunidad Autónoma de La Rioja.
c) La Universidad de La Rioja.
3. No formarán parte de la Dirección Pública Profesional los puestos de nivel directivo que tengan la consideración de alto cargo. A estos efectos se atenderá a lo dispuesto para los mismos en la disposición adicional segunda de la Ley 8/2003, de 28 de octubre, del Gobierno e Incompatibilidades de sus miembros.

Artículo 10. Procedimiento de designación del personal directivo público profesional.
1. El procedimiento de designación del personal directivo público profesional atenderá a los principios de igualdad, mérito y capacidad, así como a criterios de idoneidad, competencia profesional y experiencia, y se llevará a cabo mediante procedimientos que garanticen la publicidad y concurrencia.
2. Con carácter previo a la designación de este tipo de personal, se deberá elaborar una memoria justificativa que acredite la imposibilidad de asumir a través de la estructura orgánica y funcional existentes los objetivos asignados al proyecto, plan o programa de que se trate.
A estos efectos, se tendrán también en cuenta la exigencia de contar con conocimientos altamente especializados, así como, en su caso, la necesidad de la coordinación de equipos o unidades administrativas.
3. Los puestos de trabajo reservados al nombramiento de personal directivo público profesional serán objeto de convocatoria pública, especificándose en la misma los criterios de idoneidad, competencia profesional y experiencia exigida para su provisión, conforme a lo establecido en la relación de puestos de trabajo prevista en el artículo 31 de esta ley.
El nombramiento corresponderá al titular de la consejería a la cual esté adscrito el puesto de trabajo, bien directamente, bien en virtud de sus organismos públicos dependientes.
4. Se procederá a la publicación de la convocatoria y de la resolución de la misma en el «Boletín Oficial de La Rioja» y, asimismo, en su caso, a través de cualquier medio que garantice la publicidad y la concurrencia de las personas aspirantes.
Las convocatorias de provisión de puestos que integran la Dirección Pública Profesional se difundirán, asimismo, en la sede electrónica de la Administración pública de la Comunidad Autónoma de La Rioja.

Artículo 11. Evaluación de resultados del personal directivo público profesional.
1. El personal directivo profesional estará sujeto a evaluación periódica con arreglo a los criterios de eficacia y eficiencia, responsabilidad por su gestión y control de resultados en relación con las metas y objetivos que les hayan sido fijados, que podrán ser redefinidos en función de las políticas públicas que se impulsen en cada momento.

2. En el sistema para la evaluación de sus resultados, que se determinará, asimismo, reglamentariamente, se tendrán en cuenta, en todo caso, los siguientes criterios:
a) Establecimiento y evaluación de objetivos.
b) Diseño, planificación y gestión de proyectos.
c) Dirección y gestión de personas.
d) Gestión de recursos materiales, financieros o tecnológicos.
3. En el acuerdo de nombramiento se podrá establecer un sistema de incentivos por los resultados obtenidos en la gestión, mediante la incorporación de un sistema de retribuciones variables.
4. Se concretará un programa en el que se fijarán los objetivos, los recursos y las facultades que se asignan o reconocen al personal directivo público profesional.

Artículo 12. Régimen jurídico aplicable al personal directivo público profesional.
1. La determinación de las condiciones de empleo del personal directivo no tendrá la consideración de materia objeto de negociación colectiva a los efectos de esta ley.
2. Las retribuciones del personal que desempeñe puestos que integran la Dirección Pública Profesional tendrán una parte fija, en los mismos términos y condiciones que las previstas para el personal funcionario de carrera, y una parte variable, de conformidad con lo dispuesto en el apartado 3 del artículo anterior, que estará vinculada a la consecución de los objetivos fijados. En el supuesto de existir retribuciones variables, no será posible la percepción del complemento de productividad establecido en el artículo 66.2.d).
3. El personal funcionario de carrera que desempeñe puestos que integran la Dirección Pública Profesional formalizará su relación de servicios mediante el correspondiente nombramiento y se mantendrá en situación de servicio activo.
4. El régimen de incompatibilidades del personal directivo público profesional será el establecido para los altos cargos de la Administración pública de la Comunidad Autónoma de La Rioja, sin que ello suponga su consideración como alto cargo.
5. El cese en los puestos que integran la Dirección Pública Profesional tendrá carácter discrecional y no dará derecho a indemnización alguna como directivo público profesional.
6. Al directivo público profesional cesado, cuando sea personal funcionario de carrera, se le aplicarán las garantías previstas para los ceses en puestos de trabajo provistos por libre designación.
7. Sin perjuicio de la aplicación de los principios contenidos en este capítulo que sean susceptibles de ello, el régimen jurídico específico del personal directivo que no tenga la condición de personal funcionario de carrera será establecido por decreto del Consejo de Gobierno.

Andalucía

- **Ley 5/2023, de 7 de junio, de la Función Pública de Andalucía.**

Regula extensamente la figura del directivo público profesional en el título II (artículos 19 a 27), que está formada, según señala el preámbulo de la Ley, por un conjunto de personas que son claves para el buen funcionamiento de la Administración. Por una parte, canalizan las relaciones entre el espacio político y el espacio administrativo y, por otra, movilizan a las personas que integran este espacio administrativo. Por tanto, constituyen un elemento esencial para que la Administración cumpla sus funciones al servicio del bien común y de la ciudadanía, y, para su mejor funcionamiento, es preciso profesionalizar este sistema.

En este título se regulan los elementos esenciales de la dirección pública profesional, para conseguir esa profesionalización, en aras del mejor funcionamiento de la Administración de la Junta de Andalucía y sus entidades instrumentales. Se determina, por primera vez en Andalucía, quiénes son personal directivo público profesional, de conformidad con lo establecido en el artículo 13 del texto refundido de la Ley del Estatuto Básico del Empleado Público, y se establece una relación de puestos de dirección.

Son dos los tipos de puestos que ocupa el personal directivo público profesional: los puestos a desempeñar por personal directivo público profesional alto cargo, que son los que se determinan en la ley, y los puestos reservados a personal funcionario de carrera, personal estatutario fijo o laboral fijo. Dependerán directamente de los órganos que asuman la dirección política de cada nivel de Gobierno. Para todos ellos se definen su misión y las funciones directivas que tienen que desempeñar. Igualmente, se establece un régimen jurídico y retributivo que incluye los acuerdos de gestión, con los objetivos a cumplir, y la titulación exigida. La duración de su nombramiento se regulará en el Estatuto del personal directivo público profesional. Las retribuciones son variables en función de los resultados.

La selección del personal directivo público profesional se realiza en convocatoria pública y obedece a los principios de idoneidad, mérito, capacidad y publicidad, valorando significativamente experiencias profesionales y competencias técnicas y directivas. Se crea la Comisión independiente de selección de personal directivo público profesional para efectuar la selección. Las personas titulares de la Comisión se nombrarán por decreto del Consejo de Gobierno. La Comisión contará con los medios internos y externos adecuados, y los procesos de selección se basan en la verificación de condiciones personales y sistemas predictivos del comportamiento. Asimismo, la ley regula los nombramientos y ceses del personal directivo público profesional y establece un sistema periódico de evaluación del cumplimiento de los acuerdos de gestión. Los resultados de las evaluaciones determinan la continuidad en el puesto y la cuantía de la parte variable de sus retribuciones. El personal directivo público profesional debe dedicar un número mínimo de horas al año para su formación y desarrollo. Además, debe cumplir un código ético y de conducta, que se elaborará y mantendrá por una comisión de ética. Se aplicará la máxima transparencia en relación con la información sobre este personal, así como los procesos para su selección, nombramiento, evaluación del cumplimiento y cese.

Artículo 2. Ámbito de aplicación.
La ley es de aplicación:
a) Al personal funcionario de la Administración General de la Junta de Andalucía...
b) Al personal laboral de la Administración General de la Junta de Andalucía...
c) Al personal contratado por las entidades instrumentales del sector público andaluz...
d) Al personal directivo público profesional. Se rige por lo establecido en el título II.

Artículo 3. Personal con legislación específica.
1. La ley es también de aplicación a:
...
d) El personal al servicio de las Administraciones locales del territorio de Andalucía y de las entidades públicas dependientes de las mismas, con respeto en todo caso a la autonomía local y a la legislación básica estatal de aplicación directa al régimen específico de la función pública local.
...

Artículo 19. Concepto y clases de personal directivo público profesional.
1. Dentro de la organización de la Administración General de la Junta de Andalucía, tendrán la consideración de personal directivo público

profesional, definido en el artículo 13 del texto refundido de la Ley del Estatuto Básico del Empleado Público, aquellas personas que desempeñen los puestos de estructura orgánica de las distintas Consejerías de la Junta de Andalucía, y sus agencias administrativas y de régimen especial, que así se cataloguen en la relación de puestos de dirección pública profesional, en la forma que se determine por ley. Los puestos de dirección pública profesional se clasificarán, de un lado, en personal directivo público profesional alto cargo y, de otro, personal directivo público profesional funcionario de carrera o laboral fijo, en los términos señalados en los apartados siguientes.

Los puestos de trabajo que conforman la dirección pública profesional dependerán directamente de los órganos que asuman la dirección política de cada nivel de gobierno y tendrán atribuidas las funciones que se detallan en este título.

2. Mediante ley se aprobará el Estatuto del personal directivo profesional.

3. Serán puestos de trabajo de la dirección pública profesional del sector público de la Junta de Andalucía los que así vengan definidos en la relación de puestos de dirección pública profesional.

Se catalogarán como puestos a desempeñar por personal directivo público profesional alto cargo exclusivamente los correspondientes a las personas titulares de los siguientes órganos directivos centrales o periféricos:

a) Las secretarías generales técnicas.

b) Las direcciones generales que tengan como ámbito competencial específico la inspección, el control económico-financiero, los tributos, la asistencia jurídica o los recursos humanos.

c) Las delegaciones provinciales o territoriales para las que una norma legal o los decretos del Consejo de Gobierno por los que se aprueben las estructuras orgánicas de las Consejerías así lo establezcan.

Este personal no pierde su consideración de alto cargo y sigue sujeto, además, a su regulación específica. Reglamentariamente, podrán excluirse de los órganos centrales o periféricos aquellos que, por ser de especiales características para el desarrollo de unas determinadas políticas, podrán no ser desempeñados por personal directivo público profesional.

Será necesario poseer una titulación universitaria de grado o equivalente, así como acreditar las competencias profesionales, la experiencia y los conocimientos necesarios de acuerdo con las previsiones de esta ley y de las disposiciones que la desarrollen.

4. Se catalogarán como puestos a desempeñar por personal directivo público profesional funcionario de carrera o laboral fijo los que dependan directamente de cualquier órgano directivo central o periférico, cuyo desempeño requiera el nombramiento de sus titulares mediante decreto o acuerdo del Consejo de Gobierno o de los puestos de personal directivo público profesional de alto cargo, y que tengan atribuidas funciones calificadas como directivas, de acuerdo con lo preceptuado en la presente ley y en el Estatuto del personal directivo público pro-

fesional. Reglamentariamente, se determinarán aquellos que, por ser de especial asesoramiento y colaboración personal, no tengan que ser desempeñados por personal directivo público profesional.
A estos puestos podrán acceder quienes, teniendo la condición de personal funcionario de carrera o laboral fijo que requiera cada puesto, tengan la titulación universitaria requerida para el acceso a cuerpos de personal funcionario del Grupo A, y cuyas competencias profesionales sean acreditadas de acuerdo con las previsiones de esta ley y de las disposiciones reglamentarias que la desarrollen.
5. Corresponde a la Consejería competente en materia de Función Pública la aprobación y mantenimiento de la relación de puestos de dirección pública profesional de la Administración General de la Junta de Andalucía. Cada puesto además de su denominación tendrá descritas las características, los requisitos y competencias necesarias para su adecuado desempeño y sus retribuciones de acuerdo con lo que determine el Estatuto del personal directivo público profesional.

Artículo 20. Funciones del personal directivo público profesional.
La misión general del personal directivo público profesional es definir, planificar y garantizar el correcto desarrollo de las estrategias y actuaciones a seguir, dentro de su unidad administrativa y en coordinación con las demás, de acuerdo con la acción de gobierno y las prioridades políticas fijadas, impulsando la calidad institucional y los valores públicos, respetando en todo momento el marco legal establecido, los criterios de eficacia, eficiencia, transparencia y ética en la gestión pública, así como los principios de profesionalidad, imparcialidad e integridad en el ejercicio de sus responsabilidades. Implica la realización de actuaciones que, en el ejercicio de competencias propias o delegadas, conllevan la exigencia de especial responsabilidad y competencia técnica y directiva, así como el desempeño, entre otras, de las siguientes funciones:
a) Participar en la definición de las políticas públicas de su ámbito, de acuerdo con las directrices del órgano superior y del Gobierno, garantizando su adecuación a la realidad y su viabilidad práctica.
b) Llevar a cabo la planificación estratégica correspondiente con las políticas públicas, fijar sus objetivos operativos y gestionar el cambio.
c) Liderar, dirigir, motivar, inspirar, coordinar y desarrollar equipos con los profesionales adscritos a su unidad administrativa, y con perspectiva de género.
d) Participar en la gobernanza del ámbito de responsabilidad de su unidad administrativa y promover relaciones relevantes y útiles para las políticas públicas, asumiendo cuando proceda procesos de negociación y de resolución de conflictos.
e) Coordinar las actuaciones con las demás unidades administrativas o entidades que puedan resultar interdependientes.

f) Impulsar la ejecución de las acciones necesarias para alcanzar los objetivos establecidos, realizar su seguimiento y emprender, cuando sea preciso, acciones correctivas y de mejora.
g) Gestionar los recursos materiales, tecnológicos y económicos con criterios de eficacia, eficiencia y sostenibilidad social, medioambiental y financiera.
h) Evaluar la eficiencia de los procesos, el desempeño profesional y los resultados alcanzados, para facilitar la toma de decisiones y para rendir cuentas a la ciudadanía.
i) Impulsar la innovación y mejora de los servicios y actuaciones a realizar dentro de su unidad administrativa y su ámbito competencial.
j) Potenciar la simplificación y la agilización de los procedimientos administrativos.
k) Velar por la transparencia de las actuaciones y por una comunicación pública clara, veraz y efectiva.
l) Rendir cuentas, mediante la emisión de los informes o memorias que procedan, de los logros o niveles de cumplimiento de los objetivos que se le hayan fijado, justificando, en su caso, las desviaciones o los incumplimientos que se hayan producido para la evaluación de su cumplimiento.

Artículo 21. Régimen jurídico y retributivo del personal directivo público profesional.
1. El régimen jurídico y retributivo del personal directivo público profesional vendrá determinado por la condición del puesto a desempeñar, se regulará en el Estatuto del personal directivo público profesional que desarrolle este título, y no tendrá la consideración de materia objeto de negociación colectiva, de acuerdo con lo establecido en el artículo 13 del texto refundido de la Ley del Estatuto Básico del Empleado Público.
2. En los términos que reglamentariamente se determine, en todo caso, para un puesto catalogado como de personal directivo público profesional se elaborará y firmará un acuerdo de gestión, que entrará en vigor con el nombramiento y que tendrá carácter público, sin perjuicio de lo dispuesto en el artículo 13, apartado 4, del texto refundido de la Ley del Estatuto Básico del Empleado Público respecto al personal directivo que reúna la condición de personal laboral. En el acuerdo se determinarán los objetivos a cumplir, los instrumentos y periodicidad con que se producirá la evaluación de su cumplimiento, y las condiciones retributivas de carácter variable que se le asignen en función de los resultados de dicha evaluación de cumplimiento. El acuerdo de gestión podrá ser modificado de común acuerdo cuando las circunstancias así lo aconsejen. La modificación deberá hacerse pública. Las características, condiciones y proceso de elaboración, seguimiento y publicidad de los acuerdos de gestión se determinarán en el Estatuto del personal directivo público profesional.

El nombramiento será efectuado por el órgano o autoridad competente y será publicado en el «Boletín Oficial de la Junta de Andalucía».
3. El Estatuto del personal directivo público profesional establecerá la duración mínima del nombramiento y de sus posibles prórrogas, en el caso de que la evaluación del desempeño sea satisfactoria.
4. El personal funcionario nombrado como personal directivo público profesional que no sea alto cargo permanecerá en servicio activo sin reserva de puesto. Tras su cese, volverá a desempeñar un puesto de las mismas características al que desempeñaba en el momento de su nombramiento y en la localidad que elija entre la del puesto que desempeñaba y la del puesto de dirección, y se respetarán las condiciones y retribuciones correspondientes a la categoría, nivel o escalón de la carrera consolidados, de acuerdo con el sistema de carrera administrativa vigente.

Artículo 22. Selección del personal directivo público profesional.
1. La selección del personal directivo público profesional obedecerá a los principios de mérito, capacidad y publicidad, y a criterios de idoneidad, atendiendo a la valoración de capacidades, actitudes, conocimientos, experiencias profesionales, competencias técnicas y competencias directivas. El Estatuto del personal directivo público profesional establecerá los procesos y los criterios para la aplicación de dichos principios.
2. La selección del personal directivo público profesional se realizará mediante convocatorias y procesos públicos que garanticen el cumplimiento de los principios de transparencia y libre concurrencia, de acuerdo con los requisitos que se determinen para cada puesto. Las convocatorias deberán ser públicas y contener los elementos que se establezcan en el Estatuto del personal directivo público profesional.

Artículo 23. Comisión independiente de selección de personal directivo público profesional.
1. Se crea la Comisión independiente de selección de personal directivo público profesional, adscrita a la Consejería competente en materia de Función Pública, como órgano competente para la convocatoria y desarrollo de los procesos de selección de aspirantes a acceder a puestos de personal directivo público profesional, de conformidad con lo que determine el Estatuto del personal directivo público profesional. Los procesos de selección se basarán en la verificación por la Comisión de las capacidades, actitudes, conocimientos, experiencias profesionales, competencias técnicas y competencias directivas de las personas aspirantes o cualquier otro sistema predictivo del comportamiento.
2. Las personas titulares de la Comisión serán nombradas por el Consejo de Gobierno de la Junta de Andalucía, por el sistema que determine el Estatuto del personal directivo público profesional, entre personas de reconocido prestigio profesional, cuya actividad haya sido ejercida preferentemente en las áreas de los recursos humanos o de la

Administración pública. Estará compuesta por el número de personas y por el plazo de tiempo que se determine en el Estatuto del personal directivo público profesional. En su composición deberá tenerse en cuenta la paridad entre mujeres y hombres.
3. El cese de las personas titulares de la Comisión se realizará por el Consejo de Gobierno, de conformidad con lo que determine el Estatuto del personal directivo público profesional y previo informe de la Comisión.
4. En los procesos de selección, la Comisión contará con el asesoramiento de la Consejería proponente, en los términos que determine el Estatuto del personal directivo público profesional.
5. La Comisión podrá contar con la colaboración de personas expertas y utilizar los recursos internos y externos que considere adecuados para el cumplimiento de los fines encomendados en este título, de conformidad con lo que determine el Estatuto del personal directivo público profesional. En los casos de los procesos para el personal funcionario o laboral contará con los recursos del Instituto Andaluz de Administración pública.
6. La Comisión rendirá cuentas en el Parlamento, y sus resoluciones serán públicas y motivadas, de conformidad con lo que determine el Estatuto del personal directivo público profesional.

Artículo 24. Nombramiento y cese del personal directivo público profesional.
1. En los casos en que se trate de cubrir un puesto de personal directivo público profesional, la Consejería, agencia administrativa o de régimen especial interesada deberá solicitar de la Comisión, en los términos que se determinen reglamentariamente, la celebración de la preceptiva convocatoria y la propuesta de personas candidatas que cumplan los requerimientos previamente establecidos para el puesto a cubrir, a fin de elegir la persona para efectuar el nombramiento, de acuerdo con lo que establezca el Estatuto del personal directivo público profesional.
2. El cese del personal directivo público profesional se producirá, además de por la concurrencia de alguna de las causas legalmente previstas en razón de su condición de alto cargo o de personal funcionario de carrera o laboral fijo, por la finalización del período para el que se realiza el nombramiento, por renuncia voluntaria o por decisión motivada del órgano o autoridad competente para su designación basada en la evaluación negativa respecto de los objetivos previstos en el acuerdo de gestión al que se refiere el artículo 21, apartado 2, y conforme a lo regulado en el artículo 26.
3. El cese del personal directivo público profesional que tenga la consideración de alto cargo se producirá, además de por las causas establecidas en el apartado anterior, por la decisión discrecional debidamente motivada del órgano competente para su designación o por la ordenación o redistribución de las competencias de las Consejerías.

4. Los efectos y derechos a que dé lugar el cese del personal directivo público profesional serán los previstos por la normativa vigente.
5. El Estatuto del personal directivo público profesional, a fin de obtener el aprovechamiento en otros puestos directivos del talento y competencias, podrá establecer procesos simplificados de nombramiento, de quienes cesen por la finalización de su nombramiento, habiendo obtenido siempre evaluaciones favorables en el desempeño de su puesto.
Asimismo, para agilizar los procesos de selección, el Estatuto del personal directivo público profesional establecerá procesos simplificados de nombramiento para la cobertura de puestos de personal directivo público profesional de alto cargo de entre personas con competencias directivas acreditadas por el Instituto Andaluz de Administración pública para poder acceder a puestos de dirección pública profesional.

Artículo 25. Acreditación de competencias directivas para el personal directivo público profesional funcionario o laboral.
1. El Instituto Andaluz de Administración pública es el organismo competente para realizar procesos abiertos para acreditar las competencias directivas del personal funcionario de carrera o laboral fijo que pueda acceder a puestos de dirección pública profesional para facilitar los procesos de selección.
2. Las convocatorias de los procesos de acreditación se realizarán de forma que garanticen el cumplimiento de los principios de transparencia y libre concurrencia, de acuerdo con los requisitos que se determinen en el Estatuto del personal directivo público profesional.
3. Los procesos de acreditación se basarán en la verificación de capacidades, actitudes, conocimientos, experiencias profesionales y competencias técnicas y directivas de las personas aspirantes, u otros sistemas predictores del comportamiento.
4. El mantenimiento en el tiempo de la acreditación podrá exigir la participación con aprovechamiento en determinadas actividades de formación y la superación satisfactoria de las pruebas que se determinen en el Estatuto del personal directivo público profesional.
5. El Instituto Andaluz de Administración pública podrá contar con personas expertas y utilizar los recursos internos y externos que considere adecuados para el cumplimiento de los fines encomendados en este título, de conformidad con lo que determine el Estatuto del personal directivo público profesional.

Artículo 26. Evaluación de cumplimiento del personal directivo público profesional.
1. El personal directivo público profesional estará sujeto a evaluación continua y periódica del cumplimiento de su cargo o puesto, conforme a lo que quede establecido en el acuerdo de gestión, según lo previsto en el artículo 21, apartado 2, y de conformidad con lo que determine el Estatuto del personal directivo público profesional, debiendo tener lugar, como mínimo, cada dos años.

2. Corresponderá realizar dicha evaluación al superior jerárquico de quien dependa o al que esté adscrito, pudiendo este solicitar el asesoramiento o colaboración de la comisión o del Instituto Andaluz de Administración pública, de acuerdo con el Estatuto del personal directivo público profesional.
3. El resultado de dichas evaluaciones de cumplimiento determinará la continuidad en el puesto que se desempeñe como personal directivo público profesional y la cuantía de la parte variable de las retribuciones.
4. Los acuerdos de gestión y los resultados de las evaluaciones serán públicos, en los términos que se establezcan en el Estatuto del personal directivo público profesional.
5. El personal directivo público profesional deberá dedicar a su formación y desarrollo un número mínimo de horas al año de acuerdo con lo que se establezca en el Estatuto del personal directivo público profesional.

Artículo 27. Responsabilidad disciplinaria y compromiso ético del personal directivo público profesional.
1. El personal directivo público profesional estará sometido al código de conducta establecido en el ordenamiento vigente para el personal empleado público y a los compromisos éticos, de permanencia y confidencialidad que se deriven del acuerdo de gestión asumido con su nombramiento.
2. Asimismo, le será de aplicación la legislación que en materia disciplinaria y de incompatibilidades le corresponda, según sea alto cargo o personal funcionario o laboral.
3. El personal directivo público profesional deberá cumplir un código ético y de conducta que será elaborado y mantenido en vigor por una comisión de ética. Esta comisión se establecerá en el Estatuto del personal directivo público profesional como órgano colegiado de asesoramiento adscrito a la Consejería competente en materia de Función Pública.